KB212067

존 울먼의 일기

The Journal of
John Woolman

존 울먼의 일기

초판 1쇄 발행   2024년 9월 20일

원제	The Journal of John Woolman
지은이	존 울먼
옮긴이	정명진
펴낸이	정명진
디자인	정다희
펴낸곳	도서출판 부글북스
등록번호	제300-2005-150호
등록일자	2005년 9월 2일
주소	서울시 노원구 공릉로63길 14, 101동 203호(하계동, 청구빌라)
	(139-872)
전화	02-948-7289
전자우편	00123korea@hanmail.net
ISBN	979-11-5920-165-3 03190

존 울먼의 일기

The Journal of
John Woolman

존 울먼 지음 정명진 옮김

편집자의 소개 글

존 울먼(John Woolman)은 1720년 미국 뉴저지의 노샘프턴(Northampton)에서 태어나 1772년 영국의 요크에서 세상을 떠났다. 그의 부모는 퀘이커 교도였으며, 그도 어릴 때부터 '소사이어티 오브 프렌즈'(Society of Friends)[1]의 독실한 구성원이었다. 그의 사후인 1774년에 출판된 그의 "일기"는 그의 삶의 방식과 직무를 수행할 때의 마음가짐에 대해 충실히 묘사하고 있지만, 그의 지극한 겸손 때문에 그가 퀘이커 교도들 사이에 벌어진 노예 소유 반대 운동에서 한

---

1   기독교의 한 교파인 퀘이커교의 정식 명칭이다. '프렌즈 처치'(Friends Church)라고도 불리는 퀘이커교는 영국에서 조지 폭스(George Fox: 1624-1691)의 주도로 17세기 중반에 생겨났다. 퀘이커 교도들은 청교도 혁명(1640-1660) 때 영국 정부의 박해를 피해 미국으로 건너갔다. 퀘이커교는 성직자를 두지 않으며, "내면의 빛"에 따라 살며 신을 직접적으로 이해한다는 점을 강조한다. 한국에서는 종교친우회(宗教親友會)라고 불린다.

역할의 중요성에 대해서는 제대로 전하지 못하고 있다.

미국에 정착한 초기에만 해도, 소사이어티 오브 프렌즈의 구성원들은 다른 동료 식민지 주민들과 마찬가지로, 노예 무역에 종사하면서도 꺼림칙해 하는 모습을 거의 보이지 않았다. 그러나 1671년에 이 교파의 창설자인 조지 폭스가 바베이도스를 방문하던 중에 노예 소유가 자신의 소사이어티의 종교적 원칙과 모순된다는 사실에 충격을 받음에 따라, 소사이어티 안에서 노예를 대하는 전반적인 태도가 달라지기 시작했다. 폭스의 항의는 다른 많은 사람들의 항의와 함께 큰 동요를 불러일으켰으며, 그것은 이 지역에서 저 지역으로 하나의 운동처럼 퍼져 나갔다.

1742년에, 뉴저지의 한 소매상에게 젊은 사무원으로 고용된 울먼은 흑인 여자를 매도하는 데 필요한 증서를 작성해 달라는 요구를 받았다. 그때 그가 느낀 양심의 가책이 평생 이어진, 노예 무역 반대 활동의 시작이었다. 직후에 그는 힘겨운 도보 여행을 시작했다. 가는 곳마다 같은 종교를 믿는 사람들에게 그 개혁 운동에 동참할 것을 호소하고, 종교가 다른 사람들도 그 운동을 시작하도록 고무했다. 그 결과는 많은 '연례 모임'(Yearly Meetings)이 하나씩 차례로 노예 해방을 종교적 의무로 결정하는 것으로 나타났다.

울먼이 세상을 떠나고 20년이 채 지나지 않아서 소사이어티 오브 프렌즈 안에서 노예 소유의 관행이 중단되었다. 그러나 그의 영향력은 거기서 끝나지 않았다. 전반적인 노예 해방 운동 중 그 어떤 작은 부분도 기원을 따지고 올라가면 그의 노력에 닿지 않는 것이 없다.

이 "일기"에 담긴, 대단히 소박하고 매력적인 그의 말은 어떤 한 인격을, 말하자면 열정과 동기의 순수성, 공감의 폭, 명쾌한 정신적 통찰력 등으로 시성(諡聖)되지 않은 미국 성자의 반열에 오른 그런 인격을 멋지게 드러내고 있다.

차례

1장
1720-1742년

2장
1743-1748년

3장
1749-1756년

4장
1757년

5장
1757-1758년

6장
1758-1759년

(7장)
1760년

(8장)
1761-1762년

(9장)
1763-1769년

1장

————

1720–1742년

1.
존 울먼의 출생과
그의 부모

하나님의 선하심에 관한 나의 경험을 글로 남기고 싶다는 충동을 종종 느끼긴 했으나, 서른여섯 살이나 된 지금에서야 겨우 그 작업을 시작한다.

나는 1720년에 웨스트 저지(West Jersey)의 벌링턴(Burlington) 카운티의 노샘프턴에서 태어났다. 일곱 살이 되기 전에 이미 하나님의 사랑에 익숙해지기 시작했다. 부모님의 보살핌 덕분에, 글을 읽을 나이가 되자마자 읽기를 배웠다.

어느 날 학교 수업을 마치고 집으로 돌아오는 길에, 친구들이 길에서 노는 동안에 나는 곧장 친구들이 보이지 않는 곳으로 가서 쪼그리고 앉아 '요한 계시록' 22장을 읽었던 기억이 난다. "그가 하나님과 어린 양의 자리에서 흘러나오는, 수정 같이 맑은 생명수의 강을 나에게 보여주었다." 그 대목을 읽으면서, 나의 마음은 당시에 하나님이 자신의 종들을 위해 준비해 두었다고 믿고 있던 그 순수한 거주지를 추구하는 일에 끌리고 있었다. 그때 내가 앉아 '성경'을 읽었던 장소와 나의 마음을 감쌌던 그 부드러운 느낌은 지금도 기억에 선명하게 남아 있다.

이 일과 그와 비슷한, 은총의 자비로운 방문이 나에게 너무나 강렬한 영향을 끼쳤기 때문에, 나는 또래 소년들이 저속한 언어를 쓸 때도 그 같은 사실에 몹시 괴로워했다. 지속적으로 베푸시는 하나님의 자비 덕분에, 나는 그런 악으로부터 보호 받을 수 있었다.

어쩌다 질 나쁜 아이들 틈에 끼게 될 때, 부모님의 경건한 가르침이 종종 나의 마음에 생생하게 살아나며 큰 도움을 주었다. 자식이 많아 대가족을 꾸리던 부모님은 일요일마다 예배 모임이 끝난 뒤에 자주 아이들을 하나씩 일어나게 해서 '성경'을 읽게 하고 나머지 아이들은 말없이 옆에 앉아 듣도록 했다. 그때 이후로 그것이 훌륭한 관행이었다는 생각이 종종 들었다.

나 자신이 직접 읽고 들은 것을 바탕으로, 나는 과거에 하나님 앞에서 올곧은 자세로 걸었던 사람들이 있었다고 믿게 되었다. 그들의 태도는 내가 지금 살아 있는 사람들에 대해 알고 있거나 들은 것보다 훨씬 더 당당했던 것으로 짐작되었다. 그래서 오늘날의 사람들의 견실성과 단호함이 옛날만 못하다는 걱정이 어릴 때에도 종종 나를 괴롭혔다.

이 대목에서, 어린 시절에 일어났던 한 가지 주목할 만한 사건에 대해 언급하고 싶다. 어느 이웃집으로 가는 길에, 개똥지빠귀 한 마리가 둥지에 앉아 있는 것을 보았다. 내가 가까이 다가가자, 새가 달아났다. 그러나 어린 새끼들이 있었기에, 새는 주위를 날아다니며 자

존 울먼의 출생지에서 본 랜코커스(Rancocas)의 모습(1922년).

뉴 저지 마운트 홀리(Mount Holly)의 산.

주 지저귀면서 새끼들에 대한 걱정을 표현하고 있었다. 길을 가던 나는 그 자리에 서서 새를 향해 돌을 여러 개 던졌다. 그런데 그 돌 중 하나가 새를 맞혔고, 새는 땅바닥에 떨어져 죽고 말았다.

처음에는 새를 떨어뜨린 솜씨가 하도 신기하게 느껴져 즐거웠지만, 몇 분의 시간이 흐르자 공포감이 나의 전신을 휘감았다. 장난 삼아 던진 돌에, 어린 새끼들이 걱정되어 그곳을 떠나지 못하고 있던 그 무고한 생명체가 죽고 말았으니. 나는 죽어 쭉 뻗어 있는 어미 새를 보다가 그 새가 그렇게나 걱정하던 어린 새들에게까지 생각이 미쳤다. 지금 새끼들은 먹이를 물어다 줄 어미를 잃고 틀림없이 죽어가고 있을 터였다.

그 문제를 놓고 마음 아파하며 얼마 동안 깊이 고민한 끝에, 나는 나무에 올라가서 어린 새끼 새들까지 잡아서 모두 죽여 버렸다. 어린 것들이 슬퍼하며 울다가 비참하게 죽어가도록 그냥 내버려두느니 차라리 내가 죽여 버리는 것이 더 낫겠다는 판단이었다. 이 사건을 통해서, 나는 "사악한 자의 긍휼은 잔인이니라."는 '성경' 속의 잠언이 그대로 진리라는 것을 확인할 수 있었다.

그런 다음에 나는 심부름 때문에 다시 길을 재촉했지만, 몇 시간 동안 내가 저지른 잔인한 행위 외에는 아무것도 머리에 떠오르지 않았다. 그 일로 참 많이 괴로워했다. 그래서 자신의 모든 창조물들에게 친절한 자비를 베풀고 있는 그분은 인간의 정신 안에, 살아 있는 모든 생명체들에게 선량(善良)을 베풀도록 자극하는 어떤 원칙을 심어 놓았다. 이 원칙을 일관되게 지키면, 사람들은 따뜻한 가슴을 갖게 되고 동정심을 품게 되어 있다. 그러나 이 원칙이 자주 또는 완전히 거부당하면, 사람들의 마음은 그와 정반대의 경향을 보이며 닫히게 되어 있다.

내 나이 열두 살 때 쯤 아버지가 외국에 나가셨을 때, 어머니가 나의 비행 몇 가지를 꾸짖었지만, 그때 나는 어머니의 비난을 고분고분한 태도로 받아들이지 않고 거칠게 대꾸했다. 그 다음 주일에, 예배 모임을 끝내고 집으로 돌아오는 길에, 아버지께서 내가 어머니에게 부적절하게 행동한 것을 다 알고 있다면서, 앞으로는 더욱 예의바르게 처신하라고 조언했다.

당시에 나는 나 자신이 비난받을 짓을 했다는 것을 알고 있었기 때문에 수치심과 혼란 상태에 빠져 말없이 침묵을 지켰다. 그 일로 나 자신의 사악함을 깨닫게 된 나는 마음속으로 크게 후회했으며, 집에 도착하자마자 조용한 곳으로 물러나서 하나님께 용서를 빌며 기도를 올렸다. 그 후로, 다른 일에서는 어리석게 굴었을지 몰라도 부모님에게 버릇없이 말한 기억은 하나도 없다.

열여섯 살에 이르러, 나는 방종하게 구는 친구들을 좋아하기 시작했다. 나 자신이 신성을 더럽힐 언어를 쓰지 않고 수치스런 짓을 하지 않았음에도 불구하고, 나의 내면에서 어떤 식물이 들포도를 꽤 많이 맺고 있는 것이 느껴졌다. 그래도 자비로운 나의 하나님 아버지께서는 나를 완전히 버리지 않았으며, 간혹 하나님의 자비를 통해서 나는 나의 길을 진지하게 고려하게 되었다. 이어서 나 자신이 크게 타락했다는 사실을 확인하게 되었으며, 그것이 나에게 큰 슬픔을 안겨 주었다.

그럼에도 가르침의 질책을 제대로 받아들이지 않은 탓에, 자만심에 자만심이 더해지고, 후회에 후회가 더해졌다. 전체적으로 봐서, 나의 마음은 진리로부터 점점 더 멀어지고 있었으며, 나는 파멸 쪽으로 치닫고 있었다. 당시에 나 자신이 향하고 있던 나락에 대해 깊이 생각하며 젊은 시절의 반항에 대해 반성할 때면, 지금도 나는 그런 것들로 인해 슬퍼지며, 하염없이 눈물을 흘린다.

나이가 들면서, 내가 아는 사람들의 숫자도 늘어났으며, 그로 인해 나의 길은 더욱 험난해졌다. '성경'을 읽고 천상의 것들에 대해 생각하며 위안을 얻었음에도 불구하고, 그때 나는 그런 것들로부터 너무 멀리 벗어나 있었다.

나 자신이 그리스도의 추종자의 무리로부터 멀어지고 있다는 사실을 알고는 있었으나 아직 돌아갈 결심은 전혀 서지 않았다. 따라서 진지한 반성은 나에게 불편하기만 했으며, 청년다운 자만심과 일탈이 여전히 가장 큰 즐거움이었다. 그 길에서, 나는 나와 비슷한 사람들을 많이 발견했으며, 우리는 모두 진정한 우정과는 정반대 방향으로 서로 어울려 지냈다.

2.
어려서부터 느낀
하나님의 은총

이처럼 나의 상황이 빠른 속도로 악화되고 있는 가운데, 하나님께서 병이 나를 찾도록 했으며, 그래서 나는 회복을 의심하게 되었다. 육체의 고통과 피로가 엄청나게 컸던 데다가, 어둠과 공포, 놀람이 나를 완전히 장악했기 때문이다.

당시에 나는 그런 힘든 나날을 겪으니 차라리 존재하지 않는 것이 더 낫겠다고 생각했다. 나는 더없이 혼란스러운 상태에 빠졌으며, 몸과 마음이 똑같이 큰 고통을 겪는 가운데 드러누워서 비탄에 잠겨 지냈다. 나 자신이 화나게 만든 하나님을 향해 간청의 소리를 높일 자신이 없었지만, 그래도 나는 어리석었다는 사실을 깊이 뉘우치며 하나님 앞에서 겸허하게 몸을 낮추었다.

마침내, 불 같고 망치 같은 하나님의 말씀이 반항기 강한 나의 가슴을 깨뜨리고 용해시켰다. 나의 외침은 깊이 회개하는 마음에서 우러났으며, 나는 넘치는 하나님의 자비 속에서 내면의 위안을 발견했다. 하나님께서 나의 건강을 기꺼이 회복시켜 주신다면 하나님 앞에서 겸허하게 걷겠다고 마음속으로 다짐했다.

병에서 회복된 뒤, 이 약속은 꽤 오랫동안 지켜지다가 점차 다시 젊은 혈기의 허영기에 밀려났으며, 방종한 청년들과 그런 식으로 다시 연결되면서 나는 약속을 어기고 말았다. 내가 절망에 빠져 헤매는 동안에도, 하나님은 나를 매우 은혜롭게 대하며 평화를 말했으나, 나는 배은망덕하게도 다시 어리석음에 빠지고 말았다. 이따금 나는 예리한 비난을 느꼈지만, 그래도 도움을 청할 만큼 밑바닥으로 깊이 떨어지지는 않았다.

나는 수치스런 짓을 할 만큼 대담하지도 않았으며, 그저 자만을 과도하게 부리며 떠들썩하게 소란을 일으키는 것이 주된 활동이었다. 그럼에도 나는 경건한 사람들에게 사랑하는 마음과 존경심을 품었으며, 그런 사람들과의 동행은 나에게 경외심을 불러일으켰다.

사랑하는 부모님이 하나님을 두려워하며 몇 차례 나를 훈계했다. 그들의 훈계는 나의 가슴 깊이 박혀 한철 정도는 효과를 발휘했지만, 내가 기도를 제대로 하도록 할 만큼 충분히 깊이 와 닿지는 않았다. 그런 까닭에, 사탄은 나를 찾을 때마다 나의 안으로 들어갈 길을 발견할 수 있었다.

하루의 일부를 방종하게 보낸 어느 날, 잠자리에 들려고 하는데 침대 가까운 창에 놓여 있던 '성경'이 눈에 들어왔다. 나는 '성경'을 펼치고 눈길이 가장 먼저 닿는 문장을 읽었다. "우리는 수치(羞恥) 중에 눕겠고, 우리의 혼란이 우리를 덮을 것이다."[2] 나의 상황이 꼭

2 '예레미아서' 3장 25절.

그랬다. 예상하지 않은 질책을 접하면서, 나는 다소 양심의 가책을 느끼는 상태에서 잠자리에 들었지만, 그 가책을 금방 다시 잊어 버리고 말았다.

그렇게 세월은 흘러갔다. 허영기 넘치는 유쾌한 장면들이 끊임없이 상상되는 사이에, 나의 가슴은 떠들썩한 웃음과 방종으로 가득 채워졌다. 그러다가 열여덟 살에 이르렀다. 그때쯤 나의 영혼 속에서, 모든 것을 죄다 태워버리는 불 같은, 하나님의 심판을 느꼈으며, 과거 삶을 되돌아보니, 그 모습이 대단히 애처롭게 느껴졌다. 나는 종종 슬픔을 느꼈으며, 자만심으로부터 놓여날 수 있기를 간절히 바랐다. 그러다가도 다시 나의 가슴은 허영 쪽으로 강하게 기울었으며, 나의 내면에서 지독한 갈등이 일어났다. 나는 이따금 어리석은 짓을 했으며, 그럴 때면 다시 슬픔과 혼란이 나를 짓눌렀다.

한동안 나는 자만심의 일부라도 씻어내기로 굳게 결심했지만, 나의 가슴속에는 그 자만심 중에서 보다 치밀한 부분을 비밀리에 보관하는 저장고 같은 곳이 있었으며, 나는 진정한 평화를 발견할 만큼 충분히 자신을 낮추지 않았다. 따라서 몇 개월 동안 엄청난 곤경을 겪기에 이르렀다. 나의 의지는 하나님의 뜻에 쉽게 종속되지 않았으며, 그 때문에 나의 노력은 결실을 전혀 맺을 수 없었다. 그러다 마침내, 하늘의 은총이 자비롭게 지속되는 가운데, 나는 하나님 앞에 영적으로 무릎을 꿇을 수 있게 되었다.

어느 날 밤에 신앙심이 독실한 저자의 글을 읽으며 어느 정도 시간을 보내다가 홀로 산책에 나섰다. 그때 나는 겸허한 마음으로 하나님에게 도움을 청하며, 그때까지 나를 강하게 옭아매고 있던 그 모든 허영으로부터 놓여나게 해달라고 기도를 올렸다. 그런 식으로 나를 낮추자, 하나님께서 나를 도왔다.

십자가를 짊어지는 법을 배움에 따라, 나는 하나님 앞에 서 있다는 사실에서 심신의 상쾌함을 느낄 수 있었다. 그러나 승리감을 안겨준 그 힘을 계속 간직하지 못하고, 나는 또 다시 패배하고 말았다. 이때 패배의 감정은 나에게 지대한 영향을 끼쳤다.

나는 사막과 외진 곳을 찾았으며, 거기서 눈물을 쏟으며 하나님에게 죄를 고백하고 하나님의 도움을 겸허하게 간청했다. 그리고 우러러 공경하는 마음으로 말하는데, 하나님께서는 곤경에 처한 나와 가까운 곳에 계셨으며, 굴욕적인 시기에 나의 귀를 규율 쪽으로 열어주었다.

이제 내가 순수한 진리로부터 멀어지게 된 과정을 진지하게 돌아보게 되었다. 그 결과, 만약 하나님의 충직한 종들이 살았던 그런 삶을 영위하길 원한다면, 지금까지 나 자신의 의지 대로 무리 지었던 그런 사람들과 어울릴 것이 아니라, 감각의 모든 갈망을 신성한 원칙을 바탕으로 다스려야 한다는 것을 배웠다.

슬픔과 자기 비하가 깊어지던 시기에, 이 가르침이 나에게 깊이 각인되었으며, 나는 그리스도의 힘이 이기적인 욕망들을 지그시 누르는 것을 느낄 수 있었다. 그 덕분에 나는 흔들리지 않고 꽤 안정적인 상태로 지켜졌다. 젊고 또 당시에는 독신 생활이 나에게 최선이라고 믿었기 때문에, 나는 그때까지 종종 나에게 덫으로 작용했던 무리를 멀리하며 지낼 수 있을 만큼 강해졌다.

예배 모임에 빠지지 않고 성실하게 나갔으며, 주의 첫째 날[3] 오후는 주로 '성경'을 비롯한 양서를 읽으며 보냈으며, 진정한 종교는 내적 삶에 존재한다는 확신을 일찍부터 마음속으로 강하게 품었다. 그런 삶 속에서, 나의 가슴은 창조주 하나님을 사랑하고 공경하며, 모든 인간들뿐만 아니라 동물들에게도 진정한 정의와 선을 실천하는 것을 배울 터였다.

마음이 내면의 어떤 원칙에 의해 움직이면서 눈에 보이지도 않고 불가해한 존재인 하나님을 사랑하듯이, 나는 마음이 똑같은 원칙에 의해서 눈에 보이는 세상 속에 현현(顯現)하는 하나님을 사랑할 수 있다고 확신했다. 또한 감각을 가진 모든 동물들의 안에서 하나님의 숨결에 의해 생명의 불꽃이 붙여졌기 때문에, 우리가 보이지 않는 하나님을 사랑한다고 말하는 한편으로 하나님의 생명력에 의해 움직이는 보잘것없는 생명체들을 잔인하게 다루는 것은 그 자체로 모순이라고 확신했다.

나는 종파와 교리와 관련해서 어떤 편협도 발견하지 않았지만, 어떤 종교 단체에 속하든 진정으로 하나님을 사랑하는, 정직하고 고결한 사람들은 하나님에게 받아들여지게 되어 있다고 믿었다.

나 자신이 십자가를 우러러보며 살면서 진리가 열어주는 길만을 따랐기 때문에, 나의 마음은 날이 갈수록 점점 더 교화되었으며, 예전의 지인들이 나를 어떻게 평가하든 그들 마음대로 하도록 가만 내버려 두었다. 이유는 나 자신이 홀로 살면서 그런 것들을 가슴 안에

---

3   일요일을 퀘이커 교도는 'first-day'라고 부른다.

깊이 묻어두는 것이 가장 안전하다는 사실을 확인했기 때문이다.

내면에서 일어난 그런 변화에 대해 말없이 깊이 생각하는 동안에, 그 변화를 다른 사람들에게 온전히 전할 수 있는 언어를 결코 찾지 못했다. 눈에 보이는 창조물 속의 하나님의 작품들에 대해 깊이 생각했으며, 그때마다 외경심이 나를 엄습했다. 그럴 때면 나의 가슴은 부드러워지고 종종 죄를 뉘우쳤으며, 나의 안에서 동료 피조물들에 대한 보편적인 사랑이 더욱 커져갔다.

이 같은 현상을 나와 똑같은 길을 밟은 사람들은 쉽게 이해할 것이다. 온화하고 부드러운 가슴을 안고 사는 사람들의 얼굴에서는 진정한 아름다움의 빛이 번득일 수 있다. 신을 사랑하는 사람의 목소리에는 어떤 조화가 느껴지고, 감정이 잘 다스려지고 있는 사람의 기질과 품행에서는 적절한 질서가 보인다. 그럼에도 이것들은 내면을 살피는 삶을 느껴보지 않은 사람에게는 그런 삶을 온전히 보여주지 못한다. "이 흰 돌과 새로운 이름은 그것을 받는 사람에게만 제대로 알려질 수 있느니라."[4]

그리하여 이제 십자가를 짊어지고 고난을 헤쳐 나갈 만큼 강해졌음에도 불구하고, 나는 여전히 나 자신이 큰 위험에 처해 있다는 사실을 확인했다. 나라는 인간 자체가 약점을 많이 안고 있는데다가, 물리쳐야 할 유혹들이 대단히 강했기 때문이다. 그런 감정을 느낄 때면, 나는 자주 은밀한 공간으로 물러나서 거기서 눈물을 흘리며 하나님에게 도움을 간청했다. 그러면 어김없이 하나님의 자비로운 귀가

---

4 '요한 계시록' 2장 17절 참고.

나의 외침에 열렸다.

　이런 일을 겪는 내내, 나는 부모님과 함께 살며 플랜테이션에서 일했다. 당시에 어느 농장주가 교육 시설을 꽤 잘 갖추고 있었던 덕분에, 나는 겨울밤이나 여가 시간에 공부하며 나 자신을 향상시키려 노력하곤 했다.

　스물한 살이 되었을 때, 나는 아버지의 동의를 얻어서 소매상과 제빵업자로서 사업을 크게 벌이던 사람과 가게를 돌보고 장부를 정리하는 일을 하기로 계약을 맺었다. 집에서는 내향적으로 살았으나, 사람들의 무리와 섞여 지내야 할 가능성이 아주 커진 지금, 마음속으로 자비로우신 아버지 하나님에게 온갖 해악과 타락으로부터 나를 지켜달라고 간청하는 기도를 자주 올렸다. 또 보다 공적인 이 일자리에서도 사적인 삶을 살던 때와 마찬가지로 겸양과 자제의 정신을 잃지 않고 나의 자비로운 구세주를 똑같이 섬길 수 있도록 해 달라고 간청했다.

　나를 고용한 사람은 마운트 홀리에 가게를 하나 냈다. 나의 아버지의 집에서 5마일가량, 그 사람의 집에서 6마일 정도 떨어진 곳이었다. 거기서 나는 홀로 살며 그의 가게를 지켰다. 거기 정착한 직후에, 청년 몇 명이 그곳을 방문했다. 예전에 알고 지내던 사람들이었다. 그들은 지금도 나에게 허영기가 예전처럼 기분 좋게 느껴질 것으로 짐작하고 있었다. 그 시기에 나는 하나님에게 지혜와 힘을 달라고 은밀히 간청하고 있었다. 이유는 어려움들이 나를 에워싸고 있다는 느낌을 받았고, 또 방탕한 사람들과의 교류를 줄이며 지난 시절의 바보스런 짓을 깊이 뉘우칠 기회를 새롭게 가졌기 때문이다. 아버지의 집을 나와서 밖에서 독립적으로 생활하게 된 지금, 나는 하나님 아버지가 나에게 형언할 수 없을 정도로 큰 자비를 베풀고 있다는 것을 발견했다.

낮에는 상당히 긴 시간을 사람들 틈에 끼어 지내며 귀찮은 일을 많이 겪었지만, 밤이 되면 대부분의 시간을 홀로 지냈다. 그때 간구하는 심령이 종종 나의 위로 부어졌으며, 그 심령 아래에서 자주 감화를 받고 나의 힘이 새롭게 강해지는 것을 느꼈다는 사실을 나는 감사하는 마음으로 인정할 수 있다.

시간이 조금 지나자, 예전의 지인들이 나를 그들의 무리에 속하는 사람으로 여기기를 포기했으며, 나는 유익한 대화 상대자가 되어 줄 사람들에게 얼굴이 알려지기 시작했다. 지금 나는 하나님의 사랑이 예수 그리스도를 통해서 나를 수많은 타락으로부터 구해 준다는 것을, 그리고 그 어떤 사람도 완전히 이해하지 못하는 그런 갈등의 바다를 헤쳐 나가도록 도와 준다는 것을 경험했다.

나의 가슴은 이 천상의 원칙 속에서 종종 확장되었다. 그렇기 때문에, 나는 나를 빠뜨렸던 함정과 비슷한 함정에 지금도 여전히 빠진 상태로 지내는 청년들에게 깊은 동정심을 느꼈다. 이 사랑과 부드러움은 더욱 커져만 갔으며, 나의 마음은 동료 인간들을 위하는 쪽으로 강하게 작용했다.

3.
사랑을 전하는
첫 목회 활동

외경심에 찬 마음으로 예배 모임에 나갔다. 진정한 목자인 예수 그리스도의 언어와 내적으로 친숙해지려고 노력했다. 그러던 어느 날 영적 훈련을 강하게 하던 상황에 예배 모임에서 자리에서 일어나 말을 몇 마디 했으나, 그만 하나님께서 열어주시는 길을 따르지 않고 나에게 요구된 그 이상으로 말을 많이 하고 말았다. 곧 잘못을 간파한 나는 몇 주일 동안 빛이나 위안이 될 만한 것은 전혀 없는 상태에서 정신적으로 크게 고민했다. 그 어떤 것에도 만족을 느낄 수 없을 만큼 심각한 상태였다.

하나님을 떠올리며 깊은 고뇌에 빠졌다. 그러자 하나님께서 깊은 절망에 빠진 나를 측은히 여겨 성령을 보내주셨다. 그때서야 나는 잘못에 대한 용서를 느낄 수 있었으며, 나의 마음은 다시 차분해지고 고요해졌다. 이어 관대한 나의 구세주에게, 자비를 베푸신 데 대해 진정으로 감사하는 마음을 느꼈다.

이 일이 있고 6주 쯤 지난 뒤에, 하나님의 사랑의 샘이 열리는 것을 느끼고 공개적으로 표현해야 할 관심사가 떠오름에 따라, 예배 모임에서 말을 조금 했다. 그 모임에서 나는 마음의 평화를 발견할 수 있었다. 이런 식으로 마음을 수련하며 십자가 아래에서 겸허해짐에 따라, 나의 이해력은 내적으로 가슴에 작용하는 순수한 영(靈)을 구분할 수 있을 만큼 강해졌다. 이 순수한 영은 간혹 나에게 몇 주일씩 침묵하며 기다리라고 가르쳤다. 그러다가 마침내 나는 피조물을 나팔처럼, 그러니까 하나님이 자신의 무리에게 말할 때 쓰는 그 나팔처럼 일어서도록 준비시키는 그런 일으킴을 느꼈다.

내적 정화와 그 정화를 꾸준히 지켜나가려는 노력으로부터, 타인들을 실질적으로 위하고 싶다는 욕망이 생생하게 분출한다. 독실한 사람들 모두가 공적으로 목사의 직책을 맡으라는 부름을 받지는 않지만, 누구든 자신이 영적으로 경험하고 다뤘던 일에서는 목사가 되라는 부름을 받는다.

숭배의 외적 유형은 다양하지만, 누구든 예수 그리스도의 진정한 대리자가 될 때마다, 그 숭배는 예수 그리스도의 영이 그 대리자의 가슴에 작용한 결과이다. 이때 예수 그리스도의 영은 먼저 대리자들을 정화시키고, 그렇게 함으로써 그들에게 타인들이 처한 처지에 대한 감각을 정확히 전달한다.

이 진리는 일찍부터 나의 마음에 각인되었으며, 나는 순수한 열림을 주의깊게 지켜봐야 한다고 배웠다. 또한 말을 하기 위해 자리에서 일어나 있는 동안에는, 나 자신의 의지가 가장 높은 곳을 차지한 상태에서 나에게 세속적 지혜를 바탕으로 말을 하도록 하면서 진정한 복음 사역의 길에서 벗어나게 하는 일은 없어야 한다는 것도 배웠다.

외적인 문제들을 처리하는 일에서, 진리가 나의 버팀목이라는 사실을 확인할 수 있었다는 점을 나는 감사하는 마음으로 말할 수 있다. 내가 마운트 홀리로 옮기고 채 2년이 되지 않아 그곳으로 살려고 온 주인의 가족들 사이에서, 나는 좋은 평판을 들었다.

내가 그곳으로 오고 몇 개월 뒤에, 나의 주인이 어느 선박에서 스코틀랜드인 하인 몇 명을 구입해서 마운트 홀리로 데려왔다. 되팔기 위해서였다. 그런데 그 하인들 중 한 사람이 그만 병에 걸려 죽고 말았다. 그 하인은 병이 깊어지자 의식이 혼미한 상태에서 대단히 처참한 몰골로 저주의 말과 욕을 내뱉었다. 그를 땅에 묻은 날 밤, 나는 그가 죽어간 방에서 혼자 잠을 청해야 하는 상황에 처했다. 속으로 무서움이 느껴졌다. 그러나 나 자신이 그 사람에게 마음의 상처를 입힌 적이 한 번도 없었고 그를 간호하는 일을 능력껏 도왔다는 사실을 나는 알고 있었다.

그런 상황에서도 어느 누구에게도 잠을 같이 자자고 마음 놓고 부탁할 수 없었다. 천성은 나약했지만, 나에게 닥치는 모든 시련은 나 자신을 하나님을 섬기는 일에 온전히 바치도록 하는 새로운 자극제가 되었다. 힘든 시기에 하나님 같은 지지자를 절대로 발견할 수 없었으니 말이다.

스물세 살 때쯤, 나는 전능하신 하나님이 자신의 창조물 전체에게, 그리고 눈에 보이는 창조물 중에서 가장 고귀한 존재인 인간에게 베푸는 보살핌과 배려를 진정으로 느낄 기회를 자주 가졌다. 그리고 나의 판단에 나의 믿음을 온전히 하나님에게 쏟는 것이 최선이라는 확신이 확실히 섰기 때문에, 나는 모든 일에서 내적 미덕이라는 원칙을 바탕으로 행동할 것이며, 진리가 길을 열어주는 그 이상으로는 세속적인 일을 절대로 추구하지 않을 것이라고 새롭게 다짐했다.

크리스마스라고 불리는 때쯤, 나는 도시에서나 시골에서나 똑같이 많은 사람들이 선술집을 들락거리며 술을 마시거나 헛된 놀이로 시간을 보내며, 서로를 타락시키는 것을 목격했다. 그 같은 사실이 무척 괴로운 일로 다가왔다. 특히 어느 선술집은 무질서한 상태가 도를 지나쳤다. 그때 나는 선술집 주인에게 그 같은 사실에 대해 지적하는 것이 나에게 주어진 임무라고 생각했다. 나는 나 자신이 젊다는 사실을, 그리고 타운의 몇몇 나이 많은 친구들에게도 이런 것들을 볼 기회가 있었다는 사실을 고려했다. 그러나 나의 행위가 충분히 용납될 것으로 여겨졌음에도 불구하고, 나의 마음이 분명하게 느껴지지 않았다.

그 일은 힘든 과제였다. 전능하신 하나님이 에제키엘에게 파수꾼으로서 지켜야 할 의무와 관련해서 한 말을 읽을 때, 그 문제가 더욱 선명하게 정리되었다. 나는 기도와 눈물로 하나님에게 도움을 청했다. 그러자 하나님께서 자비를 베푸시며 나에게 묵묵히 순종하는 가슴을 주었다.

적당한 기회에 나는 그 선술집으로 갔다. 거기서 많은 사람들 속에 섞여 있던 주인을 따로 불러서, 전능하신 하나님에 대한 두려움과 공포를 느끼는 상태에서 당시에 나의 마음에 찝찝하게 남아 있던 문제를 그에게 표현했다. 그는 나의 말을 호의적으로 받아들였으며, 그

후로 나에게 그 전보다 호감을 더 강하게 보였다.

몇 년 지나지 않아서 그 사람은 안타깝게도 중년의 나이에 세상을 떠나고 말았다. 그때 나의 의무를 무시했더라면, 그 같은 사실이 나에게 큰 어려움을 안겼을지도 모른다는 생각이 종종 들었다. 그 문제에서 나를 지지해 주신 자비로운 하나님 아버지에게 겸허한 맘으로 감사를 표했다.

4.
노예 제도에
대한 고민

흑인 여자를 한 명 거느리고 있던 나의 주인은 그녀를 다른 사람에게 팔면서 그녀를 구입한 사람이 옆에서 기다리고 있는 상황에서 나에게 매도 증서를 작성해 달라고 부탁했다. 갑작스럽게 일어난 일이었다.

나는 나와 똑같은 인간을 거래하기 위해 노예 소유에 관한 법률 문서를 작성한다는 사실에 마음의 불편을 느꼈다. 그럼에도 나 자신이 1년 단위로 고용되었다는 사실을, 문서 작성을 부탁한 사람이 나의 주인이라는 사실을, 그녀를 구입한 사람이 노인이고 우리 소사이어티의 회원이라는 사실을 고려했다. 그래서 마음이 약한 탓에 나는 그 요구에 굴복하고 문서를 작성했다. 그러나 그 일을 처리한다는 사실에 마음을 너무나 깊이 다친 나머지, 나는 나의 고용주와 그 친우가 보는 앞에서 나 자신은 노예를 두는 행위가 기독교의 정신과 모순되는 관행이라고 믿는다는 점을 강조했다. 그런 말이라도 했다는 사실이 마음의 불편을 어느 정도 누그러뜨려 주었다.

그럼에도 그 사건에 대해 깊이 생각할 때마다, 나 자신이 양심에 반하는 그 일로부터 벗어나기를 진정으로 원했다면 그보다 훨씬 더 확실하게 처신했어야 했다는 생각을 떨칠 수 없었다. 그 일이 나의 양심에 정면으로 반하는 일이었으니 말이다.

그 일이 있은 뒤 어느 땐가, 우리 소사이어티의 젊은 남자가 최근에 자기 집으로 받아들인 흑인 노예의 양도 증서를 써 달라고 부탁했다. 그때 나는 그런 문서를 작성하는 것이 나로서는 쉽지 않다고 대답했다. 우리 모임뿐만 아니라 다른 곳에서도 많은 사람들이 노예를 두고 있었음에도 불구하고, 나는 여전히 그 관행이 옳지 않다고 믿었으며 그런 서류를 작성하는 일로부터 배제되기를 바랐기 때문이다. 나는 그 사람에게 선의에서 그렇게 말했으며, 그는 노예를 두는 것이 자신의 마음에도 그다지 달갑지 않지만 그 노예가 자기 아내에게 선물로 주어졌기 때문에 그냥 받아들이기로 했다는 이야기를 들려주었다.

:

2장

1743–1748년

1.
종교적 목적의
첫 여행

    많은 사람들의 존경을 받는 나의 친구 에이브러햄 패링턴(Abraham Farrington)이 이 식민지의 동쪽에 사는 친우들을 방문할 계획이었으나 동행이 없었던 터라 나에게 여행을 함께 떠나자고 제안했다. 그래서 나는 나이 많은 친우들 몇 명과 회의를 한 뒤에 패링턴의 제안을 받아들이기로 결정했다.

    두 사람은 1743년 9월 5일에 여행길에 올랐으며, 우리 소사이어티 회원이 한 사람도 살지 않는 타운인 브런스윅(Brunswick)의 어느 선술집에서 저녁 예배 모임을 가졌다. 룸은 사람들로 가득 찼으며, 그들은 말없이 침묵을 지켰다. 거기서 앰보이(Amboy)로 가서 법원 청사에서 마찬가지로 저녁 예배 모임을 열었다. 거기도 사람들이 많이 모였다. 그 중에는 의회의 의원도 몇 명 있었다. 그들은 식민지의 공무로 타운에 머물던 중이었다. 두 차례의 예배 모임에서 나의 오랜 벗은 주로 복음이 말하는 사랑의 정신에서 설교했다. 거기서 우리는 우드브리지(Woodbridge)와 라웨이(Rahway), 플레인필드 (Plainfield)로 가서, 예배 모임이 일상적으로 열리지 못하는 그곳에서 예닐곱 차례 모임을 가졌다.

참석자들은 장로교 신자들이 주를 이뤘으며, 사랑하는 나의 벗은 자주 힘을 얻으며 그들에게 생명의 말씀을 전파했다. 나에 대해 말하자면, 종종 예배 모임 내내 침묵을 지켰으며, 말을 할 때에는 오직 진리가 열어 보여주는 것만을 전하려고 무척 조심했다. 나의 마음은 종종 다정했으며, 나는 소중한 교훈을 몇 가지 배웠다. 집을 떠나온 지 2주일 정도 되었다.

이때쯤, 몇몇 가족이 관련된 탓에 어려움이 따랐던 어떤 외적인 일을 놓고 갈등이 빚어졌다. 그 일에 관한 몇 가지 사항이 정확히 언급되지 않았을 뿐만 아니라, 그 일이 당사자들 모두에게 제대로 이해되지 않았기 때문에, 당사자들의 마음에 어느 정도 흥분이 일어났고, 그만 소중한 한 친구가 주의의 끈을 놓아버리고 말았다. 그 사람을 대단히 존경했기 때문에, 나는 문제가 다 해결된 뒤에 그가 그 문제에서 보인 행동과 관련해서 그에게 무슨 말인가를 하고 싶다는 감정을 강하게 느꼈다. 그러나 나는 젊었고 그가 나이나 경륜의 면에서 나보다 훨씬 앞섰기 때문에, 나의 길이 험난해 보였다.

며칠 동안 고민하며 속으로 하나님에게 도움을 간청한 끝에, 나는 하나님의 뜻에 복종하는 상태가 될 수 있었다. 그래서 그때까지 나를 짓누르고 있던 그 문제를 나의 젊음과 그의 나이에 어울리는 방식으로 그에게 털어놓았다. 나의 입장에서 어려운 과제였음에도,

일은 잘 처리되었으며, 나는 그렇게 한 것이 우리 두 사람 모두에게
유익했다고 믿는다.

2.
장사와
재단사 일을 배우다

이제 나의 고용주와 함께 일한지도 몇 년 된 데다가 그가 장사를 예전보다 작은 규모로 했기 때문에, 나는 이 지역에서 상품을 거래하는 일에 방해 요소가 많이 따른다는 사실을 알고 있던 터라 다른 방식의 장사를 놓고 진지하게 고민했다.

나의 마음은 진리의 힘 덕분에 외적 탁월을 추구하려는 욕망을 상당히 누그러뜨린 상태였으며, 나는 돈이 많이 들지 않는 진정한 편의로 만족하는 법을 배우고 있었다. 그렇다 보니 나에게는 수입이 적을지라도 많은 외적 얽힘으로부터 자유로운 그런 삶의 방식이 최선인 것처럼 보였다.

수익성이 높을 것 같은 사업을 해보자는 제안을 몇 차례 받았지만, 나는 그 제안을 받아들일 수 있을 만큼 나의 길을 아직 명쾌하게 볼 수 없었다. 그런 사업이 생각 이상으로 많은 외적 보살핌과 방해를 수반할 것이 틀림없어 보였다.

겸손한 사람은 하나님의 축복을 받으며 적은 것으로도 살 수 있다는 것을, 그리고 가슴이 위대함을 추구하기로 결심한 곳에서 사업의 성공은 결코 그 영적 갈망을 채워주지 못한다는 것을 나는 잘 알고 있었다. 또 부(富)가 늘어나면 대체로 부에 대한 욕망도 더 커진다는 것도 알고 있었다. 나의 마음에는 시간을 들여야 할 너무나 소중한 관심사가 하나 있었다. 진정한 목자의 목소리에 최대한 꾸준히 관심을 쏟는 것이었다. 그 어떤 것도 방해할 수 없는 문제였다.

나의 고용주는 지금 물건을 판매하는 소매상이면서도 직업은 재단사였으며, 그 일을 위해 고용인을 한 사람 두고 있었다. 그래서 나도 재단사 일을 배우는 것에 대해 진지하게 고민하기 시작했다. 나 자신이 어딘가에 정착할 경우에, 큰 사업을 벌이는 부담을 지지 않고도 재단사 일과 작은 가게를 운영하는 것으로도 수월하게 생계비를 벌 수 있겠다는 생각이 들었기 때문이다.

그 같은 뜻을 고용주에게 밝혔고, 우리는 곧 조건에 합의했다. 나는 장사를 하다가 시간적으로 여유가 날 때면 고용주가 고용한 사람과 함께 재단사 일을 했다. 나는 하나님의 손이 나에게 이 일을 가리켰다고 믿었으며, 그것으로 만족하는 법을 배웠다. 간혹 그보다 더 훌륭한 무엇인가를 추구하고 싶은 마음을 느꼈지만, 나는 예수 그리스도의 계시를 통해서 겸손의 행복을 보았다. 나의 마음에는 그런 행복 속으로 깊이 빠져들고 싶어 하는 간절한 욕망이 있었다. 이 욕망은 간혹 뜨거운 간청으로 이어졌으며, 그런 상태에서 나의 영혼은 천상의 빛과 위안에 너무도 포근하게 감싸였으며, 그럴 때면 어려웠던 일도 아주 쉽게 풀렸다.

얼마 뒤에 고용주의 아내가 세상을 떠났다. 그녀는 고결한 부인이었으며, 이웃의 사랑을 두루 받던 사람이었다. 직후에 고용주는 가게 운영을 그만두었으며, 그래서 우리는 헤어지게 되었다. 이어서 나는 재단사로서 일을 시작했으며, 예배와 수양을 위한 모임에 정성껏 참석했으며, 복음 사랑이 나의 마음 속에서 널리 확장되는 것을 확인할 수 있었다.

그런 마음 상태에서 펜실베이니아와 버지니아의 일부 외진 정착지들에 거주하는 친우들을 방문하고 싶은 생각이 일어났다. 동행할 사람을 놓고 깊이 생각하던 나는 사랑하는 친구 아이잭 앤드류스(Isaac Andrews)에게 그 뜻을 전했다. 그러자 그도 그곳에 끌릴 뿐만 아니라 메릴랜드(Maryland)와 버지니아(Virginia), 캐롤라이나(Carolina)까지 두루 다닐 생각도 있다고 했다. 상당한 시간이 흐르고 그와 몇 차례 회의를 한 뒤에, 나는 가능하다면 처음부터 끝까지 그와 동행하는 것이 편하겠다고 생각했다.

그 문제를 월례 예배 모임에서 공개했다. 친우들이 그 일에 동의함에 따라, 우리는 동행자로서 함께 여행을 해도 좋다는 허가를 받았다. 이 허가를 그는 해던필드(Haddonfield)로부터, 나는 벌링턴으로부터 받았다.

3.
여러 지역의 친우들을
찾는 여행

우리는 1746년 3월 12일에 우리 식민지를 떠나서 체스터 (Chester) 카운티의 북부와 랭캐스터(Lancaster) 가까운 곳에서 몇 차례 예배 집회를 가졌다. 일부 집회에서 그리스도의 사랑이 그리스도를 섬기는 우리 모두를 단결시키며 분위기를 압도했다. 이어서 우리는 서스퀘해나(Susquehanna) 강을 건너 레드 랜즈(Red Lands)라 불리는 새로운 정착지에서 몇 차례 예배 모임을 열었다.

먼 오지의 사막을 일구기 시작하는 사람들은 대체로 빈곤한 부류에 속한다. 그들은 작은 수의 가축으로 집도 짓고, 땅도 개간하고, 작물도 재배하고, 옷도 마련하고, 아이들 교육도 시켜야 했다. 그래서 그런 곳을 방문하는 친우들은 황무지에서 고생하는 그들에게 당연히 동정심을 느끼게 되어 있다.

그들이 베풀 수 있는 최고의 환대가 도시나 오래된 정착촌에 익숙한 일부 사람들에게 거칠어 보일지라도, 그것으로 만족하는 것이 그리스도의 신봉자들에게 어울린다. 이 사람들 사이에서 우리의 가슴은 천상의 아버지의 사랑을 느끼며 가끔 크게 넓어졌으며, 하나님 아버지의 성령의 부드러운 영향은 어려움을 겪던 우리 모두를 든든히 받쳐 주었다. 당연히 하나님 아버지를 찬양했다.

우리는 매노쿼시(Manoquacy)와 페어팩스(Fairfax), 호프웰(Hopewell), 셔낸도(Shanando)로 옮겨가며 예배 모임을 가졌다. 일부 모임은 편안하고 교화적이었다. 셔낸도에서 오후에 버지니아의 친우들의 정착지를 향해 출발했다. 첫날 밤을 우리는 안내인과 함께 숲속에서 보냈으며, 우리의 말들은 근처에서 풀을 뜯었다. 그러나 안내인이 말 한 필에다가 식량을 넉넉하게 준비하지 않았던 반면에, 우리는 젊은 데다가 훌륭한 말까지 갖추고 있었다. 그래서 우리는 이튿날 편한 마음으로 그와 헤어질 수 있었다.

이틀 뒤, 우리는 버지니아에 살던 우리의 친구 존 치글(John Cheagle)의 집에 도착했다. 이어 버지니아를 관통하며 예배 모임을 열었으며, 그곳 사람들이 처한 환경 속으로 꽤 깊이 빠져들 수 있었다. 일반적으로 우리의 임무는 오지의 거주자들 사이에서 수행할 때보다 이들 오래된 정착촌들에서 수행할 때가 더 힘들었다. 그럼에도, 천상의 아버지의 선하심을 통해서 간혹 생명의 물의 샘이 열리며 우리에게 용기를 주었을 뿐만 아니라 진실한 마음의 소유자들에게 심신의 상쾌함을 안겨주었다.

우리는 노스캐롤라이나의 퍼퀴먼스(Perquimans)로 가서 대규모 예배 모임을 몇 차례 열었으며, 그 지역에서 어느 정도의 개방성을 확인하고 청년들 사이에서 희망적인 모습을 보았다. 그 후 다시 버지니아로 돌아가서, 예수 그리스도의 사랑 속에 사는 친우들 틈에 끼어서 능력이 닿는 범위 안에서 노동하며 이전에 찾지 않았던 예배 모임들에 거의 빠지지 않고 참석했다.

이어서 우리는 산악 지대로 가서 제임스 강(James River)을 거슬러 오르며 새로운 정착촌을 찾아서 그곳 사람들과 예배 모임을 몇 차례 가졌다. 그들 중 일부는 최근에 우리 소사이어티의 회원이 된 사람들이었다. 이리저리 여행하면서, 우리는 정직한 가슴을 가진 친우들을 발견할 수 있었으며, 그들은 점점 타락하는 모습을 보이는 사람들 사이에서 진리라는 대의를 걱정하는 것 같았다.

버지니아를 벗어나, 우리는 호즈 페리(Hoe's Ferry)에서 포토맥(Potomac) 강을 건너 메릴랜드의 서쪽 해안에 사는 친우들의 예배 모임들을 방문하고, 그들의 분기 모임에도 참석했다. 진리를 사랑하는 마음으로, 길이 열리는 대로 의무를 성실히 이행하려고 노력하며 그들 틈에서 힘든 노동을 조금씩 했다. 거기서 우리는 집으로 향했으며, 돌아가는 길에도 다양한 모임을 열었다.

신의 섭리의 도움으로, 1746년 6월 16일 집에 안전하게 도착할 수 있었다. 이기적인 욕망을 억누르는 성령의 도움을 받으며, 나의 벗과 나는 서로 조화롭게 여행할 수 있었으며, 두 사람은 진정한 형제애에 가까운 정을 나누는 사이로 성숙한 상태에서 헤어졌다.

이 여행에서 두 가지가 나의 마음에 특별히 걸렸다.

첫째는 사람들이 나를 대접하는 것과 관련 있는 문제였다. 노예들의 힘든 노동에 기대며 편하게 살던 사람들의 집에서 공짜로 먹고 마시고 잘 때, 나는 마음이 대단히 불편해지는 것을 느꼈다. 나의 마음이 안으로 하나님 쪽으로 향하고 있었기 때문에, 전체 여정 동안에 그런 불편한 마음이 수시로 나를 괴롭힌다는 사실이 확인되었다. 주인들이 하인들을 잘 보살피고 하인들의 노동을 적정한 선에서 유지하기 위해 스스로 그 부담의 상당 부분을 짊어지는 곳에서, 나는 더 편안한 마음을 느낄 수 있었다. 그러나 주인들이 돈이 많이 드는 방식으로 살면서 노예들에게 무거운 짐을 지우는 곳에서, 나의 활동은 종종 힘들었으며, 나는 그 문제를 놓고 그들과 개인적으로 자주 대화를 나눴다.

둘째, 노예들을 그들의 고국으로부터 수입하는 무역이 그곳 사람들 사이에 크게 권장되고 있었고, 백인과 그들의 자식들은 대체로 노동을 많이 하지 않고 살고 있다는 점이었다. 따라서 노예 무역이 자주 나의 진지한 고찰의 주제가 되었다.

이 남부 식민지들에서 매우 많은 악과 타락이 이 무역과 그런 삶의 방식으로 인해 더욱 악화되고 있는 것이 확인되었다. 그래서 나에게는 노예 무역이 그곳의 땅 위로 무겁게 걸려 있는 시커먼 불운의 구름처럼 보였다. 지금 많은 사람들이 기꺼이 노예 무역에 나서고 있지만, 미래에 그 무역의 영향이 후손들에게 통탄스럽게 다가올 것이기 때문이다. 나는 그 문제를 나의 눈에 비치는 그대로 표현하고 있다. 그 문제는 이제 한두 번 느껴지는 그런 문제가 아니라, 나의 마음에 중요한 문제로 깊이 각인되기에 이르렀다.

집으로 돌아온 직후, 우리의 해안 지역에 사는 친우들에 대한 걱정이 점점 깊어지는 것이 느껴졌다. 그래서 나는 1746년 8월 8일 친우들의 단체와 앞에서 언급한 나의 동반자의 형제로, 사랑하는 친구이자 이웃인 피터 앤드류스(Peter Andrews)와 함께 집을 떠나 샐럼(Salem)과 케이프 메이(Cape May), 그레이트 에그 하버(Great Egg Harbor)와 리틀 에그 하버(Little Egg Harbor)에서 예배 모임을 열던 친우들을 방문했다. 우리는 바나갯(Barnagat)과 매너호킨(Manahockin), 메인 스퀀(Mane Squan)에서도 모임을 열고 셔루스베리(Shrewsbury)에서는 연례 모임에 참석했다. 하나님의 선하심 덕분에 길이 열렸으며, 간혹 예배 모임에서 하나님의 사랑의 힘이 느껴짐에 따라, 하나님 앞에서 신경이 쓰일 수밖에 없었던 사람들이 마음의 위안과 도움을 받았다.

22일 동안 밖에서 지내며, 340마일의 거리를 말을 탄 것으로 집계되었다. 셔루스베리의 연례 모임에서, 그 지역에서 하나님을 지극정성으로 섬기고 있던 사랑하는 친구 마이클 라이트풋(Michael Lightfoot)과 에이브러햄 패링턴을 만났다.

그해 겨울, 맏누이 엘리자베스 울먼(Elizabeth Woolman)이 천연두에 걸려 서른한 살의 나이로 세상을 떠났다.

최근에 뉴잉글랜드의 친우들을 방문하고 싶은 마음이 느껴졌다. 그래서 사랑하는 친구 피터 앤드류스와 동행할 기회가 되기도 해서, 우리는 월례 모임의 허락을 받고 1747년 3월 16일 여정에 올랐다. 롱아일랜드(Long Island)의 연례 모임이 열리는 때에 도착했으며, 거기엔 우리의 친구들, 그러니까 영국에서 온 새뮤얼 노팅엄(Samuel Nottingham)과 펜실베이니아에서 온 존 그리피스(John Griffith)와 제인 호스킨스(Jane Hoskins), 엘리자베스 허드슨(Elizabeth Hudson), 그리고 체스터필드(Chesterfield)에서 온 제이콥 앤드류스

(Jacob Andrews)가 있었다. 이들 중 몇 사람은 공적 활동을 통해서 많은 사람들의 호감을 사고 있던 인물이었다.

하나님의 선하심 덕분에, 우리는 교화적인 모임을 몇 차례 열 수 있었다. 그런 뒤에 나의 벗과 나는 롱아일랜드의 친우들을 방문했으며, 하나님의 자비 덕분에 우리는 그 과제를 수행하며 많은 도움을 받았다.

안정적으로 유지되던, 친우들의 예배 모임에 참석하는 외에, 대부분 다른 교파들로 구성된, 세토켓(Setawket)의 어느 총회에도 참석했다. 또한 오이스터 베이(Oyster Bay)의 한 주택에서 많은 사람들이 모인 가운데 예배 모임을 열었다. 앞에 말한 총회의 경우에 증거를 근거로 하는 말이 그리 많지는 않았지만, 그래도 훌륭한 모임이었다고 나는 믿는다. 오이스터 베이의 모임의 경우에, 생명의 물이 분출한 덕분에 감사한 하루로 기억되었다.

롱아일랜드 섬을 방문한 뒤에, 우리는 본토로 넘어가 오블롱(Oblong)과 나인파트너스(Nine-partners), 뉴 밀포드(New Milford)로 향하는 길에 예배 모임을 열었다. 외진 이 정착지들에서, 그리스도의 영(靈)의 영향을 받아 세상의 허영을 버리고 내적으로 그리스도를 알려고 노력하는 사람들을 여럿 만났다. 그들은 장로교 식으로 교육 받은 사람들이었다.

장로교 교단의 구성원이었던 상당수의 젊은이들은 종종 함께 어울려 왁자지껄 소란을 떨며 시간을 보내곤 했다. 그러나 그 집단 중에서도 중요한 젊은이 몇 명은 그리스도의 영의 막강한 영향에 감동 받아 겸허한 마음으로 그리스도의 십자가를 짊어지기로 작정한 터라, 그런 헛된 것에 즐거워하는 무리에 더 이상 합류할 수 없었다. 그들은 내적 회개를 대단히 강하게 고수하고 있었다. 그런 까닭에, 그들은 옛 동료들 일부에게 축복이 될 수 있었다. 그 결과, 진리의 힘을 통해서 옛 동료 몇 사람이 자신의 영혼의 영원한 행복을 위하여 엄격한 수련에 들어갈 수 있었다.

이 젊은이들은 한동안 공적 예배에 지속적으로 나갔으며, 그런 예배 외에 그들만의 모임도 가졌다. 그런 모임은 그들을 만난 설교자에 의해 간혹 잠시 허용되었다. 그러나 조만간 종교 문제들에서 그들의 판단이 장로교의 일부 규약과 일치하지 않는 것으로 드러났기 때문에, 그들의 모임은 장로교의 승인을 받지 못했다. 그들 중에서 자신의 의무에 충실했던 사람들은 그 의무가 내적으로 나타났기 때문에 많은 문제를 헤쳐 나가야 했다. 조금 있다가 그들의 모임은 중단되었는데, 그때 일부 젊은이들은 장로교 신자로 돌아가고, 다른 젊은이들은 우리 교단에 합류했다.

나는 우리 교단으로 들어온 사람들 일부와 대화할 기회를 가졌다. 그 경험이 나 자신을 향상시키는 데 큰 도움을 주었다. 그들 중 몇 사람은 영(靈)과 진리 속에서 행하는 예배의 본질을 잘 알고 있었다. 롱아일랜드에서 온 친구 아모스 파월(Amos Powel)은 주로 장로교 신자들이 거주하는 코네티컷(Conneticut)을 관통하는 여행길을 나와 동행했으며, 그곳의 장로교 신자들은 대체로 우리에게 예의 바르게 대했다.

3일 동안 말을 탄 끝에, 우리는 로드아일랜드(Rhode Island) 식민지의 친우들과 어울릴 수 있었으며, 뉴포트(Newport)와 다트머스

(Dartmouth)의 안이나 주변의 친우들도 방문할 수 있었다. 이어서 보스턴(Boston)으로 갔으며, 다시 동쪽으로 도버(Dover)까지 나아갔다. 거기서 그리 멀지 않은 곳에서, 영국에서 온 우리의 친구 토머스 고스롭(Thomas Gawthrop)을 만났다. 당시에 그는 식민지들을 방문하던 중이었다.

뉴포트에서 우리는 배를 타고 낸터킷(Nantucket)으로 갔다. 거의 일주일 가까운 시간이 남아 있었다. 그곳에서 다트머스로 넘어갔다. 이 지역의 방문을 다 끝냈기 때문에, 뉴런던(New London)에서 해협을 건너 롱아일랜드로 갔으며, 그 섬에서 예배 모임을 몇 차례 연 뒤에 집으로 향했다. 집에 도착한 것은 1747년 7월 13일이었으며, 말을 1,500마일 가량 타고, 배를 150마일 가량 타는 여정이었다.

이번 여행에서 우리는 어떤 때는 아주 허약한 상태에 빠져 낙담하며 괴로워했으며, 또 어떤 때는 하나님이 다시 사랑을 베푸시는 모습을 보면서 심신의 원기를 회복하기도 했다. 원기를 회복하는 시기에는 진리의 힘이 지배했다.

우리는 새로운 경험을 통해서 내면의 평온을 얻는 방법을 배웠다. 언제든 절대로 말(言)을 추구하지 않고 진리의 영 속에서 살며, 진리가 우리의 내면에서 열어주는 것만을 사람들에게 말로 표현하기만 하면 되었다.

사랑하는 나의 동행과 나는 동일한 예배 모임에 소속되어 있었으며, 목회 활동을 시작한 시기도 비슷했다. 그래서 두 사람은 그 과제를 통해서 내적으로 서로 결합되었다. 그는 나보다 열세 살 가량 위였으며, 가장 무거운 짐을 짊어졌고, 대단히 유용하게 쓰일 도구였다.

델라웨어(Delaware)의 남쪽 카운티들과 메릴랜드 동부 해안의 친우들을 방문할 일이 있는 데다가, 또 많은 사람들의 사랑을 받던 나의 오랜 친구 존 사이크스(John Sykes)와 합류할 기회가 되기도 했기 때문에, 우리는 허락을 받은 뒤 1748년 8월 7일 출발해서 남쪽 카운티들의 예배 모임에 참석하고, 리틀 크릭(Little Creek)에서 열린 연례 모임에도 참석했다. 이어서 동부 해안의 모임들 대부분을 방문한 뒤 노팅엄(Nottingham)을 경유해서 집으로 향했다. 6주 가량 집을 떠나 있었으며, 550마일 정도 말을 탔다.

우리의 활동이 간혹 힘들긴 했지만, 우리는 하나님의 선하심 덕분에 종종 원기를 다시 회복할 수 있었다. 경험을 바탕으로, 나는 "하나님은 곤경의 시기에 요새 같은 존재"라고 말할 수 있다. 나의 눈에는 이 지역들의 우리 소사이어티가 쇠퇴하고 있는 것처럼 비쳤음에도, 나는 하나님이 그들 중에 하나님을 정직하게 섬기는 사람들을 두고 있다고 믿었다. 그러나 그곳 사람들은 많은 어려움에 봉착하고 있었다.

3장

———

1749–1756

1.
결혼과
아버지의 별세

이때쯤, 나도 정착하는 것이 좋겠다고 믿으며 동반자에 대해 진지하게 생각하면서, 가슴을 하나님에게로 열었다. 그분께서 나 자신이 그 문제와 관련해서 하나님의 뜻과 부합하는 쪽으로 결정을 내릴 수 있도록 지혜를 주실 것이라고 기대하면서. 그러자 하나님은 기뻐하시며 새라 엘리스(Sarah Ellis)라는 마음씨 고운 처녀를 기꺼이 나에게 보내 주셨으며, 나는 1749년 8월 18일에 그녀와 결혼했다.

1750년 가을에 아버지 새뮤얼 울먼(Samuel Woolman)이 60세에 열병으로 세상을 떠나셨다. 평생 동안 아버지는 자식들을 위해 너무나 많은 것을 베푸셨다. 그 덕분에 우리는 어린 시절부터 하나님을 두려워하는 마음을 배울 수 있었다. 또 아버지는 진정으로 고결한 원칙들을 자식들의 마음에 각인시키려고, 특히 우리의 내면에 가난한 사람들을 향해서만 아니라, 우리 인간이 지배하는 모든 동물들을 향해서도 사랑을 베풀 줄 아는 그런 부드러운 정신이 깃들게 하려고 노력했다.

1746년에 캐롤라이나 여행에서 돌아온 뒤에 그곳에서 노예 소유 실태를 관찰한 내용을 기록으로 남겼는데, 그것을 작고하시기 전 어느 땐가 아버지에게 보여드렸다. 그러자 아버지는 원고를 통독한 뒤에 몇 군데 수정을 제안했으며, 아들이 그 문제에 관심을 두고 있다는 사실에 꽤 만족하는 것처럼 보였다.

아버지께서 마지막으로 병에 걸린 어느 날 밤에 내가 간호했던 적이 있다. 아버지는 이미 병으로 많이 쇠약해진 터라, 이해력은 완벽하게 맑았음에도 회복에 대한 기대는 전혀 없었다. 그때 아버지가 그 원고에 대해, 그리고 그것을 책으로 출간하는 문제와 관련해서 아버지 친구들의 조언을 듣기를 원하는지 물었다. 그 문제와 관련해서 몇 마디 대화를 더 한 뒤에, 그는 이렇게 말했다. "이날까지 살면서 불쌍한 흑인들을 억압하는 행위 때문에 언제나 가슴이 많이 아팠단다. 지금 흑인들에 대한 걱정이 그 어느 때보다 크단다."

아버지가 건강하시던 때에 그의 지시에 따라 유언장을 쓴 적이 있는데, 그날 밤 아버지는 그걸 내가 읽어주길 바랐으며, 나는 아버지의 뜻에 따라 그렇게 했다. 그러자 아버지는 유언장의 내용이 마음에 든다고 하셨다. 이어서 아버지는 가까이 다가오고 있다고 믿고 있던 자신의 종말에 대해 언급했다. 삶을 살며 불완전한 측면이 많았다는 사실을 잘 알고 있음에도 불구하고, 진리의 힘과 하나님의 사랑과 선하심을 지금도 이따금 경험하고 있기 때문에, 아버지는 이승을 떠나는 즉시 보다 행복한 세상으로 들어갈 것이라는 점에 대해 조금도 의심하지 않는다는 뜻을 밝혔다.

그 다음날 아버지의 누나 엘리자베스(Elizabeth)가 아버지를 만나러 와서 그들의 여동생 앤(Anne)이 며칠 전에 세상을 떠났다는 소식을 전했다. 그때 아버지는 "앤은 이승을 편한 마음으로 하직했을 것 같은데?"라고 물었다. 이에 엘리자베스는 그랬다고 대답했다. 이어서 아버지는 "나도 편안하게 떠날 거야."라고 말하고는 몸이 워낙 쇠약해진 터라 "쉬고 싶다."고 덧붙였다. 아버지는 진지한 마음 상태를 계속 지켰으며, 거의 마지막까지 분별력을 잃지 않았다.

1751년 9월 2일. 웨스트 저지의 위쪽에 위치한 그레이트 메도우즈(Great Meadows)에 사는 친우들을 방문하고 싶다는 마음이 일어나는 것을 느끼고는, 우리의 월례 모임의 동의를 얻어 그곳으로 가서 친우들 틈에서 엄격하고 힘든 수련을 실천했으며, 거기서 마음의 평화를 발견했다.

1753년 9월. 친우들의 동의를 얻어, 평판이 좋은 나의 친구 존 사이크스와 함께 벅스 카운티(Buck's County)의 친우들을 방문하며 2주일 정도 여행했다. 우리는 각자 받은 정도에 따라 복음 사랑 속에서 소임을 다했으며, 하나님을 믿는 가난한 사람들에게 힘이 되어 주는 그분의 은총을 통해, 우리는 그 방문에 만족할 수 있었다.

이듬해 겨울에, 부분적으로 펜실베이니아 출신인 친우 두 사람의 노고 덕분에, 우리의 월례 모임의 관할 지역 안에 있는 친우들의 가족을 방문할 길이 열렸으며, 나도 그 일이 언젠가 우리들 사이에서 실행되었으면 하는 바람을 품고 있던 터라 그 임무에 가담했다.

2.
계속되는
노예 상속

이때쯤, 꽤 먼 곳에 살던 어떤 사람이 병에 걸려 자리에 눕게 되자, 그의 동생이 그의 유언장을 써달라고 부탁하기 위해 나를 찾아 왔다. 나는 그 사람이 노예를 두고 있다는 사실을 알고 있었으며, 그 문제에 대해 그 사람의 동생에게 물었더니, 그가 흑인들을 자식들에게 노예로 물려줄 생각이라는 답변이 돌아왔다.

유언장을 쓰는 것이 꽤 돈이 되는 일인 데다가 진지한 사람을 마음 상하게 하는 것이 나의 성향에 맞지 않았기 때문에, 나는 마음속으로 갈등을 겪었다. 그러나 내가 하나님에게 조언을 청하자, 하나님께서 자신의 가르침을 따르라고 했다. 그래서 나는 그 사람에게 노예를 자식들에게까지 물려주는 관행은 옳지 않다고 믿는다고 말했다. 또 그런 종류의 글을 쓸 때면 양심의 가책을 느낀다고, 그리고 비록 우리 소사이어티의 많은 사람들이 흑인을 노예로 두고 있을지라도, 내가 그런 일에 관련되는 것은 여전히 쉬운 일이 아니며, 그래서 유언장을 쓰러 가는 일을 피하고 싶다고 말했다. 하나님을 두려워하는 마음으로 말했는데, 그는 나의 말에 아무런 대답을 하지 않고 그냥 돌아가 버렸다.

그 사람도 마찬가지로 그 관행에 어느 정도 이해관계가 걸려 있었을 것이고, 따라서 그가 나에게 불쾌감을 느꼈을 것임에 틀림없다. 이 예를 통해서, 나는 신의 사랑을 위해서, 그리고 진리와 정의를 위해서 지금 당장 눈앞의 외적 이익과 정반대로 행동함으로써 사람들의 분노를 사는 것이 은(銀)보다 더 나은 보물에, 또 인간들의 우정을 넘어서는 어떤 우정에 닿는 길을 열어준다는 것을 새롭게 확신할 수 있었다.

앞에 언급한 원고는 몇 년 동안 손도 대지 않은 채 그대로 남아 있던 터라, 그것을 출간하는 일이 나를 무겁게 짓누르고 있었다. 그래서 올해 그 원고를 친구들에게 보여주고 교정을 부탁했다. 그러자 친구들은 원고를 검토하고 사소한 내용을 몇 군데 수정한 뒤에 책을 여러 권 찍어서 우리 소사이어티의 회원들에게 나눠주었다[5].

1754년에, 체스터필드 월례 모임에 속하는 친우들의 가족을 방문하는 일에 합류하면 좋겠다는 생각이 들었다. 그래서 나는 우리 월례 모임의 승인을 받은 뒤에, 친우들을 만나 그곳 가족을 방문할 길이 열려 있는지를 확인하기 위해 그들의 월례 모임에 갔다.

그 예배 모임의 회원 몇 사람과 회의를 했으며, 그 제안이 그들의 모임에서 공개되자, 한 친우가 시작 단계부터 동행으로서 나와 합류

5　이 팸플릿은 1754년에 벤저민 프랭클린(Benjamin Franklin)에 의해 출간되었다.

하는 데 동의했다. 그러나 모임이 끝났을 때, 나는 정신적으로 심한 고민에 빠졌다. 어느 길을 택해야 할 것인지, 심히 혼란스러웠다. 아니면 집으로 돌아가서 하나님의 뜻이 더욱 명확해지기를 기다려 볼까 하는 생각도 들었다. 나는 그런 고민을 비밀로 했으며, 어느 친구와 함께 그의 집으로 가는 동안에도 나의 가슴은 위대한 예수 그리스도로부터 천상의 명령을 듣고자 그에게로 향하고 있었다.

이튿날 아침에 나는 기분이 여전히 가라앉아 있었음에도 불구하고 그 방문을 실행하기가 한결 쉬울 것 같다는 느낌을 받았다. 그곳 가족들을 방문하면서 하나님 앞에서 깊은 경외감을 느끼는 가운데 나의 시선이 하나님에게로 향할 때, 그분은 기꺼이 도움을 베풀었으며, 그래서 우리는 편안한 기회를 많이 누렸다. 그것이 일부 젊은이들에게는 하늘의 새로운 은총처럼 느껴졌다.

이번 겨울에 그런 봉사 활동을 하며 몇 주일을 보냈는데, 그 시간 중 일부는 집 가까운 곳에서 활동하는 데 할애되었다. 이듬해 겨울에도 다시 몇 주일 동안 똑같은 봉사 활동을 벌였다. 그 시간 중 일부는 사랑하는 친구 존 사이크스와 함께 서루스베리에서 보냈다. 우리의 가슴이 하나님의 선하심을 통해서 그분의 사랑 속에서 때때로 활짝 열렸다는 점을, 또 우리의 방문 동안에 우리를 따라다녔던 시련들을 극복할 힘이 생겨났다는 점을 나는 겸허한 마음으로 인정한다.

3.
영국과 프랑스의 갈등과
관련한 서한

영국과 프랑스 사이의 불화[6]로 인해, 이 대륙도 고난의 시기를 맞고 있었다. 우리의 봄 총회에서 친우들에게 보낼 서신이 나왔으며, 나는 이 일기에 그것을 소개하는 것이 적절하다고 생각했다.

이것은 1755년 3월 29일부터 4월 1일까지 필라델피아에서 개최된, 펜실베이니아와 뉴저지의 목사들과 장로들의 봄 총회에서 나온 편지이다.

아메리카 대륙의 친우들에게.

친애하는 친우들이여!

하나님의 선하심을 느끼면서, 그리고 하나님의 사랑이 그의 백성에게

---

6   당시에 영국과 프랑스는 식민지 확장과 이권을 놓고 유럽뿐만 아니라 다른 대륙에서도 싸움을 벌이고 있었다.

자비롭게 지속적으로 흐르는 것을 겸손한 마음으로 느끼면서, 우리는 여러분에게 다정하게 경의를 표하며, 이 시점에 마음으로 여러분과 함께하고 있습니다. 이 세상에서 앞 세대의 훌륭한 전임자들이 제안하고 공표한 바와 같이, 진리를 신봉하는 우리 모두는 인간들의 빛인 하나님에게 가까이 다가가려고 노력하며 우리의 신앙을 흔들림 없이 굳게 지켜나갈 힘을 얻고 있습니다.

우리의 믿음은 인간에게 있지 않고, 오직 천상의 군대와 인간들의 왕국들을 통치하는 하나님에게 있을 것입니다. 하나님 앞에 이 땅은 "저울의 작은 티끌 같고, 땅의 거주자들은 메뚜기 같지요"('이사야서' 40장 22절).

전지전능하신 하나님이 아들을 세상에 보내시면서 품은 친절한 계획이 불복종에 따른 불이행을 바로잡고 죄와 위반을 종결시키는 것이라는 점을, 또 그의 왕국이 도래하여 하나님의 의지가 하늘에서와 마찬가지로 이 땅에서도 펼쳐질 것이라는 점을 굳게 믿기 때문에, 우리는 불행과 유혈을 낳는 국가 간의 다툼을 중단하고 우리의 원한을 가장 높으신 하나님에게 맡기는 것이 우리의 의무라는 것을 깨달았습니다.

하나님께서 자신의 자식들에게 베푸는 따스한 사랑이야말로 생물학적 부모의 더없이 따뜻한 애착을 능가하며, 하나님은 이 땅 곳곳의 자손들에게 마치 한 사람의 개인을 대하듯 "나는 절대로 너희들을 떠나지 않을 것이고 너희들을 버리지도 않을 것이다."('히브리서' 13장 5절)라고 약속했습니다.

우리는 우리의 주 하나님의 자비로운 보살핌을 통해서, 이 땅의 힘에 의해서도 되지 아니하고 "권력에 의해서도 되지 아니하고 오직 나의 영(靈)에 의해서만 수행된다고 만군의 여호와가 말한"('스가랴서' 4장 6절) 그 일을 경험했습니다.

바로 그 영의 작용에 의해서 영적 왕국이 세워지고, 그 영적 왕국은 거기에 맞서는 모든 왕국들을 진압하고 파괴하며 영원히 우뚝 서 있을 것입니다. 그 영적 왕국의 안전과 안정, 평화의 깊은 느낌 속에서, 우리는 진리를 신봉한다고 확언하는 모든 사람들이 내적으로 진리를 잘 알기를, 그렇게 함으로써 그들이 삶의 모든 영역에서 평화를 좋아한다는 고백에 어울리는 쪽으로 처신하기를 간절히 바라고 있습니다.

우리는 평화로운 그 왕국이 "바다에서 바다로, 강에서 이 땅 끝까지"('스가랴서' 9장 10절) 점진적으로 확장되면서, "이 나라가 저 나라를 상대로 칼을 들지 않을 것이고 전쟁도 더 이상 배우지 않을 것"('이사야서' 2장 4절, '미가서' 4장 3절)이라는, 이미 시작된 예언들을 완성시킬 것이라고 믿고 있습니다. 그 이유는 이 세대에서 다음 세대로 내려가면서 전능하신 하나님의 팔에 전적으로 의지하려는 마음이 충실히 이어지고 있기 때문입니다.

진정으로 사랑하는 친우들이여, 우리에게 이런 약속들이 있고, 우리가 하나님이 그 약속들을 성취하기 시작했다는 것을 믿고 있다는 점을 고려할 때, 우리의 마음이 이승의 삶에 대한 과도한 보살핌으로부터 충분히 자유로워지고, 이 세상에 대한 애착으로부터 놓여날 수 있도록 끊임없이 노력해야 하겠습니다. 또 이 땅의 소유물이나 쾌락 때문에 우리의 판단이 흐려지거나, 신의 축복이 가장 확실하게 따를, 신에 대한 복종과 신에 대한 전적인 신뢰를 외면하는 일은 없어야 하겠습니다. 그런 일만 없다면, 우리는 "우리의 구원자는 강하고, 그가 우리를 위해서 우리의 원한을 풀어줄 것"('예레미아서' 50장 34절)이라고 말할 수 있을 것입니다.

만약에 하나님이 이 땅에서 가장 자비로운 목적들을 더욱 촉진시키기 위해서 우리에게 그의 충직한 추종자들이 종종 마셨던 쓴잔을 맛보게 한다면, 우리는 그 잔을 기꺼이 받아들 준비가 되어 있어야 하겠지요!

친애하는 친우들이여, 지금 우리 가까이서 이 땅의 강대국들이 일으키는 소란과 흥분과 관련해서, 우리는 어느 누구도 그 일로 인해 마음이 흔들리는 일 없이, 모두가 하나님의 영원한 능력을 인식하고 느끼면서 그 어떤 것이 흔들어도 꿈쩍하지 않을 그 반석의 보호 아래에서 평온을 지킬 수 있기를 간절히 바라고 있습니다. 우리는 종으로서 하나님의 천상의 의지에 복종해야 하며, 우리 안에 남아 있는 이 세상의 것들을 매일 억눌러야 합니다. 누구에게나 있는 세속적인 부분이 변화 가능한 부분이고, 이 세상의 일들이 제대로 돌아가는지 여부에 따라서 그 부분이 올라갔다가 내려가고, 충만하다가 비게 되고, 기쁘다가도 슬퍼지기 때문이지요.

진리는 오직 하나뿐인데도 많은 사람들이 진리의 영(靈)을 공유하듯이, 세상은 오직 하나뿐인데도 많은 사람들이 그 세상의 영을 공유하고 있지요. 그런 까닭에 너무나 많은 사람들이 이 세상으로 인해 곤란을 겪고 당혹감을 느낄 것입니다. 그러나 한결같이 진리에 헌신하는 사람들은 자신의 가슴 속에서 진리의 생명과 미덕을 매일 느끼기를 기대하면서 역경 속에서도 기뻐하며, 예언자 하박국[7]처럼, "비록 무화과

7　기원전 7세기의 선지자. 그의 예언과 기도는 '하박국서'에 기록되어 있다.

나무가 꽃을 피우지 않고, 포도나무가 열매를 맺지 않고, 올리브가 결실을 얻지 못하고, 들판이 육류를 생산하지 않고, 우리에 양떼가 없고, 외양간에 소가 없을지라도, 여호와의 안에서 기뻐하고 구원의 하나님 안에서 즐거워하게 되는"('하박국서' 3장 17-18절) 것을 틀림없이 경험할 것입니다.

정반대로, 만약 우리가 진리를 신봉한다고 말하면서도 진리의 힘과 영향 아래에서 살지 않아서 진리의 순수함과 어울리지 않는 열매들을 생산하고 우리 자신을 부양하기 위해 인간의 힘을 믿는다면, 그로 인해 우리의 확신은 헛되게 될 것입니다. 자신의 포도원의 울타리를 제거하여 거기서 난 들포도에게 포도원이 짓밟히도록 한 사람은 변하지 않는 상태로 남을 것이기 때문입니다.('이사야서' 5장 6절) 그리고 만약에 그가 사악함을 벌하고 자신의 영광을 더욱 높이기 위해서 심지어 이 땅을 무섭게 흔들기 위해 일어선다면, 그런 경우에 누가 그에게 맞서면서 번영을 누리겠습니까?

복음 사랑 속에서, 우리는 당신의 친구이고 형제입니다.

노예에 대한 소유권을 대를 내려가며 물려주는 행위와 관련있는 문서를 작성하는 일을 주저하는 것은 나에게는 사소한 시험들을 다양하게 꾀하는 하나의 수단이었다. 그 과정에 나 자신의 의지가 배제되는 것을 너무나 분명하게 느꼈기 때문에, 그런 시도들 중 몇 가지에 대해 언급하는 것이 좋을 것 같다.

생계를 장사에 의존하는 소매상들은 당연히 고객의 선의를 지키는 경향이 강하다. 그리고 젊은이들이 나이 많은 사람들, 보다 구체적으로, 평판이 꽤 좋은 노인들의 판단력이나 정직성에 의문을 품는 것은 절대로 유쾌한 일이 아니다. 뿌리 깊은 관습은 잘못된 것일지라도 쉽게 바뀌지 않지만, 자신이 옳다고 확신하는 것을 단호히 지키는 것은 우리 모두의 의무이다. 어느 흑인을 잘 아는 자비로운 남자라면 특별한 상황에서 순전히 그 흑인의 이익을 위해서 그를 하인으로 자기 가족 안에 둘 수 있다고 나는 믿는다. 그러나 인간은 한 사람의 인간으로서 자신이 세상을 떠난 뒤에 어떤 일이 일어날 것인지에 대해서는 아무것도 모를 뿐만 아니라, 자식들이 순수하게 흑인의 이익을 위할 수 있을 만큼 지혜와 선량을 갖추게 될 것인지도 확신하지 못한다. 따라서 일부 자식들이 평생 동안 다른 인간의 주인이 되도록 만드는 유서를 작성하는 일에 관여하지 않는 것은 너무나 확실하게 옳은 일로 다가온다.

이때쯤 평판이 좋던 한 이웃 노인이 유서를 써달라며 나의 집을 찾아왔다. 그에게는 젊은 흑인들이 있었다. 그래서 나는 노인에게 흑인들을 어떻게 처분할 것인지에 대해 개인적으로 물었다. 노인의 대답을 들은 나는 "저의 마음의 평화를 깨뜨리지 않고는 어르신의 유서를 적을 수 없습니다."라고 말한 뒤 그 이유들을 공손하게 설명해줬다. 그 노인은 선택권은 자신에게 있으니 그냥 유서를 써주기만 하면 된다고 했지만, 나는 양심에 걸리는 일을 할 수 없었다. 그래서 그는 어쩔 수 없이 다른 사람을 통해 유서를 작성해야 했다.

몇 년 뒤, 그가 가족에게 중대한 변화가 있었기에 유서를 다시 쓰겠다며 나를 찾아왔다. 그가 거느리고 있던 흑인들은 그때까지도 어렸고, 또 그가 흑인들을 물려주려 했던 아들이 노인이 처음 나를 찾은 이후로 방탕아에서 분별 있는 젊은이로 변했기 때문에, 그는 그만 하면 내가 편안한 마음으로 유서를 작성해 줄 것이라고 짐작하고 있었다. 우리는 그 주제를 놓고 편안한 마음으로 대화를 많이 나눴으며, 최종적으로 유서 작성을 연기하기로 했다.

며칠 뒤에 그가 다시 나를 찾아와서 흑인들을 해방시키기로 결정했다고 밝혔고, 그래서 나는 그의 유언장을 써주었다.

마지막에 언급한 친우가 처음 나와 말했던 그즈음, 어느 이웃이 몸에 심한 타박상을 입고는 피를 뽑기 위해 나를 부르러 사람을 보내왔다. 일이 끝난 뒤에 그 이웃은 나에게 유언장을 써줄 것을 부탁했다. 그래서 나는 그의 말을 받아 적었으며, 그는 젊은 흑인을 자기 자식 중 특별히 누구에게 줄 것인지에 대해 나에게 말했다. 나는 그 사람이 처했을 절망과 고통을 고려하다가 그의 상황이 어떤 식으로 끝날지 모른다는 판단이 섰기 때문에 노예에 관한 부분만 빼고 그의 유서를 글로 써서 그의 침대로 가서 읽어주었다.

그런 다음에 나는 다정한 말투로 그에게 나 자신이 정신적 고통을 겪지 않고는 동료 인간을 노예로 만드는 내용을 적을 수는 없다는 뜻을 밝혔다. 아울러 나의 수고에 대해서는 돈을 한푼도 요구하지 않을 것이라는 점을 그에게 알려준 뒤, 나머지 부분을 그가 제안한 대로 적는 일만은 피하고 싶다는 뜻을 전했다. 그런 다음에 우리는 그 주제를 놓고 진지하게 의견을 나눴으며, 마침내 그가 여자 흑인을 자유의 몸으로 석방하는 데 동의했고, 그래서 나는 그의 유언장을 마무리지었다.

4.
롱아일랜드의
친우들 방문

　　롱아일랜드의 친우들을 방문하고 싶은 마음이 일어나서, 월례 모임에서 허락을 받고 1756년 5월 12일 길을 나섰다. 그 섬에 도착한 첫날 밤, 사랑하는 친구 리처드 핼릿(Richard Hallett)의 집에서 묵었다. 이튿날은 주의 첫째 날이었기에 뉴 타운(New Town)의 예배 모임에 참석했으며, 거기서 우리 모두는 정직한 가슴의 소유자들을 위로하려는 듯 예수 그리스도의 사랑이 새롭게 현현하는 것을 경험했다.

　　그날 밤, 나는 플러싱(Flushing)으로 갔으며, 이튿날 나와 사랑하는 친구 매튜 프랭클린(Matthew Franklin)은 화이트 스톤(White Stone)에서 나루를 건너 본토에서 세 차례 모임을 연 다음에 다시 섬으로 돌아갔다. 거기서 예배 모임에 참석하며 그 주의 나머지를 보냈다.

　　하나님이 그 지방에도 자신에게 정직하게 봉사할 사람들을 두고 있다고 믿어지지만, 많은 사람들이 이승의 것들에 지나치게 얽매여 지내는 탓에 하나님이 요구하는 그런 충정으로 십자가를 짊어지고 앞으로 나서지 못하게 되지 않을까, 걱정이 앞섰다.

나의 마음은 공적이기도 하고 사적이기도 한 이 방문에 진심으로 임했다. 방문한 몇 곳에서, 사람들이 노예를 두고 있다는 사실이 확인되기만 하면 그 주제를 놓고 부드러운 분위기 속에서 그들과 대화하지 않을 수 없었다. 길이 열리는 대로, 나는 노예를 거느리는 관행이 기독교의 순수와 일치하지 않는다는 점과 우리들 사이에 나타나고 있는, 그 관행의 나쁜 효과를 지적했다.

그 주의 마지막 날에 그들의 연례 모임이 시작되었으며, 펜실베이니아에서 온 우리의 친구들, 존 스카버러(John Scarborough)와 제인 호스킨스, 수재나 브라운(Susannah Brown)도 거기에 참석했다. 공적 예배 모임들은 규모가 컸으며, 거기서 하나님의 선하심이 뚜렷이 작용하는 것이 느껴졌다. 이 모임에서 있었던 나의 마음 고생은 주로 그 소사이어티에서 최상류층에 속하는 것으로 여겨지던 사람들 때문이었다.

목사와 장로들로 구성된 한 모임에서, 나의 마음을 무겁게 누르고 있던 것에 대해 어느 정도 표현할 수 있는 길이 열렸다. 친우들이 교회의 일을 처리하기 위해 만났을 때, 나는 한동안 말없이 침묵을 지키며 앉아 있다가 마음속으로 압박감을 느끼며 자리에서 일어났다. 하늘에 계신 우리 아버지의 그윽한 시선을 통해서, 나를 며칠 동안 점점 더 강하게 짓누르던 짐을 떨칠 수 있는 힘이 나에게 충분히 주어졌던 것이다.

인간을 겸손하게 만드는 신의 섭리에 의해서, 인간들은 간혹 신을 섬기는 일에 적합해진다. 예언자 예레미아의 메시지들이 사람들에게 너무나 불쾌하고 그들의 영에 너무나 적대적이었기 때문에, 그는 사람들의 비난의 대상이 되었다. 그런 상황에서 마음이 약해진 예레미아는 예언자의 임무를 그만둘까 하는 생각까지 하게 되지만, 그는 이렇게 말한다. "그의 말이 나의 가슴에 불을 붙이고 골수에 사무치니 답답하여 견딜 수 없었나이다."[8]

그때 나는 진리가 나의 안에서 열어 보이는 것을 정직하게 선언하는 경우에도 모든 사람을 두루 만족시킬 수는 없다는 것을 깨달았다. 그래서 나는 나의 의무를 수행하는 방식이 나 자신의 성향과 아무리 어울리지 않더라도 그것으로 만족하려고 노력했다.

이어서 나는 집으로 향했다. 그 길에 우드브리지와 플레인필드를 거쳤으며, 두 곳에서 가진 예배 모임에서 신의 사랑의 순수한 영향이 느껴졌으며, 거기서 강하게 품게 된 겸손한 마음을 집에 도착할 때까지 그대로 간직할 수 있었다. 24일 정도 밖을 돌아다녔으며, 말을 탄 거리는 360마일 정도였다.

이번 여행 동안에 나의 가슴은 남부 식민지들에 위치한 교회들의 상태에 큰 충격을 받았다. 하나님이 나에게 그 사람들 사이에서 조금 더 많은 노력을 펼 것을 요구하고 있다고 믿으면서, 나는 나 자신을 하나님의 뜻에 헌신할 수 있는 힘을 발견할 수 있기를 간절히 바라며 하나님 앞에 깊이 머리 숙여 존경을 표했다.

---

8 '예레미아서' 20장 9절.

5.
부담스러운
사업 성장

       이 해, 그러니까 1756년까지 나는 재단사로서 직업을 추구하는 외에 물건을 소매로 파는 일을 계속했다. 그러나 그때쯤 지나치게 거추장스러워지고 있던 사업 때문에 불편한 마음이 더욱 강하게 느껴졌다. 나는 의류용 장식품을 파는 일로 시작했다가 사업을 점점 키워 옷감과 리넨를 팔았으며 마침내 상당한 규모의 가게를 갖기에 이르렀다. 사업은 해마다 커갔다. 당연히 대규모 사업을 벌일 수 있는 길이 열린 것처럼 보였지만, 나는 마음속으로 이제 그만둬야 할 때가 되었다는 느낌을 받았다.

    전능하신 하나님의 자비 덕분에, 나는 평범하게 사는 삶의 방식에 만족하는 방법을 꽤 잘 배웠다.

    나에겐 작은 수의 가족밖에 없었으며, 진지하게 고려한 끝에, 나는 진리가 나로 하여금 거추장스런 일에 지나치게 깊이 관여하는 것을 요구하지 않는다고 믿기에 이르렀다. 진정으로 유용한 물건을 사

뉴 저지 마운트 홀리의 밀 스트리트 47번지에 있던 존 울먼의 가게(1747년).

고파는 것이 나의 일상적인 일이었다.

주로 사람들의 허영심을 충족시키는 물건을 사고파는 일은 그리 마음이 편하지 않았으며, 그래서 그런 일은 거의 하지 않았다. 사치스런 물건을 다룰 때마다, 나는 그 일이 기독교인으로서의 나를 약화시킨다는 사실을 확인할 수 있었다.

사업의 성장이 오히려 나에게 짐이 되었다. 타고난 성향이 장사 쪽이라 할지라도, 그럼에도 진리가 나에게 외적 방해로부터 보다 자유롭게 살 것을 요구한다고 믿었기 때문이다. 따라서 지금 마음속에서 그 두 가지 사이에 갈등이 일어났다. 그런 갈등 속에서 나의 기도는 하나님에게로 향했으며, 그러자 하나님은 관대하게 나의 기도를 들어주시면서 나의 가슴이 하나님의 신성한 의지에 헌신하도록 만들었다.

이어서 나는 외적 사업을 줄여나갔으며, 그래서 기회가 날 때마다 고객들에게 나의 뜻을 전하고 다른 가게를 찾도록 유도했다. 시간이 조금 지난 뒤에 장사를 완전히 접었으며, 견습생을 두지 않은 가운데 홀로 재단사의 일만 계속 지켰다.

나에게는 사과 묘목장이 하나 있었는데, 거기서도 나는 괭이로 땅을 파거나, 접붙이기를 하거나, 가지를 치거나, 병충해 예방 조치를 취하며 어느 정도 시간을 보냈다[9]. 장사의 경우에 내가 살던 곳에서는 물건을 주로 외상으로 파는 것이 관행이었으며, 그래서 가난한 사람들은 종종 빚을 졌다. 외상을 갚아야 할 때가 되었는데도 가난한 사람들에게 돈이 없을 때엔, 채권자들은 종종 법에 기대며 소송을 제기한다.

이런 일을 자주 목격했기 때문에, 나는 가난한 사람들에게 아주 유용한 물건만 사고 비싼 물건을 사지 말라고 조언하는 것이 유익하다는 사실을 깨달았다.

9　존 울먼은 농업을 도덕적, 육체적 건강에 가장 좋은 일로 여겼던 것 같다. 그는 "만약 성령의 안내에 관심을 더 많이 기울인다면, 더욱 많은 사람들이 유쾌하고 건강한 노동이 가능한 농업에 종사하게 될 것"이라고 생각했다. 그는 억압으로부터 자유로운 다른 일에서 정직하게 부를 축적하는 것을 비난하지 않는다. 심지어 "장사"도 순수한 정신에서 수행될 수 있다고 생각했다.

그리스도는 가족과 친구들을 부양하기 위해 필요한 것을 모으는 행위를 금지하지 않는다. 그리스도는 "너희 자신을 위해서 이 땅에 재물을 쌓지 말라."고 가르치고 있다. 랜코커스에 있던 작은 농장에서, 존 울먼은 경이와 슬픔이 교차하는 감정으로 세상의 소란과 동요를 바라보았다. 특히 그는 자신의 종교 집단 안에서 사치와 낭비가 초기의 소박과 단순을 앞지르는 현상을 지켜보는 것을 고통스러워 했다.

그는 단순히 부유하기만 한 사람을 거짓 없는 동정심으로 바라보았다. 넓은 땅과 웅장한 주택을 짊어지고 다니느라 그 무게에 등이 휘어버린 사람들에게 그는 헨리 데이비드 소로(Henry David Thoreau)가 느꼈던 것과 같은 동정심을 느꼈다. 그래도 그는 그런 사람들을 경멸하지는 않았다. - Messrs. Houghton, Mifflin & Co.에서 출간한 책의 각주 중에서.

6.
알코올과
사치스런 옷에 대하여

상업에 종사하는 동안에, 증류주를 지나치게 무절제하게 즐기거나 값비싼 옷을 입는 관행이 일부 사람들을 엄청난 불행에 빠뜨린다는 사실을, 그리고 이 두 가지가 종종 서로 연결된다는 사실을 확인할 기회가 있었다.

물건들을 보편적인 정의와 일치하는 방향으로 사용하는 일에 신경을 쓰지 않음에 따라, 천상의 아버지가 우리 인간에게 의도한 수준을 넘어서는 노동의 증대가 일어나고 있다. 그리고 종종 많은 땀을 쏟게 하는 힘든 노동 때문에, 주정뱅이가 아닌 사람들 사이에서도 기운을 살리기 위해 술을 갈망하는 분위기가 생겨나고 있다.

부분적으로 일부 사람들의 사치스러운 음주 때문에, 또 부분적으로 과도한 노동 탓에 술을 입에 대는 사람들의 음주 때문에, 해마다 대단히 많은 양의 럼주가 식민지들에서 소비되고 있다. 만약 순수한 지혜를 성실하게 돌본다면, 그 중 많은 양에 대해서는 필요성조차 느끼지 않게 될 것이다.

사람들이 독한 술에 정신이 고양되는 느낌을 받는 데서 쾌락을 느끼고, 이해력을 망가뜨릴 정도로 욕망에 빠져 지내고, 가족이나 시민 사회의 구성원으로서 의무를 게을리하고, 종교에 관한 모든 관심을 놓아버릴 때, 그들의 예는 동정심을 불러일으키기에 충분하다. 그리고 삶의 대부분을 조화롭게 영위하며 다른 사람들의 본보기로서 영향력을 강하게 발휘하는 사람들이 순수한 지혜가 허용하는 것보다 더 강한 술을 마시는 습관을 고수하는 곳에서, 그 습관은 온순한 정신이 퍼지는 것을 막고, 술을 과도하게 마시는 사람들의 입장을 강화하게 된다. 이것은 틀림없이 통탄스런 일이다.

사치는 정도를 불문하고 반드시 악과 연결된다. 그리스도의 신봉자라고 고백하고 사람들의 지도자로 여겨지는 이들이 그리스도의 마음과 같은 마음을 품은 상태에서 모든 그릇된 길들로부터 멀찍이 비켜서 있다면, 그 같은 행태 자체가 약한 자들을 돕는 수단이 될 것이다. 나도 뜨거운 열기 속에서 많은 시간을 보낸 뒤에 가끔 기운을 살리기 위해 술을 마셨다. 그렇기 때문에 나는 경험을 통해서 술을 마신 상태에서 나의 정신이 과도한 모든 것을 피했을 때만큼 차분하지도 않고 하나님에 대한 묵상에 적절하지도 않다는 사실을 깨달을 수 있었다.

그럴 때면, 나는 욕망에 적당한 한계를 제시하는 성령을 돌보는 일에 신경을 더 많이 써야겠다고 느꼈다. 성령이 성령을 충실하게 따르는 사람들을 신의 섭리가 내린 모든 재능을 원래 의도했던 목적에 쓰도록 이끌기 때문이다.

큰 재산을 가진 사람들이 이 천상의 지도자를, 다시 말해 인간들이 이웃까지 자기 자신처럼 사랑할 수 있도록 마음을 활짝 열고 확장시키라고 가르치는 그 지도자를 한결같은 마음으로 진정으로 따른다면, 그들은 사치품을 공급하는 일이나 노동이 지나치게 많이 요구되는 일에 사람들을 고용하지 않고도 사업을 처리하는 지혜를 얻을 것이다. 그러나 신성한 사랑이라는 이 원칙에 꾸준히 주의를 기울이려는 노력이 부족한 탓에, 이기적인 영(靈)이 사람들의 마음에 일어나고, 그런 영은 이 세상에 어둠과 다양한 혼돈을 야기한다.

유용한 물건을 거래하는 것이 정직한 일임에도 불구하고, 사고 팔리는 사치품들이 많고 시대가 타락했기 때문에, 생계를 위해 장사에 전념하는 사람들은 예언자 예레미아가 자신의 필경사에게 제시한 가르침을 가슴에 깊이 새길 필요가 있다. "네가 너 자신을 위하여 큰 일을 찾느냐? 그것을 찾지 마라."[10]

이 해 겨울에 나는 친구들과 함께 친우들의 가족을 방문하는 일로 바빴으며, 우리는 하나님의 선하심을 통해서 종종 하나님이 우리의 가슴을 부드럽게 녹이며 우리 사이에 현존하는 것을 경험할 수 있었다.

---

10 '예레미야서' 45장 5절.

7.
어느 친우에게
보낸 편지

당신이 최근에 고통을 겪는 것을 지켜보면서, 나는 당신에게 깊은 동료애를 느꼈으며, 당신을 일으켜 세우며 당신에게 그 고난을 허용한 것이 자비로우신 아버지를 기쁘게 했으면 좋겠다는 희망을 내내 은밀히 품었습니다. 또 당신이 이 세상이 어리석다고 여기는 그 길을 더욱 충실하게 알고, 신의 인내를 느끼고, 영원한 진리의 소박함으로부터 벗어나도록 이끄는 그 영(靈)에 저항할 힘을 얻게 될 것이라는 희망도 품었답니다.

우리는 우리 자신이 비틀거리며 망설이는 것을 볼 수 있고, 즐겁고 쉬운 일에 대한 강한 애착 때문에 앞으로 나아가는 것이 불가능하다는 것을 확인할 수 있지만, 인간에게 불가능한 일도 신에게는 가능하며, 우리의 의지를 신의 의지에 종속시키면, 어떤 유혹도 극복할 수 있습니다.

우리의 의지를 신의 의지에 종속시키는 일은 용광로 속의 광물에 비유

할 만합니다. 이 광물이 최초의 물질로부터 뜨거운 열을 거쳐서 나온 결과물이기 때문이지요. '그가 은을 정제하듯이 그들을 정제하고, 그가 은을 정제하고 순수하게 하는 존재로서 앉을 것이다.'[11] 이런 비유들을 통해서, 신의 손을 통한 용해 작업을 필요로 하는 우리 인간은 우리의 가슴이 진실로 하나님을 숭배할 준비를 하고, 하나님에게서 비롯되지 않은 영을 멀리하고, 시선을 안으로 돌림으로써 숭배를 분명히 나타내라는 가르침을 배웁니다.

이 일을 촉진시키기 위해, 현명하신 하나님은 간혹 외적 절망을 통해서 우리를 죽음의 문턱까지 기꺼이 데려 가지요. 그러면 삶이 고통스럽고 비참한 한편으로 영생의 가능성이 우리 앞에 열리기 때문에, 세속의 모든 끈들이 느슨하게 풀리고, 마음은 그렇게 하지 않았더라면 받아들이지 않았을 그 깊고 신성한 가르침을 받아들이게 되지요. 만약 인정 많은 부모가 자식들을 사랑하고 자식들의 행복에 기뻐한다면, 완벽한 선하심인 하나님께서 치명적인 전염병을 보낼 때에는 틀림없이 그 전염병의 효용까지 염두에 두고 있을 것입니다.

그 병으로 인해 정의로운 사람들이 제거됩니까? 그들의 변화는 행복입니다. 사악한 사람들이 사악함을 버리지 않다가 제거됩니까? 전능하신 하나님은 확실합니다. 우리는 고뇌와 비통을 겪다가 회복할 수 있을까요? 그분은 우리에게서 불순물을 털어내고 우리의 귀가 규율 쪽으로 활짝 열리도록 할 작정이지요.

그리고 지금 당신은 지독한 고뇌와 회복에 대한 의심으로 힘들어 하던

---

11 '말라기서' 3장 3절 참고.

끝에 다시 건강을 회복하였으니, 당신을 도운 그분을 잊지 말고, 겸허하게 감사하는 마음으로 그의 가르침을 절대로 놓치지 않음으로써 견고한 토대에서 벗어나게 하는 샛길을 피해야겠지요. 나는 당신처럼 사업을 하는 사람이 어쩔 수 없이 상대해야 하는 사람들의 부류가 다양하다는 것을 잘 알고 있습니다. 세속적인 마음에 깊이 뿌리를 내리고 있는 사람들에게서 나오는 대화의 영향을 고통스럽게 느꼈고, 그런 갈등을 겪고 있는 사람들과 공감할 수 있지요. 지금도 상당한 약함이 여전히 나에게 남아 있기 때문이지요.

나는 세속의 지혜와 관련해서 바보가 되는 것이, 그리고 진리의 순수함을 탐탁찮게 여기는 인간들의 마음을 다치게 하는 것을 두려워하지 않으면서 나의 모든 것을 하나님에게 맡기는 것이 타인의 감정에 흔들리지 않을 수 있는 유일한 길이라는 사실을 깨닫습니다.

인간의 두려움은 덫을 초래하지요. 의무 앞에서 머뭇거리고, 시험의 시기에 굽힘으로써, 우리의 손은 더 약해지고, 우리의 영(靈)은 사람들과 섞이고, 우리의 귀는 진정한 양치기의 말을 듣지 못할 정도로 둔해집니다. 그러면 정의로운 길을 볼 때, 그 길이 마치 우리가 따라서는 안 되는 길처럼 보이지요.

이 편지를 쓰는 동안에 어떤 사랑이 나의 마음을 안온하게 감싸고 있습니다. 그 사랑은 그 어떤 말보다도 더 강하지요. 그리고 나는 나의 가슴이 활짝 열리며 신을 모방하라고, 그리스도의 가르침의 확고함 속에서 앞으로 나아가라고 격려하는 것을 느끼고 있습니다.

깊은 겸손은 튼튼한 보루와 같습니다. 그 속으로 들어갈 때, 우리는 안전과 진정한 고양을 발견합니다. 하나님의 어리석음은 인간보다 더 현명하고, 하나님의 약함은 인간보다 더 강합니다. 우리 자신의 지혜를 벗어던졌고, 피조물의 겸손을 알고 있기 때문에, 우리는 우리에게 건강과 활력을 주는 그 힘이 일어나는 것을 확인합니다.

4장

1757년

1.
벌링턴 등 다양한 지역의 친우들 가족 방문

1757년 5월 13일. 건강 상태는 양호했다. 친우들과 함께 친우들의 가족들을 방문하는 길에 나섰다.

이날은 벌링턴의 어느 친우의 집에서 묵었다. 평소의 시간에 맞춰 잠자리에 들었다가 밤중에 깨어났다. 잠자던 상태 그대로 누운 채, 나의 생각은 온통 하나님의 선하심과 자비로 모아졌고, 가슴에는 뉘우침이 밀려왔다. 그러다가 다시 잠을 청했다.

그러나 얼마 지나지 않아 다시 잠에서 깨어났다. 여전히 깜깜한 밤이었다. 여명이나 달빛은 기미조차 보이지 않았다. 그런데 방 안에서 어떤 빛이 보였다. 한 5피트(약 152cm)쯤 떨어진 곳에서, 직경 9인치(약 22cm) 정도 되는, 뚜렷하고 부드러운 빛이었다. 가운데 부분이 가장 밝게 빛나고 있었다. 놀라는 느낌을 전혀 받지 않은 상태에서 그 빛을 보며 누워 있을 때, 나의 내면의 귀에 어떤 말이 들렸고, 그 말이 나의 속사람을 가득 채웠다.

그 말은 생각의 결과도 아니었고, 그 빛의 나타남과 관련있는 결말도 아니었다. 그 말은 나의 정신 안에서 말하는 신성한 존재의 말씀이었다. 그 말씀은 신성한 진리의 확실한 증거였다. 말씀은 다시 똑같은 방식으로 되풀이되었으며, 이어 빛이 사라졌다.

남쪽 식민지들을 방문하는 일에 관한 관심이 강하게 일어나는 것을 느끼면서, 월례 예배 모임에서 그 같은 사실에 대해 밝히고 허락을 받아냈다. 홀로 길을 나서기로 마음을 먹고 있는데, 필라델피아에 살던 나의 형제 하나가 노스캐롤라이나에 볼일이 있었던 터라 그 여정의 일부를 나와 동행하겠다고 제안했다. 그러나 그 형제가 외적인 일을 보는 목적을 갖고 있었기 때문에, 그를 동행으로 받아들이는 것이 나에게는 약간 껄끄러운 일이었다. 그래서 그와 여러 차례 대화를 나눴다. 마침내 편안한 마음을 느끼게 된 나는 필라델피아의 나이 많은 친우들 몇 명과 그 문제를 놓고 대화했다.

그 결과, 나의 형제도 나와 동행하는 데 필요한 허가를 받을 수 있었으며, 우리 둘은 1757년 5월에 여행을 출발했다.

노팅엄 평일 예배 모임에 참석하면서, 우리는 존 처치먼(John Churchman)의 집에 머물렀으며, 거기서 남부 지방을 방문하고 돌아가던, 뉴잉글랜드 출신인 친구 벤저민 버핑턴(Benjamin Buffington)을 만났다. 그곳에서 우리는 서스퀘해나 강을 건넜으며, 메릴랜드에 사는 윌리엄 콕스(William Cox)의 집에 묵었다.

메릴랜드로 들어온 직후에, 나에게 깊고 고통스런 어떤 영적 훈련이 시작되었다. 나의 마음이 이 지역들로 끌린 이후로, 어느 정도 예상했던 일이었다. 나의 형제와 동행하기로 합의하기 전에 그에게도 그 같은 어려움에 대해 알려 주었다.

  이 식민지와 남부 식민지들의 사람들이 많은 것을 노예 노동에 의지하며 살고, 노예들 중 많은 수가 가혹하게 부려지고 있기 때문에, 나 자신이 예수 그리스도의 목소리에 일편단심으로 귀를 기울일 수 있을 것인지, 또 그곳 사람들 앞에서 마음의 동요를 느끼지 않고 평정심을 유지할 수 있을 만큼 하나님의 뒷받침을 충분히 받을 수 있을 것인지 걱정이 앞섰다.

  그런 방문에 나서는 친우들이 무료로 접대를 받는 것이 관행이기 때문에, 내가 보기에 압박감 때문에 어쩔 수 없이 베푸는 것 같은 그런 친절을 통해서 돈을 아끼는 것이 과연 옳은 일인가, 하는 불편한 마음이 생겼다. 어떤 선물을 받는 행위는 그것이 선물로 여겨지는 경우에 받는 사람이 주는 사람에게 감사하는 마음을 느끼도록 만들고, 감사를 느끼는 사람과 선물을 주는 사람은 자연스럽게 같은 편이 되기 마련이다.

  이런 종류의 어려움을 예방하기 위해, 그리고 재판관들의 마음을 편향으로부터 보호하기 위해, 하나님은 이런 금지를 제시하고 있다. "너희는 선물을 받지 마라. 선물은 현명한 사람의 눈을 멀게 할 것이고, 정의로운 사람이 거짓말을 하도록 만드느니라."('출애굽기' 23장 8절) 그리스도의 사도들이 양식을 조금도 비축하지 않은 상태에서 여행길에 나섰고, 우리의 하나님이 노동하는 사람은 음식을 먹을 자격을 갖추고 있다고 말했기 때문에, 복음을 전하는 그들의 수고는 환대에 대한 보상으로 여겨졌으며, 따라서 환대는 선물로 받아들여지지 않았다. 그럼에도 현재의 나의 여행과 관련해서, 나는 그런 측면에서 나의 길을 선명하게 볼 수 없었다.

차이는 이런 것 같았다. 사도들이 받은 환대는 하나님이 그들을 맞이하도록 가슴을 활짝 열어놓은 사람으로부터 사도들과 그들이 전하는 진리에 대한 사랑에서 나온 것이었지만, 동일한 종교 단체의 구성원들로 여겨지는 우리는 그런 방문의 경우에 서로를 맞이하는 것을 정중함의 한 예로 본다. 간혹 그런 접대는 부분적으로 평판을 고려한 결과이며, 가슴과 영(靈)의 내적 일치에서 비롯되는 것이 아니다.

행위는 말보다 설득력이 훨씬 더 강하다. 사람들이 노예 무역에 대해 신념에 그다지 위배되지 않고 오히려 권장할 만한 것으로 여긴다는 점을 행동으로 보여주고 있는 곳에서, 그런 사람들과 그들을 방문하는 친우들 사이에 건전한 결합이 이뤄지지 않는다.

그 일이 너무나 힘겨운 과제가 될 것이라는 전망에다가, 그 사람들이 내가 예전에 존경했던 많은 사람들과 너무나 판이할 것이라는 짐작 때문에, 마음이 대단히 무거웠다. 그때 나의 영혼이 겪은 갈등은 정말로 심각했다. "만일 주께서 저를 이런 식으로 다루시겠다면, 간절히 기도드리오니 저에게 은혜를 베푸셔 저를 죽여주십시오."('민수기' 11장 15절)라고 말한 예언가[12]가 느꼈을, 한없이 가라앉은 정신 상태를 이해할 것 같았다.

그러나 곧 나는 그런 정신 상태가 나 자신을 하나님의 의지에 온전히 맡기지 않았다는 사실에서 비롯된다는 것을 확인할 수 있었다. 나를 따라다니는 고뇌가 너무나 깊었으며, 나는 자기 비하에 빠진 상

---

12 모세를 뜻한다.

태에서 하염없이 눈물을 흘리며 전지전능하신 하나님에게 자비로운 아버지로서 도움을 베풀어 달라고 외쳤다.

깊은 시련의 시간이 어느 정도 흐른 뒤에, 나는 '시편'의 작가가 언급한 그 마음 상태를 그 전 어느 때보다 더 분명하게 이해하는 은혜를 입게 되었다. "나의 영혼은 젖을 뗀 아이와 같도다."('시편' 131장 2절) 그런 식으로 도움을 받으며 하나님에게 깊이 복종하게 된 나는 나 자신을 심각한 고민에 빠뜨렸던 폭풍우로부터 벗어나는 느낌을 받았다.

나 자신이 주 예수 그리스도에게 정성을 온전히 쏟기만 하면 어떤 어려움에 처하더라도 그리스도가 훌륭한 조언자가 되어줄 것이라고 믿으면서, 또 예수 그리스도의 힘에 의해서, 나를 대접한 소사이어티의 회원들에게 돈을 줘도 괜찮게 되었다고 믿으면서, 나는 평온한 마음을 느끼며 앞으로 나아갔다. 그때 환대에 대해 돈으로 보답하지 않는 것이 오히려 그리스도가 나에게 명령한 과제를 수행하는 데 방해가 될 것이라는 판단이 섰다. 집으로 돌아와서 이 부분을 옮겨 적으면서, 나는 종종 의무감을 느끼며 그렇게 했다고 덧붙인다.

내가 환대에 대한 대가를 지급하는 방식은 이랬다. 환대를 받은 친우의 집을 떠나기 직전에, 만약 거기에 돈을 놓고 오지 않고는 '강요'에 의한 이득을 청산할 수 없다는 판단이 서면, 그 가족의 연장자 한 사람에게 은밀히, 은화를 받아 두었다가 흑인들 중에서 그 돈을 가장 잘 활용할 것 같은 사람에게 전해주기 바란다는 뜻을 밝혔다. 다른 때에는 은화들을 흑인들에게 직접 주기도 했다. 그 방법이 가장 확실해 보였기 때문이다.

하룻밤 묵었던 집을 나서기 전에, 나는 이 목적을 위해 많은 수의 소액 은화를 건넸으며, 부유해 보이는 사람들에게 그런 식으로 은화를 전하는 것은 나에게나 그들에게나 똑같이 불편한 일이었다. 그러나 하나님에 대한 두려움이 간혹 나를 엄습했으며, 그럴 때면 나의 방법은 예상한 것보다 쉬웠다. 나의 제안에 화를 내는 사람은 거의 없었으며, 대부분의 사람들은 잠깐 대화한 뒤에 은화를 받았다.

2.
노예 제도를
둘러싼 깊은 고민

1757년 5월 9일. 어느 친우의 집에서 아침 식사를 하고 길을 나설 때, 그 친우가 배웅을 나왔다. 그와 나는 하나님을 두려워하는 마음 상태에서 그의 노예들에 대해 대화를 나눴다. 그와 대화하는 동안에, 나의 마음은 편안해졌다. 그와 매우 솔직한 말투로 대화했으며, 그도 나의 그런 어투를 호의적으로 받아들이는 것 같았다.

우리는 예배 모임을 결정하지 않은 상태에서 여행을 계속했지만, 나의 마음에는 버지니아의 연례 모임에 참석해야 한다는 압박감이 작용하고 있었다. 나는 길을 따라 여행하면서 종종 마음 깊은 곳에서 이런 외침이 일어나는 것을 느꼈다. "오, 주님이시여, 저는 땅에서는 나그네이니 주님의 얼굴을 나에게 숨기지 마십시오!"[13]

11일, 우리는 패토맥(Patowmack) 강과 래퍼해녹(Rapahannock)

---

13 '시편' 119장 19절 참고.

강을 건너 포트 로열(Port Royal)에서 묵었다. 그 길을, 사려 깊어 보이는 어느 민병대 대령과 동행하게 되었다.

그때 나는 자식들이 근검절약하며 성실하게 일하도록 훈련시키며 생계를 위해 적절히 노동하며 사는 사람들과, 노예 노동으로 살아가는 사람들 사이에 전반적으로 나타나는 차이에 대해 말할 기회를 가졌다. 나의 의견에는 전자가 가장 행복한 삶인 것 같다는 뜻도 전했다. 그 사람은 나의 말에 동의한 뒤, 다루기 힘들고 나태한 흑인들의 성향에서 비롯되는 고충에 대해 언급했다. 그러면서 그는 우리 노동자가 하루에 흑인 노예 2명의 몫을 해낼 것이라고 덧붙였다.

그 말에 나는 이런 식으로 대답했다. 자유로운 사람들은 자신의 일에 정신을 적절히 쏟으며 스스로를 향상시키고, 개발하고, 가족을 부양하는 데서 만족을 발견하지만, 노예들은 자신을 재산으로 여기는 타인을 부양하기 위해 노동하면서도 평생 노예 신세 외에는 어떤 것도 기대할 수 없는 탓에 일을 부지런히 할 이유가 전혀 없기 때문이라고.

그와 대화를 조금 더 나눈 뒤에, 나는 권력을 가진 인간들이 그 권력을 너무나 자주 남용한다는 점을, 또 우리가 흑인들을 노예로 부리고 오스만 제국의 주민들이 기독교인들을 노예로 부렸을지라도, 자유는 모든 인간들이 똑같이 타고나는 권리라는 점을 강조했다. 이 점을 그도 부정하지 않았지만, 그는 흑인들이 자신의 나라에서 너무나 비참했기 때문에 여기서 그곳보다 더 나은 삶을 살고 있다고 말했다. 이에 나는 "우리 두 사람의 행동 기준이 너무나 다르군요."라고 대답했으며, 그것으로 그 주제에 관한 대화는 끝이었다.

여기서, 조금 뒤에 또 다른 사람이 흑인들이 자기들끼리 벌이는 전쟁으로 인해 겪는 불행을, 우리가 그들을 노예로 부리기 위해 데려오는 행위를 정당화하는 근거로 언급했다는 사실을 덧붙이고 싶다. 그 사람의 주장에 대해, 나는 내분을 겪는 아프리카인들에 대한 동정이 그들을 구매하는 진정한 동기이고, 또 그런 따뜻한 마음에서 그들을 보살핀다면, 당연히 우리는 그들을 부드럽게 대해야 할 것이고, 따라서 고통에서 벗어난 이방인들로서 그들의 삶도 우리들 사이에서 행복해야 할 것이라고 대답했다.

흑인들도 우리의 영혼만큼 소중한 영혼을 갖고 있고 '성경'을 통해서 우리와 똑같이 도움과 위안을 받을 수 있기 때문에, 그들에게 '성경'을 가르치는 노력을 게을리해서도 안 된다.

그럼에도, 우리가 흑인들을 구입하는 것이 우리 자신이 편하기 위해서라는 점을 행동을 통해서 분명히 드러내고 있고, 또 전쟁에서 포로로 잡힌 흑인들을 구입하는 것이 전쟁 당사자들로 하여금 전쟁을 더욱 가열시키도록 고무하고 흑인들의 슬픔을 심화시키는 상황에서, 그들이 아프리카에서 불행하게 살았다고 말하는 것은 우리의 입장을 정당화하는 논거와는 거리가 한참 멀다. 더 나아가, 나는 이 식민지들의 현재 상황이 힘들어 보인다고 말했다. 노예들이 식민지들에게 매우 무거운 짐으로 작용하는 것처럼 보였던 것이다.

만약 백인들이 다른 모든 고려 사항들보다 외적 이익을 선호하는 태도를 계속 고수하며 흑인들을 동료 인간으로 양심적으로 다루지 않는다면, 그 짐이 점점 더 무거워지다가 마침내 시대가 우리에게 불리한 쪽으로 변하게 될 것이라고 나는 믿는다.

아프리카의 상황을 들먹인 사람은 매우 진지해지는 것 같았다. 그는 흑인들의 상황과 이 식민지들에서 흑인들이 다뤄지는 방식을 고려하면서 전능하신 하나님이 노예를 없애는 방향으로 명령하는 것도 정당할 수 있겠다고 간혹 생각한다는 점을 인정했다.

메릴랜드를 가로질러 여행한 끝에, 12일에는 버지니아의 시더 크릭(Cedar Creek)에서 친우들을 만났으며, 다음날에는 그들 중 몇 사람과 함께 말을 타고 하루 거리에 위치한 캠프 크릭(Camp Creek)으로 갔다. 오전에 말을 타고 가는 동안에, 나의 마음은 나를 따라붙고 있던 다양한 어려움들을 극복할 수 있도록 해달라고 하나님에게 간절히 도움을 청하고 있었다. 나는 좀처럼 느끼지 않았던 그런 절망감에 빠져 최고의 신 하나님에게 속으로 외치고 있었다. "오 주여, 구하오니, 고통으로 힘들어 하는, 당신의 가엾은 창조물에게 자비를 베풀어 주소서!"

시간이 조금 지난 뒤에, 마음의 평안을 느낄 수 있었다. 그런데 그 직후에 일행 중 한 친우가 노예 무역을 지지하는 말을 하기 시작하는 것이 아닌가.

그는 흑인들을 카인의 후예로 여겨야 한다고 말했다. 흑인들의 검은 피부색이, 카인이 동생 아벨을 죽인 뒤에 하나님이 카인에게 한 표시였다는 이유에서였다. 또 그 사람은 흑인들이 카인과 같은 사악한 인간의 자손에게 적절한 신분인 노예가 되는 것은 신의 계획이었다고 말했다. 이어서 또 다른 친우가 그 사람의 말에 동조하는 내용의 말을 했다.

이 모든 의견에 대해, 나는 다음과 같은 뜻으로 대답했다. 성경에 따르면, 홍수에서 살아남은 사람들은 노아와 그의 가족이 전부였으며, 노아가 세트 종족에 속했기 때문에, 카인의 가족은 완전히 파괴되었다고. 그러자 그 중 한 사람이 홍수 뒤에 함[14]이 놋 땅으로 가서 아내를 얻었지 않았느냐고 따졌다. 놋 땅이 카인의 종족이 거주한, 아주 먼 곳에 위치한 땅이라서 홍수가 거기까지 미치지 못했고, 함이 형제들의 종들의 종이 되는 벌을 받았기 때문에, 그런 식으로 결합한 이 두 가족은 틀림없이 노예에 적합하다는 주장이었다.

그 말에 대해, 나는 홍수가 그들의 무례한 행위 때문에 세상에 내린 심판이었으며, 카인의 가족이 가장 사악한 것으로 여겨졌기에 그들이 구원을 받았을 것이라고 짐작하는 것은 합리적이지 않다고 대답했다.

함이 아내를 얻기 위해 놋 땅으로 간 것에 대해 말하자면, 시간이 전혀 언급되지 않았기 때문에 놋 땅에는 함이 두 번째 결혼을 하기 전에 이미 노아의 가족 일부가 거주하고 있었을 수도 있다. 더구나 성경 구절이 "땅 위에 움직이는 생물이 다 죽었으니."('창세기' 7장 21절)라고 말하지 않는가. 더 나아가 나는 그 사람들에게 예언자들이 "아들은 아버지의 죗값을 짊어지지 않으며 모두가 자신의 죄에 대해서만 책임을 지느니라."[15]고 거듭 선언하게 된 이유를 상기시켰다.

나는 그 사람들의 상상이 지극히 어두운 방향으로 향하고 있다는 사실을 알아차리고는 심적으로 큰 아픔을 느꼈으며, 영적 압박감이

---

14 노아의 둘째 아들.

15 '에제키엘서' 18장 20절 참고.

강하게 느껴지는 가운데 이렇게 말했다.

"편의와 이익에 대한 애착이 노예를 소유하는 일반적인 동기이며, 인간은 불합리한 명분을 지키기 위해 종종 허약한 논거에 집착하는 경향이 있습니다. 나는 진리 외에는 어떤 것에도 관심이 없습니다. 자유가 흑인들의 권리라고 믿고 있으며, 내가 알고 있는 바와 같이, 흑인들은 지금 자유를 박탈당하고 있을 뿐만 아니라, 많은 곳에서 다른 측면에서도 비인간적으로 다뤄지고 있지요. 나는 억압받는 자들의 피난처인 그분이 때가 되면 흑인들의 원한을 옹호하고 나설 것이라고 굳게 믿고 있으며, 그분 앞에서 떳떳하게 올바로 걷는 것이 곧 행복의 길일 것입니다."

그것으로 우리의 대화는 끝이었다.

5월 14일. 캠프 크릭의 월례 모임에 참석한 뒤 말을 타고 제임스강을 거슬러 산악 지대까지 가서 어느 친우의 집에서 예배 모임을 가졌다. 두 차례의 모임에서 나는 가슴 깊이 슬픔을 느꼈으며, 하나님 앞에서 눈물을 끝없이 쏟아냈다. 하나님께서 그곳의 친우들 사이에서 나의 마음을 밝힐 길을 열 힘을 기꺼이 주셨기 때문이다. 거기서 포크 크릭으로, 다시 시더 크릭으로 갔으며, 그곳에서도 예배 모임을 가졌다. 거기서 나는 연약한 어떤 씨앗을 하나 발견했다. 내가 진리를 추구하며 겸허한 마음을 지키도록 그리스도의 대리인의 역할을 계속 맡고, 그곳 사람들의 가슴속에 있던 동일한 진리가 그 진리에 대답했기 때문에, 그 모임은 사람들이 하나님의 현존을 통해 서로 몸과 마음을 상쾌하게 자극하는 시간이 되었다.

제임스 스탠들리(James Standley)의 집에 묵었다. 그는 지난여름에 전투에 반대하는 증언을 했다는 이유로 윈체스터(Winchester)에서 수감 생활을 했던 젊은이들 중 하나인 윌리엄 스탠들리(William Standley)의 아버지였다. 나는 그 문제를 놓고 그와 어느 정도 만족스런 대화를 했다. 거기서 스웜프(Swamp) 예배 모임으로, 또 와야노크(Wayanoke) 예배 모임으로 갔다가, 제임스 강을 건너 벌리(Burleigh) 가까운 곳에서 묵었다.

메릴랜드로 들어온 이후로 꽤 깊은 슬픔에 빠져 지냈다. 그 슬픔이 최근에 더욱 깊어짐에 따라, 나의 마음은 거의 짓눌리다시피 했다. 그래서 "내가 절망 중에 주님을 부르며 하나님에게 울부짖었더니"[16]라고 한 시편 작가의 심정이 고스란히 느껴졌다. 그런 상황에서, 무한한 선량으로 나의 고난을 내려다보시던 하나님께서 내가 머무는 외진 곳으로 나를 위로하기 위해 성령을 보냈고, 그것에 대해 나는 그저 황송하게도 하나님의 성스러운 이름을 찬양할 뿐이다.

---

16 '시편' 18장 6절.

3.
붕괴되는
내적 삶

교회들의 상태가 남긴 인상이 나를 무겁게 짓누르며 절망감을 안겼다. 황금이 광택을 잃고 변질된 것처럼 느껴졌다. 이런 상태가 일반적인 현상이긴 하지만, 이 지역들에서 그 상태가 유독 더 무겁게 다가왔다.

내가 볼 때, 이 세상의 영(靈)의 지배가 팽배해짐에 따라, 많은 사람들의 마음이 내적으로 황량해졌고, 그리스도의 진정한 양들에게 반드시 필요한 요소들인 온순함과 고상함과 천상의 지혜를 갖춘 영 대신에 지배를 추구하는 과격한 영이 너무나 널리 퍼지게 되었다.

아주 작은 것에서 시작된 잘못도 점점 심해지다 보면 나중에는 거대한 빌딩 같은 심각한 잘못이 되며, 그 잘못은 시대를 내려가면서 사람들의 일반적인 동의에 의해 더욱 커지기 마련이다. 사람들이 진리를 공언함으로써 평판을 얻기 때문에, 명망 있는 사람들의 미덕은 보편적인 오류를 옹호하는 근거로 언급된다. 그리고 명성이 다소 덜한 사람들은 자신을 정당화하기 위해서 이런저런 훌륭한 사람들도 비슷한 행동을 했다는 식으로 말한다.

그런 식이 아니라면 다른 어떤 단계를 거쳐서, 유다족이 그런 사악함을, 말하자면 예언자 이사야가 하나님의 이름으로, "정의를 요구하는 자도 없고, 진리를 간청하는 자도 없노라."('이사야서' 59장 4절)고 선언하도록 할 정도의 사악함을 보이게 되었겠는가? 전능하신 하나님이 바빌론 유수 직전에 위대한 도시 예루살렘을 찾아 "만약 너희가 정의를 행하며 진리를 구하는 사람을 한 사람이라도 발견한다면, 내가 이 도시를 용서하리라."('예레미야서' 5장 1절)라고 했을 정도의 사악함을 말이다.

새로 정착한, 아메리카의 일부 지역에서, 흑인들을 대하는 우리의 태도 때문에 그와 똑같은 타락이 일어날 길이 열리고 있다는 예감이 이번 여행길 내내 나의 마음을 깊이 괴롭혔다. 흑인들이 다뤄지는 방식에 대해 짧게 언급하는 것조차도 절대로 유쾌한 일이 아님에도 불구하고, 나는 여행하면서 남긴 메모들을 종종 읽으면서, 나의 마음이 흑인들을 보호하는 일에 끌리고 있다는 사실을 확인한다.

그 식민지들의 백인들 중 많은 사람들은 흑인의 결혼 생활에 대해 신경을 거의 또는 전혀 쓰지 않는다. 그러다 보니 흑인들이 그들의 방식대로 결혼할 때, 일부 백인들은 그들의 결혼 생활을 거의 고려하지 않으며, 따라서 자신의 물질적 이익을 위해서 종종 흑인 남자들을 멀리 떨어진 곳으로 팔아넘김으로써 아내와 떼어놓는다. 사유지가 경매로 팔릴 때, 이런 일이 다반사로 일어난다.

들판에서 채찍을 든 사람이 감시하는 상황에서 힘겨운 노동에 시달리는 많은 흑인들에게 일주일에 거친 옥수수 1펙(peck)[17]과 약간의 소금, 감자 몇 알 외에는 거의 아무것도 주어지지 않았다. 감자는 흑인들이 주의 첫째 날에 자신들의 노동으로 공동으로 경작한 것이었다. 감독관에게 복종하지 않거나 게으름을 피울 때 따르는 벌은 종종 매우 엄격하고 가끔은 극단적일 만큼 가혹하다.

남녀 노예들은 겨우 몸을 가릴 정도의 옷만 입으며, 열 살이나 열두 살짜리 소년들과 소녀들도 주인의 아이들 사이에서 종종 신체의 많은 부분을 드러낸 채 지낸다. 우리 소사이어티의 일부와 뉴라이츠(Newlights)[18]라 불리는 단체의 일부는 자신들이 거느리고 있는 흑인들에게 읽기를 가르치려고 노력하고 있지만, 일반적으로 이 일은 무시되고 있을 뿐만 아니라 못마땅하게 여겨지고 있다. 흑인들은 자신의 노동으로 다른 주민들의 삶을 상당히 많이 뒷받침하고 있으며, 이 주민들 중 많은 사람들은 사치스런 삶을 영위하고 있다.

흑인들은 백인들에게 봉사하는 일에 절대로 동의하지 않은 사람들이며, 우리가 아는 것과 달리, 자유를 몰수당한 사람들이 아니다. 흑인들은 예수 그리스도가 목숨을 버리며 구했던 영혼들이며, 그들을 대하는 우리의 태도에 대해 우리는 인간을 차별하지 않는 그리스도의 앞에서 대답해야 한다. 유일하게 진정한 신과 그 신이 보낸 예수 그리스도를 알고, 따라서 자비롭고 은혜로운 복음의 영(靈)을 잘 아는 사람들은 억압과 잔인성 앞에서 신이 분노하는 것을 느낄 것이

---

17 4분의 1 부셸(약 36리터)에 해당한다.

18 1730년대에 생긴 침례교의 한 종파.

고, 또 너무나 많은 사람들의 절망을 보면서 슬퍼할 이유를 발견할 것이다.

묵고 있던 숙소에서, 나는 벌리 예배 모임에 갔다. 그 자리에서 마음이 고요하게 체념의 상태로 들어가는 것을 느낄 수 있었다. 긴 침묵이 흐른 뒤에, 나는 자리에서 일어나 의견을 발표하라는 부추김 같은 것을 느꼈다. 신의 사랑이 강력하게 작용한 덕분에, 우리는 교화적인 모임을 갖는 은혜를 입었다. 그 다음 예배 모임은 블랙 워터(Black Water)에서 열렸으며, 그곳에서 우리는 서부 지부(Western Branch)의 연례 모임으로 갔다.

실무 작업이 시작될 때, 그곳의 회원 몇 명이 몇 가지 질문을 고려 대상으로 제안했다. 승인을 받게 되면, 그 질문들은 그때부터 회원들 각자의 월례 모임으로부터 대답을 듣게 된다. 그 질문들은 작년에 지명된, 버지니아 연례 모임의 한 위원회에서 검토되었던 펜실베이니아의 질문들이었다.

이 위원회가 그 질문들을 약간 바꾸었는데, 그 수정 중 하나가 나를 괴롭혔던 어떤 관습에 유리한 방향으로 이뤄졌다. 그 질문은 "흑인들을 수입하거나, 수입된 흑인들을 구입하는 일에 관여하는 사람이 있는가?"라는 것이었는데, 그것이 "흑인들을 수입하거나, 팔기 위해 흑인들을 구입하는 일에 관여하는 사람이 있는가?"로 수정되었다. 만장일치로 허락된 한 가지 질문이 "불법적으로 수입된 물건이나 적으로부터 빼앗은 물건을 구입하거나 파는 일에 관여하는 사람이 있는가?"라는 것이었기 때문에, 나의 마음이 다음과 같이 말하려는 것이 느껴졌다. 우리는 진리를 공언하고 그 진리를 증명하기 위해 그곳에 모였다. 그렇기 때문에, 우리는 순수한 지혜 속에서 정직하게 살며 행동할 필요가 있으며, 그렇게 하지 않을 경우에 우리가 번영을 이루지 못할 것이라고.

그래서 나는 그 질문들의 변경에 대해 언급했으며, 마지막에 언급한 질문을 가리키면서, 어떤 물건이든 칼로 얻은 것을 구입하는 행위가 언제나 우리의 원칙과 일치하지 않는 것으로 여겨지듯이, 전쟁 포로로 붙잡히거나 강제로 납치된 흑인들을 구입하는 것은 우리의 증언에 위배될 뿐만 아니라, 그들이 우리의 동료 피조물이기 때문에, 그들을 노예로 파는 것은 죄를 크게 키우는 행위라고 덧붙였다. 친우들은 나의 말에 주의를 기울이는 것처럼 보였으며, 일부 사람들은 자신이 거느리고 있는 흑인들에 대해 걱정하는 모습을 보였다. 누구도 내가 한 말에 대해 반대를 표하지 않았지만, 그 질문은 그들이 변경한 대로 승인되었다.

지금까지 그 친우들 중 일부가 노예들을 다른 물건들과 마찬가지로 사고팔았기 때문에, 모임에서 승인된 질문은 그래도 그들이 지금까지 나아간 것보다 한 걸음 더 나아가는 것이 될 것이며, 그래서 나는 변경을 강요하는 것을 의무로 여기지 않았다. 그보다는 그 모든 일을 그분에게, 그러니까 힘 있는 자들의 가슴을 유일하게 바꿔놓을 수 있고, 무한한 지혜와 그 지혜에 어울리는 수단으로 이 땅에 진리를 퍼뜨릴 길을 열 그분에게 넘기는 것이 더 낫겠다고 느꼈다.

그들이 이미 소유하고 있는 흑인들과 관련해서, 나는 나의 마음이 그 흑인들로 인해 괴로워하는 것을 느끼며 이런 식으로 말했다. 우리는 '성경'이 성스러운 인간들에 의해 공표되었고 또 성령에 의해 전파되었다고 믿고 있으며, 우리 중 많은 사람들은 경험을 통해서 '성경'이 종종 도움을 주고 위안을 준다는 사실을 알고 있다. 따라서 우리 모두는 자식들에게 '성경' 읽는 것을 가르치는 것을 의무로 여기고 있다. 그렇기 때문에 만약에 우리가 이기적인 관점을 벗어던진다면, '성경'을 퍼뜨린 바로 그 동일한 선한 영(靈)이 우리에게 흑인들에게도 '성경'을 읽는 것을 가르치는 과제를 안기고 있으며, 또 흑인들도 당연히 '성경'의 혜택을 볼 수 있을 것이라고.

거기 모인 일부 사람들은 자신의 노예들을 교육시키는 일에 더 많은 관심을 기울이겠다는 뜻을 표명했다.

5월 29일. 내가 묵고 있던 집에서 목사들과 장로들의 모임이 열렸다. 나는 그들 앞에서 그들의 노예에 대해 자유롭고 솔직하게 말해야 한다는 도덕적 의무감 같은 것을 느꼈다. 사회에서 최고의 위치에 서 있는 사람들로서, 그러니까 그런 문제에서 행동을 통해 다른 사람들에게 특별한 본보기가 될 수 있는 지위에 오른 사람으로서, 그들은 스스로를 조심스럽게 살필 의무를 더 강하게 진다는 점에 대해 언급하다 보니, 자연히 그런 느낌이 들었다.

그런 상황에서 그들이 이기적인 관점을 완전히 벗어던지는 것이 얼마나 필요한지에 대해, 그리고 그들이 순수한 진리 속에서 살며 교육을 비롯한 여러 분야에서 타인들을 양심적으로 대하는 것이 얼마나 중요한지에 대해서도 언급했다. 그렇게만 한다면 그 사람들은 너무나 긴급하게 필요한데도 무시되고 있는 어떤 일을 진척시키는 데 결정적인 도구가 되어줄 것이다. 낮 12시에 예배 모임이 시작되었는데, 매우 알찬 시간이었다.

이튿날 10시쯤 친우들이 일을 마무리짓기 위해 모였으며, 이어 예배 모임이 열렸다. 그 모임이 나에게는 힘든 시간이었지만, 하나님의 선하심을 통해서 진리가 어느 정도 토대를 쌓았다고 나는 믿었다. 정직한 가슴의 소유자들을 더욱 강화하는 기회였다.

4.
뉴 가든과 크레인 크릭의
친우들에게 보낸 편지

이때쯤 나는 노스캐롤라이나의 외딴 정착촌들의 친우들에게 편지를 썼다. 뉴 가든과 케인 크릭의 월례 모임에 참석한 친우들에게 보낸 편지의 내용은 이렇다.

사랑하는 친우들에게!

버지니아와 캐롤라이나의 일부 지역들을 방문하며 나의 심중을 밝힌 것이 하나님을 흡족하게 한 터라, 여러분이 종종 마음에 떠오르곤 합니다. 여러분을 직접 방문할 수 있는 길이 아직 분명히 드러나지 않고 있지만, 그럼에도 나는 진리를 사랑하는 나의 마음에 떠오르는 몇 가지 사항을 전하고 싶은 마음을 진정으로 느끼고 있습니다.

사랑하는 벗들이여, 첫째, 겸손을 실천하며 살고, 외적 이득에 대한 고려가 여러분을 너무 강하게 사로잡는 일이 벌어지지 않도록 조심하고, 눈길을 오로지 주님에게 주도록 하십시오. 그러면 여러분은 안전하게 지켜질 것입니다. 사람들이 외적인 것들에 집착하다가 그만 정신을 놓아버리고, 내적으로 진정한 평화의 길에 익숙하기보다는 이 세상의 이익과 우정을 추구하는 일에 더 열심히 매달리는 곳에서, 사람들은 삶의 진정한 위안을 결여한 상태에서 공허한 그림자 속을 걷게 되지요. 그런 사람들의 선례는 종종 타인들에게 해를 끼치고, 그런 식으로 축적된 그들의 부(富)는 자주 자식들에게 위험한 덫이 되는 것으로 확인됩니다.

그러나 사람들이 정직하게 그리스도를 따르면서 그리스도의 성령 안에서 사는 곳에서, 그들의 평안과 견실함은 신의 축복을 통해서 간혹 주변의 부드러운 풀잎에 맺힌 이슬 같으며, 그들의 영(靈)들의 무게는 은밀히 타인들의 영에 영향을 끼칩니다. 이런 상황에서, 널리 퍼지는 하나님의 사랑의 영향을 통해서, 그들은 신자들에 대해 책임감을 느끼게 되고, 그러면 소사이어티 안에서 질서를 평온하게 유지할 수 있는 길이 열립니다. 그리고 우리가 또 다른 영의 반대에 봉착한다 하더라도, 그래도 우리가 우리의 영들이 복종하는 것을 느끼고 오직 부드럽고 평화로운 지혜 속에서만 움직이며 순종하는 가운데 살아갈 것이기 때문에, 마음의 평온이라는 내적 보상이 우리의 모든 어려움보다 더 클 것입니다. 순수한 삶이 지켜지고 그런 삶의 영향 속에서 훈련을 위한 모임들이 개최되는 곳에서, 우리는 경험을 통해서 그런 모임들이 편안하고 육체의 건강에 이로운 경향을 보인다는 사실을 발견합니다.

이 편지를 쓰는 동안에, 젊음이 나의 길에 새롭게 찾아왔습니다. 사랑하는 청년들이여, 여러분의 운명을 위해 하나님을 선택하고, 하나님의 진리를 사랑하고, 그 진리를 부끄러워하지 말고, 하나님을 정직하게 섬기며 사는 사람을 벗으로 선택하고, 삶의 본질이 좋지 않은 사람들과의 대화를 대단히 위험한 것으로 여겨 피하도록 하십시오. 그런 사람들을 자주 만날 경우에, 일부 유망한 젊은이들은 심각한 피해를 입고, 보다 덜 사악한 악에서부터 더욱 사악한 악에 이르기까지 온갖 악에 끌리다가, 결국에는 파국을 맞을 수 있습니다.

젊음을 활짝 꽃피우는 시기에는 미덕이라는 장식만큼 아름다운 장식은 절대로 없으며, 하나님의 의지에 완전히 귀의하며 느끼는 기쁨에 비할 만한 기쁨도 절대로 없습니다. 이 기쁨은 다른 모든 안락에 달콤함을 더하고, 친교와 대화에 진정한 만족을 주지요. 그런 친교와 대화 속에서 사람들은 서로 그런 만족에 익숙해지게 됩니다. 그리고 그런 식으로 여러분의 마음에 진리가 스며들기 때문에, 여러분은 진리의 증거를 꾸준히 지키고 교회 안에서 봉사할 힘을 발견할 것입니다.

사랑하는 친구들과 형제들이여, 지금 여러분은 황무지를 개척하고 있고, 식민지의 한 지역에서 최초의 농장 경영자들에 포함될 수 있으니, 본보기로서 여러분의 힘을 현명하게 고려하고 여러분의 후계자들이 여러분의 영향을 얼마나 많이 받게 될 것인지를 생각해 주기를, 예수 그리스도의 사랑으로 간청하는 바입니다. 처음 확립되는 관습이 건전한 지혜와 어울릴 때, 그것은 나라에 도움이 되고, 위대한 은혜이자 축복이지요. 그러나 관습이 그런 식으로 정착되지 않을 때, 그 관습의 결과는 통탄스럽고, 후손들은 선조들이 야기한 어려움에 짓눌리는 느낌을 받게 될 것입니다.

진정한 지혜의 방향으로 이뤄지는 훈련과 적절한 관심이 정신과 육체에 똑같이 이롭기 때문에, 일반적으로 그런 수단에 의해서 삶의 진정한 필요가 쉽게 충족되지요. 자비로우신 우리의 아버지께서 정신과 육체를 서로 너무도 적절하게 맞춰놓았기 때문에, 우리는 중용의 길을 지키는 경우에 순조롭게 살아갈 수 있습니다.

우리의 노동을 대신하기 위해 노예들을 구입하는 곳에서, 수많은 어려움이 수반되고 있습니다. 이성적인 창조물인 인간들에게 구속은 불편하게 작용하며 그들의 내면에 심술과 불만을 키우게 됩니다. 노예들의 내면에서 일어나는 이런 심술과 불만은 주인의 가족과, 노예들에 대한 지배를 주장하는 사람들에게 영향을 끼칩니다. 따라서 그런 사람들과 그들의 자식들은 그릇된 방식으로 생계를 꾸리는 데 따르는 낭패로 인해 자주 고통을 겪게 되지요.

여러분의 지역에 노예를 전혀 거느리지 않은 친우들이 아주 많다는 소리를 들었습니다. 더없이 깊은 사랑의 마음에서, 나는 여러분에게 노예를 구입하는 일을 멀리할 것을 간곡히 부탁합니다. 사랑하는 친구들이여, 신의 섭리에 유의하고, 진정한 지혜가 안내하는 육체의 훈련과 검소를 겸손한 마음으로 따르기를 바랍니다. 그러면 여러분은 외적 편안함과 위대함을 목표로 잡고 있는 사람들에게 따르는 위험으로부터 안전하게 지켜질 것입니다.

미덕의 진정한 원칙을 바탕으로 얻은 부는 작을지라도 달콤합니다. 그리고 우리가 주님의 빛 속을 걸을 때에만, 소유에 진정한 위로와 만족이 있지요. 그런 경우에는 억압받는 사람의 투덜거림도, 가슴을 팔딱이게 하는 불안한 양심도, 사건들에 대한 불안한 생각도 그런 부를 즐기는 것을 막지 못하니까요.

우리가 생의 마지막을 떠올리며 후손들 사이에 재산을 나누는 일에 대해 생각할 때, 만약 우리가 그 재산이 하나님에 대한 두려움 속에서 정직하게, 그리고 하나님 앞에서 올곧은 정신으로 정당하게 모아졌다는 것을 안다면, 우리는 그것을 하나님이 우리에게 주신 선물로 여기고, 일편단심 하나님의 축복만을 생각하며, 그것을 우리 뒤에 남는 자들에게 줄 것입니다. 그런 것이 진정한 미덕의 평범한 길들이 안겨주는 행복이지요. "정직의 열매는 평화일 것이고, 정직의 결과는 영원한 평안과 안정이니라."('이사야서' 32장 17절)

사랑하는 친구들이여, 여러분은 여기서 살도록 하십시오. 그러면 멀리 떨어진 외로운 사막에서 진정한 평화와 만족을 발견할 것입니다. 만약 하나님이 진리와 현실 속에서 우리의 신이라면, 거기에 우리를 위한 안전이 있습니다. 하나님이 고난의 날에 하나의 성채이고, 그를 믿는 자들을 알아보기 때문이지요.

1757년 5월 20일
버지니아의 아일 오브 와이트 카운티에서

버지니아 주의 연례 예배 모임을 끝내고 캐롤라이나로 갔다. 6월의 첫날에 웰스(Wells) 월례 모임에 참석했다. 거기서 복음 사역의 샘이 열렸으며, 우리 사이에서 예수 그리스도의 사랑을 경험할 수 있었고, 그리스도의 이름을 찬미했다.

거기서 나의 동생은 집으로 향하고 있던, 뉴 가든의 몇몇 친우들과 합류했으며, 나는 시몬스 크릭(Simons Creek) 월례 모임으로 갔다. 거기서 나는 예배 모임이 진행되는 동안에 침묵을 지켰다. 실무가 시작되었을 때, 나의 마음은 불쌍한 노예들에 대한 걱정으로 괴로웠지만, 나는 나 자신이 말할 길을 분명하게 느끼지 못했다.

그런 상태에서 마음속으로 주님 앞에 머리를 숙였으며, 눈물과 기도로 하나님에게 나에 관한 하나님의 의지를 알 수 있도록 나의 이해력을 열어줄 것을 간청했다. 마침내, 나의 마음이 침묵 속에서 차분히 가라앉았다.

일이 끝날 때쯤, 그 모임의 한 구성원이 한동안 그를 짓눌렀던 걱정을 표현하면서 월례 모임에서 지명된 일부 친우들만 참석하는 모임을 주중에 갖자고 제안했다. 그를 괴롭혔던 문제는 친우들이 자신의 노예들을 교육시키는 의무를 게을리하고 있다는 것이었다. 거기 모인 사람들 중 많은 이들이 그의 제안에 동의하는 것 같았다.

그들 중 한 사람은 흑인들도 우리와 똑같은 피조물이고 종교적 이해력을 갖추고 있는데도 지나치게 무시당하고 있다는 사실이 종종 이상하게 느껴졌다고 말했다. 또 다른 사람은 그와 비슷한 걱정을 표현하면서 앞으로 그 문제를 더욱 진지하게 고려해야 한다는 점을 특별히 강조했다.

마침내 초안이 만들어지고, 다음번 월례 모임에서 그에 대해 추가로 고려하기로 결정했다. 이 제안을 내놓은 친우는 흑인을 두고 있었다. 그는 집에서 250마일 가량 떨어진 뉴 가든에서 홀로 지내다가 돌아왔다고, 또 홀로 한 이번 여행길에 흑인들을 교육시키는 문제와 관련한 걱정이 수시로 마음에 떠올랐다고 나에게 일러주었다. 마찬가지로 노예를 두고 있던, 버지니아에서 다소 평판 있는 한 친우는 집을 멀리 떠나 외로이 여행하는 길에 노예들에 대해 진지하게 생각하게 되었다고 말했다. 그의 마음이 그 문제에 너무나 강한 인상을 받았기 때문에, 그는 신의 섭리가 노예들의 처지와 관련해서 상황을 바꿔놓을 때가 오고 있다고 믿고 있었다.

거기서 뉴비건 크릭(Newbegun Creek)의 예배 모임에 갔으며, 그 자리에서 나는 상당한 시간 동안 기운이 빠진 상태로 앉아 있었다. 그러다가 진리가 아주 평범하고 소박하게 몇 마디 말을 할 길을 열어주는 것이 느껴졌으며, 마침내 신의 사랑이 우리 사이에 깊어지는 가운데 우리는 성숙의 기회를 누릴 수 있었다. 리틀 리버(Little River)의 발원지에서 우리는 일요일에 많은 사람이 집합한 가운데 모임을 가졌는데, 그 행사도 마찬가지로 성숙의 기회가 되었다.

그곳에서 나는 올드 넥(Old Neck)으로 갔으며, 거기서 불법의 신비(mystery of iniquity)[19]가 은밀하게 작용하는 것을 주의 깊게 살필 기회를 가졌다. 그때 불법은 종교를 구실로, 순종과 자제의 길로 이끄는 그 순수한 영(靈)에 맞서 스스로를 고양하고 있었다. 캐롤라이나에서 참석한 마지막 예배 모임은 파이니우즈(Pineywoods)였다. 그 모임도 규모가 컸으며, 나의 가슴이 깊이 관여하고 있었기 때문에, 나는 그들 사이에서 과제에 열렬히 임했다.

뉴비건 크릭에 머물 때, 거기에 노예를 전혀 두지 않은 가운데 생계를 위해 노동하며 여러 해 동안 목사 일을 맡았던 친우가 한 사람 있었다. 그가 다음날 나를 찾아왔다. 우리가 함께 말을 탈 때, 그가 자신이 겪고 있는 어려움과 관련해서 나와 대화하고 싶다는 뜻을 밝혔

---

19 이 세상 속에서 죄와 불법이 발휘하는 힘을 뜻한다.

다. 그가 한 말은 다음과 같은 취지였다. 지난 몇 년 동안 전쟁을 수행하기 위해 세금이 거둬졌을 때, 그는 세금을 납부하는 문제 때문에 양심의 가책을 많이 느꼈다. 그래서 그는 차라리 자신의 재화가 규제를 당하는 쪽을 택했다. 그러나 그는 그 지역에서 세금 납부를 거부한 유일한 사람이었으며, 자신과 비슷한 상황에 처한 다른 사람이 있는지 몰랐다. 그 때문에 그 일이 그에게 참으로 버거운 시련이었다는 뜻을 밝혔다. 특히, 그의 형제 중 일부가 그의 행동에 불편해 한다는 사실이 그를 많이 괴롭혔다고 했다. 그러면서 그는 자신이 어제 모임에서 나의 말에 공감했으며, 거기서 용기를 얻어 우리 지역의 친우들에 대해 묻는 식으로 그 문제를 부담 없이 털어놓을 수 있었다고 덧붙였다.

나는 그 사람에게 우리 쪽의 친우들의 상태에 대해 최대한 상세하게 설명했으며, 나도 얼마 동안 그와 비슷한 양심의 가책을 느끼는 상태에서 지냈다는 이야기를 들려주었다. 그가 하나님 앞에서 올바른 길을 걸으려고 노력하는 사람이라는 믿음이 생겼으며, 그에 대해 기록으로 남기는 것이 나의 의무라고 판단했다. 그의 이름은 새뮤얼 뉴비(Samuel Newby)였다.

거기서 버지니아로 돌아가, 제임스 카우플런드(James Cowpland)의 집 가까운 곳에서 모임을 열었다. 내적으로 고통을 겪던 때였지만, 나는 하나님의 선하심을 통해 만족할 수 있었다. 또 다른 예배 모임에서 우리는 순수한 사랑이 거듭 재생되는 것을 느끼며 매우 안락한 시간을 보냈다.

최근에 이 지역을 아래위로 여행하면서, 나는 하나님에게 충실하고, 또 나에 관한 하나님의 의지를 따르는 것이 나에게 가장 필요하고 유익한 지혜라는 것을 뒷받침하는 증거들을 새롭게 목격할 수 있었다. 나의 소임의 효과보다는 관심의 순수한 동기와 실체에 주목하는 것이 더 중요하다는 뜻이다. 그 관심이 천상의 사랑에서 비롯되기 때문이다.

주 여호와의 안에 영원한 힘이 있다. 마음은 겸손한 순종을 통해서 그분과 연결되고, 우리는 천상의 샘에서 솟아나는 말만을 밖으로 표현하고 있다. 그렇기 때문에, 비록 우리의 길이 험난하고, 그 길을 지키는 것이 세심한 주의를 요구하고, 우리가 맞닥뜨리게 되는 문제가 우리의 체면을 떨어뜨리는 경향이 있을지라도, 그래도 우리가 인내와 온화함을 계속 발휘한다면, 우리의 소임에 대한 보상으로 천상의 평화가 주어질 것이다.

5.
노예들의 교육에
관한 관심

컬스(Curles)의 예배 모임에 참석했다. 규모가 작은 모임이었지만 정직한 가슴의 소유자들에게 활력을 불어넣고 있었다. 이어서 블랙 크릭(Black Creek)과 캐롤라인(Caroline)의 모임으로 갔으며, 거기서부터 앞에서 언급한 바 있는 윌리엄 스탠들리와 함께 구스 크릭(Goose Creek)까지 말을 타고 갔다. 100마일 정도의 거리였으며, 많은 숲을 통과했다. 우리는 첫날의 밤을 선술집에서 묵고, 둘째 날의 밤은 숲에서 지냈으며, 그 다음 날에 구스 크릭에 있는 어느 친우의 집에 당도했다.

모닥불도 없고 말들을 위한 방울도 없었기 때문에 숲이 밤을 보내기에 다소 불리한 조건이었지만, 우리는 어둡기 전에 길을 멈추고 말들이 지천으로 널린 풀을 뜯는 사이에 칼을 들고 밤에 먹일 풀을 벴다. 그런 다음에 말들을 안전하게 묶었으며, 관목을 참나무 밑에 모아 놓고 그 위에 누웠지만 모기가 워낙 많고 땅이 축축하여 거의 잠을 이루지 못했다.

황야에 그렇게 누워서 별을 바라보고 있자니, 우리 인간의 최초의 부모가 낙원에서 쫓겨날 때 처했던 상황에까지 생각이 미쳤다. 그들이 복종하지 않았음에도, 전능하신 하나님은 그들의 아버지 역할을 계속하면서 그들에게 지적인 피조물로서 어떤 것이 그들의 행복이 되고 하나님에게도 받아들여질 수 있는지를 보여주었다.

진정한 지혜의 길에서 우리의 외적 삶과 관계있는 것들을 공급하는 것은 훌륭한 일이며, 유익한 사물들을 향상시키는 재능은 유익한 재능이고 빛의 아버지로부터 온다. 많은 사람들이 이 재능을 갖고 있으며, 그 덕분에 세상에 대대로 이런 종류의 향상이 이뤄졌다. 그러나 일부 사람들은 순수한 재능을 고수하지 않고 교활과 자만에 빠진 상태에서 많은 발명을 추구했다.

인간의 이런 발명들의 첫 번째 동기가 인간이 처음 창조될 당시의 그런 강직함과 뚜렷이 구별되는 것으로서 사악했듯이, 발명의 효과도 사악했으며 지금도 마찬가지로 사악하다. 그러므로 하늘이 내린 재능을 끊임없이 돌보고 현세에서 훌륭한 것을 제대로 사용할 자격을 갖추는 것은 이 시대를 사는 우리에게도 어떠한 향상도 이루지 못하고 하나님 외에는 친구나 아버지가 없었던 우리의 첫 번째 부모 때만큼이나 필요한 일이다.

구스 크릭의 모임에 이어 페어팩스에서 열린 월례 모임에 참석했다. 이 월례 모임에서는 전능하신 하나님이 우리를 자애롭게 다룸에 따라 하나님의 힘이 많은 가슴들을 지배하게 되었다. 거기서 다시 메릴랜드의 모노쿼시(Monoquacy)와 파이프 크릭(Pipe Creek)으로 갔으며, 두 곳에서 나는 많은 과제들을 수행하는 동안에 나를 뒷받침하던 그분을 겸손한 마음으로 찬양할 이유를 발견했다. 그분의 도움으로 내가 타인들의 가슴 속에 있는 진정한 증거까지 닿을 수 있었으니 말이다.

그 지역들에는 유망한 젊은이들이 더러 있었다. 나는 이어서 모날렌(Monalen)의 존 에버릿(John Everit)의 집과 헌팅던(Huntingdon)에서 모임을 열었으며, 이 새로운 정착촌들의 사람들 사이에서 나의 가슴을 열어주고, 그리하여 정직한 마음의 소유자들에게 격려의 시간이 되도록 이끌어주신 주님에게 감사하는 마음을 품었다.

모날렌에서 어느 친우가 나에게 독일인들 사이에 내려오는 메노파[20]라 불리는 종교 단체에 대해 설명해 주었으며, 특히 다음과 같은 내용의 이야기를 들려주었다.

메노파의 어느 신도가 상당히 먼 거리에 있는 또 다른 종교 단체의 사람을 알고 있었다. 이 메노파 신도는 다른 종교 단체에 속한 사람의 집 가까운 곳에서 마차로 사업을 하고 있었다. 어둠이 깔리면서 메노파 신도는 그 사람의 집에서 하룻밤을 묵을 생각을 했으나, 그의 들판을 지나치다가 그의 노예들의 찌든 몰골을 보고는 가까운 곳의 숲에 불을 피우고 거기서 밤을 보냈다.

메노파 신도의 지인은 그가 그날 밤을 지낸 곳에 대해 들었던 터라 훗날 그를 만났을 때 그 일을 떠올리며 자기 집에 왔으면 크게 환영 받았을 것이라고 덧붙였다. 이에 메노파 신자는 이렇게 대답했다.

---

20 종교개혁 당시에 네덜란드의 로마 가톨릭 사제였던 메노 시몬스(Meno Simons: 1496-1561)가 시작한 개신교 교파.

"내가 들판에서 밤을 보낸 이후로, 당신과 대화할 기회를 기다렸소. 나는 대접을 받기 위해 당신 집을 찾을 생각이었지만, 당신의 노예들이 일하는 모습을 보고 그들의 옷차림을 관찰하면서 당신과 자리를 함께할 마음이 싹 사라지고 말았소."

이어 메노파 신도는 그 사람에게 노예들을 보다 인간적으로 다룰 것을 권하면서 이런 말을 덧붙였다.

"그날 밤 모닥불 가에 누워 이런저런 생각을 하는데 불현듯 이런 생각이 들더군. 그래도 나에게 재산이라도 있어서 당신이 나를 편하게 맞을지 모르지만, 만약 내가 당신의 노예나 다름없이 가난하여 스스로를 부양할 힘이 없다면, 나도 당신으로부터 노예들보다 더 나은 대접을 절대로 받지 못했을 것 같더군."

이번 여행 동안에 나는 2개월가량을 밖에서 지냈으며 1,150마일 정도를 돌아다녔다. 많은 시련과 고난을 겪는 동안에 하나님께서 나를 자애롭게 다루며 보호해 준 데 대해 한없이 겸손한 마음을 품은 상태에서 집으로 돌아왔다.

5장

———————

1757-1758년

1.
인디언과의
전쟁에 관한 생각

몇 년 전에 우리 식민지에서 전쟁 수행을 위해 화폐를 유통시킨 데 이어 지금 다시 거주자들에게 세금이 부과됨에 따라, 그런 세금을 지급하는 문제를 놓고 종종 고민에 빠졌다. 그 문제에 대해 어떤 식으로든 기록을 남기는 것이 나의 의무라고 믿는다. 전쟁 목적에 쓸 자금을 마련하기 위해 영국의 친우들도 세금을 자주 냈던 것으로 전해졌다.

이 주제를 놓고 저명한 친우 몇 명과 대화했다. 그런데 이 친우들은 모두 그런 세금을 지급하는 것에 찬성했다. 그들 중 몇 명은 내가 나 자신보다 더 소중하게 여기는 사람들이었다. 그 때문인지, 그들의 찬성이 한동안 내가 편안한 마음을 갖도록 만들었다. 그럼에도, 나의 마음 깊은 곳에는 내가 절대로 극복할 수 없는 양심의 가책이 있었으며, 나는 간혹 그 문제 때문에 깊은 절망에 빠졌다.

정직한 사람들 중에도 그런 세금을 납부하는 사람이 일부 있다고 믿었음에도 불구하고, 그들의 예가 나까지 그렇게 해야 할 충분한 근거가 될 수는 없었다. 진리의 영(靈)이 세금을 적극적으로 내느니 차라리 한 사람의 개인으로서 재화의 곤궁을 인내심 있게 견뎌낼 것을 요구한다는 것이 나의 믿음이었기 때문이다.

우리 소사이어티가 일반적으로 납부하는 세금을 적극적으로 납부하기를 거부하는 것은 대단히 께름칙한 일이었지만, 나의 양심에 반하는 일을 하는 것은 그보다 더 끔찍해 보였다. 이 문제가 나를 괴롭히고 있을 때, 나와 비슷한 고민으로 힘들어하는 사람은 한 사람도 보이지 않았다. 그래서 나는 절망에 빠져 하나님께서 이끄시는 대로 따를 수 있도록 나로 하여금 모든 것을 포기할 수 있게 해 달라고 간청했다.

이런 고민거리를 안고 끙끙대는 상태로, 1755년에 필라델피아에서 열린 우리의 연례 모임에 참석했다. 그 모임에서, 런던에서 박해에 시달리는 사람들을 위한 모임과 연락을 주고받을 위원회가 각 분기 모임의 사람들을 중심으로 임명되었으며, 우리의 월례 및 분기 모임들을 방문할 위원회도 추가로 구성되었다. 위원회의 구성이 이뤄지고 연례 모임이 폐회되기 전에, 두 위원회는 진리가 걸린 몇 가지 일을 고려하기 위해 그 도시의 친우들의 교사(校舍)에서 자리를 같이하기로 합의했다. 그래서 그들은 하나님을 두려워하는 마음을 품은 가운데 중요한 회의를 열었다. 그때 나는 예전에 거론된 예[21]처럼, 양심의 가책을 느끼는 친우들이 많다는 사실을 확인할 수 있었다.

---

21 기독교인들은 이교도 사원들을 지원하기 위한 세금을 납부하길 거부했다. 윌리엄 케이브(William Cave)의 'Primitive Christianity' 3부 327페이지 참조.

각자의 시대에 외적 전쟁에 반대하는 증언을 꾸준히 했던, 특별히 성실한 사람들 사이에서도, 인디언을 상대로 한 전쟁이라는 이유로 세금 납부를 망설인다는 소리가 지금까지 거의 들리지 않았기 때문에, 나의 마음에 일어난 일들을 기록으로 남기고 싶다. 나 자신이 그 문제를 놓고 내적으로 고민을 많이 했으니 말이다.

초기의 독실한 친우들은 당시에 인정받던 그릇된 관행에 꾸준히 반대한 탓에 이 세상의 영을 바탕으로 살던 사람들로부터 미움을 사고 박해를 받았다. 그럼에도 그들은 흔들림 없는 단호함으로 고통을 겪다가 결국 교회에 축복이 되었으며, 그 일은 성공을 거두며 번창했다. 시대를 막론하고 사람들이 자신의 영을 돌보며 살아가는 것은 공통적인 관심사이다.

이전 사람들의 상황과 우리의 상황을 비교할 때, 내가 보기에, 그들이 그런 세금을 납부하며 이 세상의 영에 물들 위험이 지금 우리가 그런 세금을 내며 세속에 물들 위험보다 덜했던 것 같다. 그들은 민간 정부에서 거의 또는 전혀 역할을 맡지 않았으며, 그들 중 다수는 전쟁을 일으키는 영과는 하나님의 힘을 통해 분리되어 있다고 선언했다. 그들은 자신의 증언 때문에 통치자들로부터 괴롭힘을 당했다. 그렇기 때문에, 그들이 진리의 순수와 일치하지 않는 일에서 영적으로 통치자들과 결합할 가능성은 낮았다.

이 땅에 처음 정착한 이후로, 우리는 그런 종류의 곤경에 대해 거의 모르거나 전혀 몰랐다. 우리 선임자들의 고백은 한동안은 비난 받아 마땅한 것으로 여겨졌지만, 결국에는 그들의 고결함이 통치자들의 이해를 끌어내고 그들의 무고한 고통이 통치자들을 감동시킴에 따라, 우리의 예배 방식이 허용되었고, 이 식민지들의 우리 회원들 중 많은 이들이 민간 정부에서 활동하게 되었다.

그런 식으로 호의와 번영을 추구하는 가운데, 이 세상이 우리를 초대하는 것처럼 보였으며, 우리의 마음은 우리 나라의 향상과 재화와 과학 쪽으로 돌려지게 되었다. 순수한 지혜 속에서 추구한다면, 그것들 중 많은 것은 유익할 것이다. 그러나 현재와 같은 상황에서, 세속적인 영이 우리를 사로잡고 있다는 사실을 부정할 수 없다.

민간 정부의 관리로 일하는, 우리 회원들 중 일부는 각자의 위치에서 이 일 또는 저 일에서 전쟁과 관련 있는 것들을 도울 것을 요구받고 있다. 그러나 그들은 그 요구를 따를 것인지, 아니면 자리에서 쫓겨날 위험을 감수할 것인지 아직 마음을 정하지 못한 상태이다. 그렇기 때문에, 만약 그들이 자신의 동료 신자들 모두가 앞에 말한 전쟁 수행을 위한 세금을 납부하고 있다는 사실을 확인한다면, 그들도 자신의 입장이 다른 신자들과 그다지 다르지 않다고 생각할 것이며, 따라서 내면에서 일어나는 성령의 부드러운 움직임을 눌러버릴 수도 있다.

우리는 그런 식으로 조금씩 점진적으로 다가서다가 전투에 아주 가까이 다가서게 될 것이며, 그러면 그 구분은 한낱 평화를 좋아하는 어느 민족의 이름에 지나지 않게 될 것이다.

부당하게 침략을 당할 때, 만약 전투를 통해 침략자들을 물리칠 가능성이 있다면, 그런 상황에서 우리가 기꺼이 전투를 중단할 수 있기 위해서는 대단한 자제력과 하나님에 대한 헌신이 요구된다. 그런 상태까지 적절히 이른 사람은 누구나 우리의 구세주 예수 그리스도가 우리를 위해 목숨을 바치던 그 정신을 어느 정도 느낄 수 있다. 우리의 선임자들 중 많은 이들과 지금 살아 있는 많은 사람들은 하나님의 선하심을 통해서 이 신성한 가르침을 배웠지만, 다른 많은 사람들은 주로 교육을 통해 종교를 가졌을 뿐이다. 그런 사람들은 그리스도가 짊어진 십자가의 의미를 충분히 알지 못하는 탓에 하나님을 전적으로 믿는 사람의 기질과 뚜렷이 구별되는 기질을 드러낸다. 이런 것들을 차분히 깊이 고려할 때, 외적 수단이라는 측면에서, 우리보다 앞서 살다간 많은 사람들에게 알려진 것과는 다른 어떤 과제가 지금 일부 사람들에게 떨어진 것이 나에게는 이상해 보이지 않았다.

2.
점점 위험해지는
변경

연례 모임이 있고 나서 시간이 조금 지난 뒤, 앞에서 말한 위원회들이 필라델피아에서 만나 휴회를 거듭하며 며칠을 보냈다.

이제 전쟁의 참화가 점점 더 심각해지고 있었다. 펜실베이니아의 변경(邊境) 거주자들이 기습 공격을 자주 당했으며, 몇 사람이 살해당하고 많은 사람이 인디언에게 포로로 잡혀 갔다. 이 위원회들이 회의를 하는 동안에, 인디언에게 살해당한 사람의 시신이 피 묻은 옷을 그대로 걸친 상태로 마차에 실려 도시의 거리를 돌아다녔다. 사람들을 경악하게 만들어 전쟁에 적극적으로 나서도록 하려는 조치였다.

그때까지 만난 친우들은 세금과 관련해서 모두가 한마음은 아니었으며, 그 같은 사실이 그런 세금의 납부에 양심의 가책을 느끼는 친우들을 더욱 힘들게 만들었다. 그런 시기에 적극적으로 납부하기를 거부하는 것은 배신 행위로 해석될 수 있었으며, 이곳의 통치자뿐만 아니라 영국의 통치자까지 불쾌하게 만들 것처럼 보였다.

그럼에도 많은 친우들의 정신에 양심의 가책이 너무나 확고하게 작용하고 있었기 때문에, 그 어떤 것도 그것을 제거하지 못했다. 그 회의는 내가 참석한 회의 중에서 가장 진지한 회의였으며, 많은 참석자들이 하나님 앞에 한없는 존경을 표하며 머리를 숙였다.

세금을 쉽게 낼 것처럼 보였던, 앞에 말한 위원회의 일부 친우들은 몇 차례 휴회한 뒤에 물러났으며, 다른 사람들은 끝까지 회의를 계속했다. 마침내, 펜실베이니아의 친우들에게 보낼, 따뜻한 사랑과 조심성이 묻어나는 편지의 초안이 마련되었으며, 그 서한은 몇 차례 읽고 수정을 거친 뒤에 뜻 있는 사람들의 서명을 받아 월례 모임과 분기 모임으로 보내졌다.

1757년 8월 9일. 이날 밤에 우리 카운티(벌링턴)의 육군 장교들에게 명령이 떨어졌다. 민병을 선발하고, 많은 수의 남자들이 군인으로서, 뉴욕의 통치권 안에 위치한 윌리엄 헨리(William Henry) 요새에 주둔하는 영국군을 돕기 위해 출동할 태세를 갖추도록 하라는 내용이었다. 이 일이 있은 며칠 뒤에, 마운트 홀리에서 민병대에 대한 전반적인 검열이 있었으며, 거기서 다수의 남자들이 선발되어 일부 장교들의 지휘 아래에 파견되었다.

직후에, 3배 더 많은 수를 징병하라는 명령이 다시 내려왔으며, 그 병사들은 명령이 떨어지는 즉시 행군할 준비를 갖춰야 했다. 17일에 마운트 홀리에서 징병에 동의한 육군 장교들의 모임이 있었다. 그런 식으로 선발된 병사들에게 정해진 시간과 장소에서 각자의 지휘관을 만나라는 명령이 내려졌다. 우리 타운의 병사들은 마운트 홀리에서 만나게 되어 있었으며, 그들 중에는 우리 소사이어티의 회원도 상당수 포함되어 있었다.

그 일로 인해 나의 마음은 크게 영향을 받았다.

그런 가운데, 나는 행동이 원칙과 조화를 이루는 곳에서 종교의 진정한 본질을 실천하며 사는 삶의 이점을 보고 생각할 기회를 새롭게 가질 수 있었다. 장교들 중에 이해력이 탁월한 사람들이 포함되어 있었는데, 그들은 성실을 확인하는 곳에서 그 미덕을 존중할 줄 아는 사람들이다. 그런 장교들이 직무를 수행하다가 올곧은 정신의 소유자로 믿어지는 병사들을 다뤄야 할 때, 그 병사들이 양심의 가책으로 고민하도록 만드는 것은 정말 고통스런 일이며, 따라서 그 장교들은 그런 상황 자체를 가능한 한 피하려 할 것이다. 그러나 병사들이 너무나 온화하고 경건하고 신에 대한 믿음이 확고해서 전쟁에 가담할 수 없다고 공언하면서도 일상의 삶 속에서 하는 행동과 정신을 통해서는 그와 정반대의 경향을 보이는 곳에서, 장교들의 어려움은 그런 시기에 엄청나게 커진다.

병사들이 상관의 명령을 따르게 하려고 애쓰는 장교들이 불성실한 병사들이 위험한 임무를 피할 목적으로 양심의 가책을 느끼는 척 꾸미는 꼴을 보게 될 때, 병사들이 거칠게 다뤄질 가능성이 있다. 지금과 같은 격변의 시기에, 젊은이들 일부는 소요 사태가 끝날 때까지 이 지역을 떠나 외국에 머물렀다. 일부는 돌아와서 군인으로 입대하겠다고 제안했으며, 또 일부는 정말로 전쟁에 참전하지 못할 정도로 부드러운 양심을 가진 것처럼 보였으며, 곧 있을 시련에 대한 걱정으로 너무나 위축되어 있었다.

그들 중 몇 사람과 만족스러울 만큼 깊은 대화를 나눴다. 지휘관이 타운에 왔을 때, 마지막에 언급한 사람들 중 일부는 그를 찾아가서 다음과 같은 내용의 말을 했다. 그들은 양심 때문에 무기를 들지도 못하고, 그 일이라면 체념한 상태이기 때문에 그들을 대신해서 군대에 갈 사람을 고용할 수도 없다는 것이었다.

최종적으로, 지휘관은 그들 모두에게 당장은 집으로 돌아가도 좋다는 사실을 알려주었지만, 그들에게 스스로 군인으로서 필요한 태도를 취하고 명령이 떨어지면 언제든 행군할 태세를 갖추고 있으라고 지시했다.

당시는 그때까지 내가 한 번도 목격하지 못한 시대였다. 그럼에도 나는 하나님에게 감사하는 마음을 품으면서, 그 시련이 우리를 이롭게 하는 방향으로 전개될 것이라고 굳게 믿었다는 말을 꼭 하고 싶다. 그리고 나는 하나님에게 나 자신을 맡기게 되는 그런 은혜를 입었다. 프랑스 군대는 포위하고 있던 요새를 점령하고 파괴한 뒤에 그곳을 떠났다. 그래서 첫 번째로 징병되었던 병사들의 집단은 며칠 행군한 뒤에 집으로 돌아가라는 명령을 들었으며, 두 번째 징병 대상이었던 병사들은 그 사건으로 아예 소집조차 되지 않았다.

1758년 4월 4일. 마운트 홀리의 일부 장교들에게 100명가량의 병사들이 단기간 머물 막사를 준비하라는 명령이 떨어졌다. 우리 타운의 거주자인, 장교 한 명과 병사 두 명이 나의 집을 찾아왔다. 장교는 군인 2명에게 잠자리와 식사를 제공해 달라고 부탁하러 왔다면서, 수고에 대한 대가로 1인당 1주일에 6실링이 주어질 것이라고 덧붙였다. 전혀 예상하지 않은 생소한 일이라서, 나는 당장에는 어떤 대답도 하지 못한 채 한동안 말없이 앉아 있었다.

그때 나의 마음은 안으로 향하고 있었다. 나는 전쟁 중에 벌어지는 일련의 행위들은 기독교 종교의 순수함과 일치하지 않는다는 것을 분명히 확신하고 있었으며, 당시에 군인으로서 돈을 받는 남자들에게 숙식을 제공하는 노동에 고용되는 것이 나에게는 대단히 힘든 일이었다.

　　나는 그들이 그런 요구를 할 법적 권한을 갖고 있을 것이라고 예상했으며, 그래서 시간이 조금 지난 뒤에 그 장교에게 이런 식으로 말했다. 만약 병사들이 숙식을 해결하기 위해 이곳으로 보내진다면, 나는 그들을 나의 집으로 받아들이지 않으면 안 된다고 믿지만, 문제의 본질은 내가 고용된 상태에서 돈을 받고 그들을 맞을 수는 없다는 점이었다. 그러자 병사 중 하나가 내가 종교적 원칙과 일치하는 방향으로 그 일을 처리할 수 있다는 점을 암시했다. 그 말에 대해, 나는 그런 상황에서는 침묵이 최선이라고 믿으며 아무런 대답을 하지 않았다.

　　그들은 군인이 2명 올 것이라고 했지만, 한 사람만 와서 나의 집에 2주일 정도 머무르며 정중하게 처신했다. 장교가 돈을 지급하러 왔을 때, 나는 그에게 권력에 수동적으로 복종하며 그 사람을 나의 집으로 받아들였기 때문에 대가를 받을 수 없다고 말했다. 그가 나에게 말을 걸려고 할 때, 이미 나는 말을 탄 상태였다. 이어 내가 몸을 돌리자, 그가 돈을 꼭 지급해야 한다고 했다.

　　그 말에 나는 아무런 대꾸를 하지 않았지만, 그의 표현을 놓고 곰곰 생각하다가 마음이 점점 언짢아지는 것을 느꼈다. 후에 그가 사는 곳 근처에 갈 기회가 있을 때, 나는 그를 찾아가 내가 군인을 묵게 한 것에 대한 대가를 받기를 거부한 이유를 설명해 주었다.

3.
토마스 아 켐피스와
얀 후스

토마스 아 켐피스(Thomas à Kempis)[22]는 로마 가톨릭 종교의 원칙을 지키며 살다가 죽은 것으로 들었다. 그의 글을 읽으며, 나는 그가 진정한 기독교인의 정신을 가진 사람이라고 믿었다. 그는 교회 내의 일부 미신에 동의하지 못한다는 이유로 죽은 많은 순교자들 못지않게 기독교 정신에 충실한 사람이었다. 모든 진정한 기독교인은 동일한 영(靈)에서 왔지만, 재능은 다 다르다. 예수 그리스도가 무한한 지혜에 따라 각자에게 특별한 소임을 지정했기 때문이다.

얀 후스(Jan Hus)[23]는 교회 안에 깊이 파고든 오류들에 반대하며 콘스탄츠 공의회에 맞섰다. 역사학자에 따르면, 당시 콘스탄츠 공의

---

22 독일의 신비 사상가(1380~1471)로 『그리스도를 본받아』(The Imitation of Christ)라는 유명한 저서를 남겼다.

23 보헤미아 왕국(현재 체코) 출신의 기독교 신학자이자 종교 개혁가(1372?~1415)로 교회 지도자들의 부패를 비판하다가 화형에 처해졌다.

회는 몇 천 명으로 구성되었던 것으로 전해진다. 후스는 자신이 옳다고 믿는 대의를 겸허한 마음으로 옹호했으며, 심판관을 대하는 그의 언어와 행동이 예의를 충분히 갖춘 것으로 보였음에도, 그는 자신의 마음에 확고히 뿌리를 내리고 있던 원칙들로부터 조금도 물러설 수 없었다. 그의 말을 그대로 옮기면 이렇다.

"이것을 나는 여러분 모두에게 아주 겸허한 마음으로 요구합니다. 우리 모두의 신인 그분을 위해서라도, 나의 양심이 반대하거나 맞서는 일을 하도록 강요받지 않기를 바랍니다."

다시, 황제에 대한 답변에서 그는 이렇게 말했다.

"고귀하고 숭고하신 황제 폐하, 저는 공의회가 저에게 명령하거나 결정하는 것이면 무엇이든, 이 한 가지만 제외하고는 절대로 거부하지 않습니다. 바로 저는 신과 저의 양심을 절대로 저버리지 못한다는 것입니다."[24]

결국, 얀 후스는 하나님이 자신에게 요구한다고 믿는 것과 반대로 행동하느니 차라리 화형에 처해지는 쪽을 택했다. 토마스 아 켐피스는 당시에 일반적으로 인정받고 있던 규약들에 반박하는 일 없이, 설교와 글뿐만 아니라 경건한 본보기를 통해서 미덕과 내적인 영적 종교를 촉진시키려고 노력했던 것 같다. 나는 두 사람이 똑같이 그리스도의 정직한 추종자라고 믿는다.

진정한 자비는 탁월한 미덕이며, 모든 면에서 우리의 믿음과 일치하지 않는 믿음을 가진 사람들을 위해서 정직하게 애쓰는 것은 행

---

24 John Foxe's 『Acts and Monuments』 p. 233.

복한 상태이다.

1758년이 시작될 즈음의 어느 날 밤에, 한 친구와 함께 병에 걸린 어떤 사람을 방문하러 갔다. 문병을 끝내고 나오기 전에, 우리는 근처에 살고 있던 어느 부인에 관한 이야기를 들었다.

그 여인은 며칠 동안 절망적인 상태에 빠져 지내다가, 죽음과 죽음 뒤에 따르는 전능하신 하나님의 심판이 아주 감동적으로 나타나는 꿈을 꿨다. 그 꿈을 계기로 그녀의 슬픔은 점점 누그러졌다.

나와 동행했던 친구가 그녀를 만나러 가서 그녀와 그녀의 남편과 함께 종교적인 대화를 약간 나눴다. 그들은 이 방문에 다소 감동을 받았으며, 남편은 눈물을 쏟으며 만족감을 나타냈다. 그러고 나서 얼마 지나지 않아서, 가엾은 그 남자는 강에서 폭풍우를 만나 다른 한 사람과 함께 물에 빠져 죽고 말았다.

1758년 8월. 체스터 카운티의 분기 모임과 필라델피아 카운티의 일부 모임들에 참석하고 싶은 마음이 동하는 것을 느끼면서, 먼저 분기 모임부터 갔다. 규모가 컸다. 몇 가지 중요한 문제들이 논의되었으며, 하나님은 자신의 종들 몇 명에게 그날의 짐을 짊어질 힘과 결단력을 기꺼이 주셨다. 거의 말을 하지 않았음에도, 나의 마음은 깊이 움직이고 있었다. 이어서 하나님의 사랑을 느끼는 가운데, 나는 그분의 일을 할 젊은이 몇 명을 선정하고 준비시키면서 마음의 위안을 얻었다. 나의 가슴은 그분 앞에서 부드러워졌다.

거기서 다비(Darby)에서 열린 청년 모임으로 갔다. 그곳에서 사랑하는 친구이자 형제인 벤저민 존스가 내가 집을 떠나기 전에 한 약속에 따라 그 방문에 합류하기 위해 나를 맞았다. 우리는 래드너

(Radnor)와 메리온(Merion), 리치랜드(Richland), 노스 웨일스(North Wales), 플리머스(Plymouth), 애빙턴(Abington)에서 열린 예배 모임에 참석했으며, 자비로우신 우리의 신인 하나님의 도움으로 하루하루 길이 열렸으니, 우리에게는 그분 앞에서 존경의 예를 갖출 충분한 이유가 있었다. 2주일 동안 약 200마일의 거리를 말을 타고 돌아다녔다.

4.
노예 문제
집중 논의

올 여름(1758)에 일부 친우들이 흑인 노예를 구입했다. 이 일로 인해 고민에 빠진 필라델피아의 월례 모임은 분기 모임에, 그 주제와 관련해서 마지막으로 작성한 안을 연례 모임에서 다시 검토할 것을 제안했다. 이 분기 모임은 그것을 검토해서 다음 분기 모임에 보고할 위원회를 임명했다. 이 위원회는 한 번 만난 뒤 휴회했으며, 나는 연례 모임의 한 위원회를 만나러 필라델피아로 가던 길에 분기 모임의 위원회가 두 번째 모이는 날 밤에 타운에 머물렀다. 그들과 자리를 함께하고 싶은 마음이 강했던 터라, 나는 다른 몇 사람과 함께 모임에 참석해도 좋다는 허락을 받아냈다. 그날 친우들은 그 주제를 놓고 진지하게 회의를 진행했다.

그들이 그 다음 분기 모임을 가진 직후에, 그 안건이 우리의 연례 모임에 올라온다는 소식이 들렸다.

이것이 나에게 큰 과제를 안겨주었다. 나 자신이 무기력하다는 느낌과 완벽한 순수로부터 멀어질 위험을 강하게 느끼면서, 나의 마음은 종종 홀로 뒤로 물러나서 하나님에게 간절히 기도를 올리고 싶어졌다. 나에게 은혜를 베푸시어 강력한 힘을 불어넣어 달라고, 또 이 세상의 이기적인 모든 관점과 우정을 내려놓고 하나님의 신성한 의지에 나 자신을 온전히 맡길 수 있도록 해 달라고.

이 연례 모임에서 몇 가지 굵직한 문제들이 논의되었으며, 막바지에 이르러, 노예를 구입한 사람들을 다루는 문제가 안건으로 올라왔다. 연례 모임 중에 몇 차례 회의가 열리는 동안에 나의 마음은 자주 기도로 채워졌다. "눈물이 밤낮으로 나의 음식이 되었도다."[25]라고 말한 다윗의 마음을 이해할 수 있었다.

노예를 계속 소유하는 문제가 나를 무겁게 짓누르고 있었으며, 그래서 나는 그 모임에서 다른 문제에 대해 말할 마음의 여유를 발견할 수 없었다. 그 문제가 공개되었을 때, 독실한 친우 몇 명이 그것에 대해 비중 있게 말했으며, 그 같은 사실이 나에게 큰 위안이 되었다. 그때서야 나는 미력하나마 나의 힘을 보태야겠다는 감정을 느끼며 다음과 같은 내용으로 말했다.

"현세에서 우리를 따라다니는 어려움 속에서, 안으로 드러나는 진리의 마음보다 더 소중한 것은 없습니다. 이 중요한 문제에서 우리가 진리를 이해하는 명쾌한 마음을 얻고 진리를 따를 수 있을 만큼, 진정으로 겸손해질 수 있었으면 하는 것이 나의 솔직한 바람입니다. 진리를 추구하는 마음은 신의 지혜의 투명함 속에 있지 않은 그 어

---

25 '시편' 42장 3절.

떤 매개체보다 소사이어티에 더 유익할 것입니다. 그 문제가 노예들을 거느리고 있는 일부 사람들에게는 어렵겠지만, 진리는 정반대의 것을 요구하고 있습니다. 이런 때, 만약 그런 사람들도 모든 이기심을 내려놓고 재산을 모으거나 재산을 지키려는 욕망을 벗어던진다면, 길이 활짝 열리고, 그들도 곤경에서 벗어날 수 있는 방법을 알게될 것이라고 나는 믿습니다."

많은 친우들은 그 과제의 무게에 머리를 깊이 숙인 것처럼 보였으며, 그들은 이 땅 위에 진리와 보편적 정의를 확고히 세우는 일에 대한 사랑을 분명히 보여주었다. 그리고 어느 누구도 대체로 노예를 두는 관행을 공개적으로 정당화하려 들지 않았음에도, 일부 친우들은 그 모임이 많은 회원들의 마음을 불편하게 만들 조치를 취하지 않았으면 좋겠다는 뜻을 품고 있는 것 같았다. 노예 문제를 해결하려는 노력이 전개되는 가운데서도 친우들이 그 관행을 계속한다 하더라도, 언젠가는 하나님이 그들에게도 해방의 길을 열어줄 것이라는 생각이 그들 사이에 작용하고 있었다.

이쯤에서 나는 적절한 기회를 잡으며 이렇게 말했다.

"나의 마음은 종종 신성한 존재의 순수와 그의 심판의 정의에 대해 생각하게 되고, 그러면 나의 영혼은 장엄으로 가득 채워집니다. 나는 인간들이 정의의 순수함으로 다뤄지지 않는 몇몇 예들을 밝히지 않을 수 없으며, 그런 사건은 통탄할 만합니다. 이 대륙의 많은 노예들이 억압 받고 있으며, 그들의 외침이 가장 높은 존재의 귀에까지 닿았습니다. 그분의 심판은 너무나 순수하고 확실하며, 따라서 그분은 우리 인간을 사랑하는 일에서 불공평할 수 없습니다. 무한한 사랑과 선하심 속에서, 그분은 노예들에 대한 우리의 의무와 관련해서 수시로 우리의 이해력을 열어 왔습니다. 이젠 더 이상 미룰 때가 아닙니다. 지금 우리는 그분이 우리에게 요구하는 것이 무엇인지를 알아야 합니다. 일부 사람들의 개인적인 이익을 추구하거나 불변의 토대위에 서 있지 않은 우정을 생각하다가, 우리의 의무를 다하는 것을 게을리하는 일은 없어야 할 것입니다. 그들의 해방을 낳을 특별한 수단을 기다리고 있을 수는 없습니다. 그러다가는 하나님께서 이 문제에서 정의를 바로 세우기 위해 우리에게 끔찍한 일로 대답하실 수도 있습니다."

신앙심 깊은 많은 회원들이 단호한 마음가짐으로 힘썼으며, 진리에 대한 사랑이 상당히 팽배했다. 흑인들을 거느렸던 몇 사람은 미래에 흑인들을 구입하는 친우들을 위반자로 다룰 규칙을 만들기를 바란다는 뜻을 표했다. 이에 대해, 이런 대답이 나왔다. 흑인들을 노예로 두고 있는 친우들을 대상으로 흑인들을 거느리게 된 동기의 정당성에 관한 조사가 철저히 이뤄져서, 공정한 정의가 전반적으로 실행될 수 있을 때까지, 이 악의 뿌리는 절대로 효과적으로 뽑히지 않는다는 것이었다.

몇몇 친우들은 노예를 거느리고 있는 친우들을 방문해야 한다는 뜻을 표했으며, 다른 친우들은 자유가 흑인의 권리라고 믿는다고 했다. 마침내, 이런 의견에 대해 어느 누구도 공개적으로 반대하지 않게 되었다.

그 주제에 관해서 지금까지 나온 그 어떤 것보다 더 충실한 안이 마련되었으며, 노예들을 거느리고 있는 친우들을 방문하는 일에 합류할 뜻을 가진 친우들 몇 명의 이름이 기록되었다.

6장

1758-1759년

1.
체스터 카운티의
분기 모임

1758년 11월 11일. 콩코드(Concord)로 향했다. 그곳의 분기 모임은 회원들의 급증으로 인해 지난해 연례 모임에서 친우들의 동의를 얻어 이번에는 두 차례로 나뉘어 열렸다. 여기서 사랑하는 친구들을, 영국에서 온 새뮤얼 스패볼드(Samuel Spavold)와 메리 커비(Mary Kirby)와 벅스 카운티의 조지프 화이트(Joseph White)를 만났다. 화이트의 경우에 영국의 친우들을 종교적 목적으로 방문하기 위해 가족을 떠나온 터였다. 하나님의 선하심 덕분에, 우리는 함께 모여 서로를 강화하는 기회를 누렸다.

이 만남이 있은 뒤에, 나는 노예를 거느리고 있던 친우들을 방문하면서 친구 데니얼 스탠턴(Daniel Stanton)과 존 스카버러와 합류했다. 밤에 우리는 윌리엄 트림블(William Trimble)의 집에서 청년들이 많이 참석한 가운데 가족 모임을 가졌다. 그 모임은 거기 모인 모든 사람들의 기운을 북돋우는 소중한 기회가 되었다.

다음날 아침에 우리는 병든 어느 이웃과 편안하게 식사를 함께 했으며, 거기서 어칠랜드(Uwchland) 모임의 어느 친우의 시신을 매장하는 장례식장으로 이동했다. 많은 사람이 모인 그 장례식은 하나님의 은혜를 확인하는 시간이었다. 행사를 끝낸 뒤, 우리는 노예를 두고 있던 사람을 몇 명 방문했다. 저녁에는 어느 친우의 집에서 가족 모임을 가졌으며, 거기서 복음 사랑이 흐를 길이 활짝 열렸고, 나의 마음은 고된 하루의 노동을 끝낸 뒤의 편안함을 느꼈다.

이튿날 우리는 고센(Goshen) 월례 모임에 참석했으며, 18일에는 런던 그로브(London Grove)에서 처음 열리는 분기 모임에 참석했다. 여기서 우리는 앞에 언급한 친우들을 모두 다시 만나 다소 교화적인 모임을 가졌다. 실무를 위한 모임이 끝날 무렵에, 친우들은 크게 자극을 받고 진리의 증거를 뒷받침하는 일에 영원히 나서야겠다고 다짐했다.

동시에 그들은 그리스도의 신봉자로서 그리스도의 일을 주로 그리스도가 제시하는 방향으로 할 필요성을 확인했다. 우리의 마음이 재화에 대한 애착과 외적인 일을 최대한 멀리하도록 특별히 조심할 필요가 있었다. 그러면 어떤 세속적 관심도 우리의 감정을 어지럽히지 못할 것이고, 요즘처럼 재앙과 절망이 팽배한 시대에, 그러니까 신이 이 땅을 방문해서 공정한 심판을 내리고 있는 때에, 우리가 인간들의 자식들 사이에 온화함과 순수한 정신을 촉진시키려고 애쓰며 진리의 가르침을 성실하게 따르는 것을 가로막지 못할 것이다.

이 분기 모임들은 저마다 다 규모가 컸으며, 8시간 가까이 이어졌다. 실무를 위한 큰 모임에서 말을 많이 하는 것이 여간 괴로운 일이 아니라는 생각이 들었다. 우리의 마음이 제대로 준비가 되어 있고, 논하려는 문제를 명쾌하게 이해하고 있지 않는 한, 의견 개진은 일이 제대로 진행되도록 돕기는커녕 오히려 방해하고, 일을 떠안는 사람들에게 부담만 가중시킬 수 있기 때문이다.

만약 이기적인 관점이나 편파적인 영(靈)이 우리의 마음에 어떤 자리라도 차지하고 있다면, 그런 우리는 하나님의 일에 부적절하다. 만약 임무를 머릿속으로 선명하게 그리며 말을 해야 한다는 느낌을 받을 때면, 쓸데없는 변명과 반복을 피해야 한다. 먼 곳에서 온 사람들이 모인 탓에 실무에 관한 모임을 연기하는 것이 엄청난 어려움을 수반하는 곳에서, 특히 사람들이 여섯 시간 내지 일곱 시간이나 앉아 회의를 끝낸 뒤에도 말을 타고 멀리까지 가야 하는 경우에, 모두가 모임을 지체시키지 않도록 신경쓸 필요가 있다.

이 모임 뒤에, 말을 타고 집으로 갔다.

2.
노예 소유자들의
집 방문

    12월 초에, 친구 존 사이크스와 대니얼 스탠턴과 함께 노예들을 두고 있는 사람들을 방문하는 일에 합류했다. 노예 문제를 놓고 어느 정도 고민을 한 몇 사람은 우리의 방문을 고마워하는 것 같았으나, 일부 장소에서 우리의 길은 보다 험했다.

    나는 우리의 우려가 비롯되는 그 뿌리까지 건드릴 필요성이 있다는 사실을 종종 확인했으며, 경건하게 감사하는 마음으로 하나님 앞에 고개를 숙여야 할 이유를 갖고 있다. 그때 하나님께서 나의 곁에 계시면서, 정신적으로 심각한 갈등을 겪는 나의 마음을 차분하게 지켜주고, 현세의 영(靈)에 의해 끔찍할 만큼 어긋나 있던 사람들을 내가 공감과 부드러운 마음으로 대할 수 있도록 해 주었기 때문이다.

    1759년 1월. 필라델피아의 우리 소사이어트에서 적극적으로 활동하는 회원들 중 노예를 두고 있는 몇 사람을 방문하고 싶다는 마음이 생겼다. 그래서 미리 한 약속에 따라 거기서 친구 존 처치먼을 만

낳으며, 우리는 그 도시에 1주일가량 머물렀다. 두 사람은 병든 사람 몇 명과 과부 몇 명과 그들의 가족을 방문했으며, 나머지 시간은 대부분 노예를 두고 있던 사람들을 방문하는 데 할애했다.

고민이 깊은 시기였던지라, 나는 종종 하나님에게 도움을 청했다. 그럴 때면 하나님은 형용하기 어려울 만큼 친절을 베푸시면서 우리가 이 세상의 웅대함과 화려함을 억누르는 그 영의 영향을 느끼도록 하고, 일부 부담스런 일들을 헤쳐 나가도록 도왔다. 그러면 우리는 그 소임 속에서 평화를 발견할 수 있었다.

1759년 3월 24일. 필라델피아에서 열린 춘계 총회에 참석한 뒤, 필라델피아에서 노예를 소유하고 있는 몇 사람을 방문하는 일에 다시 존 처치먼과 동행했다. 하늘의 아버지에게 감사하는 마음으로, 나는 이 일을 실행하는 동안에 하나님의 사랑과 서로 공감하는 가슴의 진정한 부드러움이 가끔 우리를 지배했다고 말하고 싶다.

꽤 평판 있는 몇몇 친우들이 나를 대하는 태도에서 간혹 머뭇거림이 확인되었던 터라, 나는 그들 중 한 사람을 방문할 도덕적 근거를 복음 사랑에서 찾았다. 그 같은 사실에 신경이 쓰였기 때문에, 그에게 가서 둘이서만 은밀히 만날 기회를 갖고 싶다는 뜻을 전해야겠다고 마음속으로 다짐했다. 이 제안에 그도 즉시 동의했으며, 이어서 주님을 두려워하는 마음으로 그 머뭇거림과 관련 있는 것들을 밑바닥까지 파고들었다. 우리는 서로 폭넓게 논의했으며, 나는 그 만남이 우리 두 사람에게 똑같이 유익했다고 믿으며, 깊이 상의할 길이 열렸다는 사실에 감사하는 마음을 품었다.

6월 14일. 샐럼 근처의 친우들을 방문하고 싶은 마음이 일어나서 우리 월례 모임의 승인을 받은 뒤 그들의 분기 모임에 참석했다. 7일 동안 여행하는 사이에 일곱 차례 모임에 참석했다. 일부 모임에서는 주로 침묵을 지켰으며, 다른 모임들에서는 정화하는 진리의 힘을 통해서 나의 가슴이 천상의 사랑 속에 넓어졌다. 기독교인으로서 나는 이 세상을 살아가며 숱한 시련을 겪는 형제자매들에게 뜨거운 동료애를 느꼈다.

7월. 노예를 두고 있는 우리 소사이어티의 일부 활동적인 회원들을 방문하는 일에 대한 관심이 커지는데도 연례 모임의 의사록에 이름을 올린 사람들과 동행할 기회를 잡지 못했기 때문에, 나는 혼자 그들의 집을 찾았다. 거기서 나는 하나님을 두려워하는 마음으로 그때 내가 겪고 있던 심적 고통을 그들이 알도록 했다. 따라서 간혹 몇 마디 말로도 무거운 짐을 벗는 느낌을 받았다.

이 일이 있은 뒤에, 우리의 친구 존 처치먼이 몇몇 모임에 참석하고 또 노예를 두고 있던 사람들을 방문하는 일에 다시 합류할 목적으로 우리 식민지로 왔다. 나는 일부 적극적인 회원들을 방문하는 길에 그와 동행하면서 내적 만족을 발견했다.

3.
1759년
연례 모임

올해 우리의 연례 모임에서는 중요한 회의가 몇 차례 열렸다. 회의가 열리는 동안에, 진리의 힘이 정직한 가슴의 소유자들을 강화할 만큼 널리 확장되었다. 이 대륙에서 열리는 연례 모임들에 보낼 서한들이 낭독될 때, 나는 지난해와 마찬가지로 올해도 그 편지들 대부분에서 친우들에게 노예를 구입하고 거느리는 일에 반대할 것을 촉구하는 내용이 담겼다는 것을, 그리고 일부 편지에는 그 주제가 세세하게 다뤄지고 있다는 것을 확인했다.

이 관행이 나에게 오랫동안 큰 고민거리로 작용했고, 종종 나 자신이 그 문제로 인해 굴욕감을 느낄 만큼 힘들어 하고, 간혹 일부 모임의 경우에 그 문제에 신경쓰는 사람이 나 혼자였기 때문에, 나는 우리 종교 단체에서 점점 관심이 높아지는 것을 관찰하면서, 또 하나님이 이 점에서 뿐만 아니라 전반적으로 진리를 촉진시키는 일에서도 자질 있는 종들을 키우고 있다는 사실을 확인하면서 감사하는 마음을 품으며 겸허하게 고개를 숙였다.

　모임은 거의 일 주일 동안 이어졌다. 회의 전반부 며칠 동안, 나의 마음은 안으로 향하며 깊은 평온에 잠겼다. 간혹 간구하는 영(靈)으로 넘쳤기 때문에, 나의 가슴은 하나님 앞으로 은밀히 쏟아졌다. 실무를 위한 모임이 끝날 때 쯤, 하나님의 사랑의 순수한 흐름 속에서, 나의 가슴을 누르고 있던 것을 표현할 길이 열렸다. 나의 마음에서 길이 처음 열렸을 때, 가장 먼저 한 것은 나의 가슴 깊은 곳이 정직하고 올곧은 다른 가슴들의 깊은 곳에 어떤 식으로 대답하는지를 보여주는 것이었다. 저마다 성장 상태가 다 달랐기 때문에, 비록 그 가슴들이 우리의 증거와 관련 있는 몇 가지 사항에서 동일한 수준의 명확성을 보이지는 못했을지라도 말이다.

　이어서 나는 예수의 증거를 위해 목숨을 바친 많은 순교자들의 고결과 지조에 대해 언급했다. 그래도 그 순교자들은 몇 가지 사항에서 우리가 지키고 있는 것과 뚜렷이 구별되는 교리들을 지켰다. 그렇다면 시대를 불문하고 최고의 신이 준 빛과 이해력에 충실한 사람들은 똑같이 신에게 받아들여질 수 있었다는 것이 확인된다.

　비록 우리 사이에 일부 특수한 사항들에서는 사고방식이 서로 다를지라도, 그럼에도 불구하고 만약에 우리가 이 세상을 못박는 그 영과 권력을, 말하자면 우리에게 진정으로 필요한 것들로 만족하며 모든 과잉을 피할 뿐만 아니라 하나님을 진정으로 두려워하며 섬기라고 가르치는 그 영과 권력을 충실히 따른다면, 진정한 통합이 우리 사이에 여전히 지켜질 것이다.

　또 만약에 양심의 가책 때문에 간혹 고통을 겪는 사람들이 계속 낮은 자세로 겸양을 실천하며 생활 속의 행동을 통해서 진정한 자비의 영을 보여준다면, 그들의 영이 타인들의 내면에 있는 증인에게 닿으며 교회에 이바지할 확률은 그들이 고통에 정반대의 영과 행동으로 대처할 때보다 훨씬 더 높을 것이다.

이 과제를 수행하면서, 나는 그리스도의 양들을 그들이 이 세상에서 서로 다른 모습을 보이고 있을지라도 똑같이 동정적이고 부드러운 마음으로 대했으며, 그와 비슷한 경향이 그 모임에 참석한 다른 사람들에게로 퍼져나가는 것 같았다. 하나님이 자신의 가엾은 피조물들에게 베푸는 선하심은 한량없다.

이 연례 모임에서 서간이 나왔는데, 이 일기에 소개할 만한 가치가 있다. 내용은 다음과 같다. 1759년 9월 22일부터 9월 28일까지 필라델피아에서 열린 펜실베이니아와 뉴저지의 연례 모임이 그 모임에 속하는 친우들의 분기 및 월례 모임에 보낸 서간이다.

친애하는 친우들과 형제들에게.

이 땅에 사는 우리에게 친절한 은총을 베푸시는 우리의 신 하나님의 지혜와 선하심이 불러일으키는 외경심 속에서, 우리는 모두가 경건한 마음으로 신의 섭리를 존중하고 그 섭리 아래에서 서로 향상을 이룰 수 있을 것이라는 간절한 바람을 품은 가운데 애정을 가득 담아 여러분에게 인사를 전합니다.

땅의 제국들과 왕국들은 하나님의 전능한 권력에 종속됩니다. 하나님은 모든 생물의 영들의 신이며, 그 지혜에 따라 자신의 백성을 다루고 있습니다. 그 지혜의 깊이는 우리에게는 불가해할 뿐이지요. 이 식민지들에 거주하는 우리는 그분이 관대하고 다정한 부모로서, 심지어 우리 아버지들의 시대 때부터 우리를 너그러이 다루셨다고 할 수 있습니다. 우리 아버지들이 황무지 개척에 수반되는 어려움을 극복하며 소임을 다하도록 힘을 불어넣었던 것도, 또 원주민들의 가슴속에 우리 아버지들이 들어설 자리를 마련해 준 것도 그분이었지요. 그래서 원주민들 덕분에 우리 아버지들은 궁핍과 절망의 시기에 위안을 얻을 수 있었습니다.

우리 아버지들이 정직하게 일하고, 서로에게, 또 원주민들에게 올바르게 처신하고, 삶과 대화에서 기독교 종교의 원칙들과 교리들의 탁월성을 드러낼 수 있었던 것은 하나님의 성령의 관대한 영향 덕분이었습니다. 우리 아버지들은 기독교 종교를 통해서 평판과 우정을 간직할 수 있었지요. 그들이 삶에 꼭 필요한 것들을 충족시키기 위해 노동하는 동안에, 그들 중 많은 이들은 이 땅에 경건과 미덕을 촉진시키고 하나님을 두려워하며 자식들을 교육시키는 일에 열렬히 매달렸습니다.

만약 최초의 정착지에서 추구했던 평온한 조치들과 우리가 오랫동안 누렸던, 전쟁의 황폐로부터의 자유를 주의 깊게 고려한다면, 우리 자신이 전지전능하신 하나님에게 큰 은혜를 입고 있다는 사실이 확인될 것입니다. 이 땅이 너무나 널리 악에 오염된 상황에서, 하나님이 고요와 풍요를 베푼 것이 너무도 분명한 지역에서 삶을 영위할 기회가 우리에게 주어졌으니까요. 여기서는 그리스도의 복음의 희소식을 아무 거리낌 없이 자유로이 발표할 수 있으니, 이 대목에서 '시편' 한 구절을 인용해도 무방할 것입니다. "하나님의 모든 은혜에 우리는 무엇으로 보답

할 것인가?"[26]

우리 자신의 진정한 선(善)과 우리 후손의 선은 어느 정도 우리가 하는 행위에 달려 있으며, 우리의 토대들을 편견 없이 시험하는 것이 우리에게 중요합니다. 미래에 정당한 것과 부당한 것에 대한 보상이 너무나 다를 것이기 때문에, 그리스도의 영의 명령을 성실하게 따르고, 우리 자신을 그리스도를 섬기는 일에 바치고, 현세에 머무는 짧은 기간에 그리스도의 목표를 열심히 추구하는 것은 자유롭고 지적인 피조물이 되는 데 반드시 필요한 선택입니다.

따라서 우리는, '성경'에 기록되어 있는 바와 같이, 하나님이 인류를 민족의 능력에 따라 다루는 것이 "정의는 나라를 영화롭게 한다."[27]는 말씀의 진리를 충분히 뒷받침한다는 것을 분명히 보고 고려할 것입니다. 또 하나님이 현세에서 죄 지은 사람을 언제나 즉시 심판하지는 않지만, 그럼에도 우리는 "인간들이 거짓된 허영을 따를 때 자신에게 주어진 은혜를 저버리게 된다"[28]는 말의 진리를 많은 예를 통해서 확인하고 있습니다.

거만하고 이기적인 영(靈)이 한 민족을 지배하며 널리 퍼져나가고 있기 때문에, 편파적인 판단과 억압, 불화, 시기, 혼동이 심화되고, 식민지들과 왕국들은 자신의 행위에 대한 벌로 역경의 잔을 들게 되지요. 그래서 영감을 받은 그 예언자는 타락한 유대인들을 설득시키면서 "네

---

26 '시편' 116장 12절.

27 '잠언' 14장 34절.

28 '요나서' 2장 8절.

자신의 사악함이 너를 벌줄 것이고, 네 자신의 반역이 너를 책망할 것이다. 그러므로 네가 너의 신인 하나님을 버리고, 나에 대한 경외감이 너의 안에 없는 것이 악이라고 여호와가 말했느니라."('예레미야서' 2장 19절)라고 했지요.

우리에게 많은 혜택을 안겨 준 우리 아버지들의 신은 황무지에 우리를 위해서 평원을 마련해 놓았고, 즐길 수 있는 사막과 고독한 장소들을 만들어 놓았지요. 그분은 지금 자비롭게도 우리에게 자신을 더욱 충실히 섬길 것을 요구하고 있습니다. 우리는 그 예언자와 진정으로 이렇게 말할 수 있을 것입니다.

"성읍을 향해 외쳐 부르는 것이 그분의 목소리이고, 지혜로운 인간들은 그분의 이름을 경외한다. 너희는 매가 준비되어 있나니, 매를 정하신 분이 누구인지 들을지니라."[29]

주로 외적인 것들을 보는 사람들은 현재 나타나고 있는 문제들의 원래 원인을 과소평가하지만, 하나님을 두려워하며 종종 그분의 이름에 대해 생각하는 사람들은 이 나라의 거주자들 사이에 그릇된 어떤 영이 퍼지고 있는 것을, 많은 사람들의 가슴에 지방(脂肪)이 두껍게 끼어 있고 듣는 귀가 둔한 것을, 가장 높으신 하나님이 우리를 방문할 때 나직이 부르지 않고 소리 높여 외치는 것을 보고 느끼고 있습니다. 그분은 이 나라를 향해 외치고 있으며, 그분의 목소리는 점점 더 커지고 있습니다.

우리 식민지들에 정착이 시작된 이후로 영국과 다른 나라들 사이에 벌어진 이전의 전쟁들에서, 전쟁에 따른 참화가 주로 다른 장소에서 일어

---

29 '미가서' 6장 9절.

났지만 최근에는 우리의 경계선까지 닿고 있습니다. 따라서 우리의 동료 신민들 중 많은 사람들이 변경에서나 변경 가까운 곳에서 고통을 겪고 있습니다. 어떤 사람들은 전투 중에 죽고, 어떤 사람들은 자기 집에서 죽임을 당하고, 어떤 사람들은 들판에서 죽고, 어떤 사람들은 부상을 당해 더없이 비참한 상태에서 지내고, 또 다른 사람들은 인디언들에게 포로로 잡혀간 아내와 어린 자식들을 찾지 못한 상태로 살고 있습니다.

우리는 이런 슬픈 장면을 목격한 남녀들을 보았으며, 그들은 빈곤에 시달리다가 구호품을 얻으려고 우리의 집을 찾습니다. 이 식민지들 중 한 곳에서 많은 청년들이 군인으로 징집된 것이 오래 전의 일이 아닙니다. 그 청년들 중 일부는 당시에 깊은 절망에 빠졌습니다. 그런 탓에 그들은 자신의 삶이 우리가 단언하는 기독교 종교의 순수와 영성과 거의 일치하지 않는다고 생각할 수밖에 없었으며, 또 자신이 내적 겸손을 너무 모르고 있다는 사실을 확인했지요. 그런 겸손 속에서 진리를 위해 곤경을 견뎌내는 진정한 인내를 경험할 수 있는데 말입니다.

많은 부모들은 자식들을 걱정했으며, 그런 시련의 시기에 부모들은 세상을 못박고 구세주의 평화로운 지배를 증명하는 그 종교의 가르침을 진정으로 따르는 것보다, 자식들을 위해서 외적 재산을 모으는 것이 더 중요하다고 생각하게 되었지요. 이 어려움들이 제거되었으며, 우리는 한동안 그 어려움들로부터 놓여났습니다.

"가장 높은 분의 길은 깊은 곳에 있고, 구름 속에 있고, 짙은 어둠 속에 있다"는 것을 잊지 않도록 해야 합니다. 또 성읍을 향해, 나라를 향해 외치는 것이 그분의 목소리라는 것을 알아야 합니다. 아! 사람들을 일깨우는 이 큰 외침이 우리에게 적절한 효과를 발휘할 수 있기를! 그리하여 더욱 가혹한 징벌이 필요하지 않게 되기를! 외적 사물들이 잠시 유쾌하게 다가올지라도, 그리스도의 십자가를 따르지 않는 어떤 이기적인 영이 퍼지며 팽배한 동안에, 외적 평화와 평안이 오랫동안 지속되는 예는 절대로 없습니다.

만약에 우리가 부패하지 않는 어떤 유산을 바라고, 영원히 지속되는 평화와 행복의 상태에서 영면하기를 원한다면, 또 이 현세에서 그 전능한 존재의 은혜와 보호 속에서 살기를 바란다면, 우리는 그분의 끔찍한 심판의 시작에 대해 두려워하는 마음으로 생각하고, 우리로 인해 화난 그분에게 겸손한 마음으로 간청해야 합니다. 그 전능한 존재의 거주지는 바로 신성이며, 그분의 길들은 모두 동등하지요. 지금 우리의 타락 때문에 그분이 분노하고 있습니다.

힘이 대등한 존재와 논쟁하는 것도 쉽지 않은 일이지만, 만약 하나님이 우리의 적이 되고 있는데, 우리가 전능한 그분과 다투겠다고 고집한다면, 우리의 파멸은 불가피할 것입니다.

지금 우리는 후손에게 애정 어린 관심을 보이고 있습니까? 그들의 행복을 촉진시키는 일에 열중하고 있습니까? 우리의 마음은 외적인 것들에서 우리의 죽음 그 너머까지 보고 있습니까? 또 우리 뒤에 남을 아이들의 번영을 도모하고 있습니까? 그렇다면, 현명한 건축가처럼 토대를 깊이 놓고, 내면의 경건과 미덕에 관심을 끊임없이 쏟음으로써, 자식들이 우리가 내면의 경건과 미덕을 진정으로 소중히 여기고 있다는 사실을 볼 수 있도록 해야겠습니다.

자식들의 순진무구한 정신이 어리고 부드러운 동안에 타락으로부터 지켜질 수 있도록, 하나님을 두려워하는 가운데 노력해야겠습니다. 또 자식들이 나이가 들면서 자신들의 진정한 이익을 제대로 이해하도록 하고, 일시적인 것들의 불확실성을 고려하게 하고, 무엇보다도 그들의 희망과 확신이, 영원 속에 거주하며 세상을 간직하고 지탱하는 그 전지전능한 존재의 축복 속에 견고하게 확립되도록 해야겠습니다.

세속적인 부에 관심을 쏟는 가운데서도, 하나님을 진정으로 섬기지 않는 자식들이 소유한 부는 그 자식들을 이기적이고 거만한 정신에 빠지게 하는 덫이 될 가능성이 크다는 점을 늘 명심해야 합니다. 그런 거만한 정신이야말로 진정한 평화와 행복과 정반대이며, 그런 정신은 그 영향력에 넘어가는 사람들을 그리스도의 십자가의 적으로 만들어 버리지요. 자비의 진정한 대상들에게 세심한 눈길을 지속적으로 보내고, 외진 거처에서 지내는 가난한 사람들을 방문하고, 신의 섭리에 따라 현세의 삶에서 궁핍하고 고통스런 상황에 처하게 된 사람들을 위로하십시오. 그리고 우리의 마음에 영향을 끼치고 있는, 진정한 의미의 그리스도의 사랑에서, 우리의 본질로 하나님을 영광스럽게 하기 위해 꾸준히 노력하도록 해야 합니다.

그렇게 하는 것이 후대에 물려줄 욕심에서 엄청난 부를 축적하는 것보다 더 큰 축복을 자식들에게 안겨주게 될 것입니다. 또 그런 자세는 많은 은혜를 입은 기독교인에게도 더 큰 만족을 안겨줍니다. 이유는 "이곳엔 영구한 도성(都城)이 전혀 없고", 따라서 우리가 "장차 올 도성을, 그 설계자와 건설자가 하나님인 그런 도성"[30]을 정직하게 추구해야 하기 때문이지요.

---

30 '히브리서' 13장 14절.

"끝으로, 형제들이여, 무엇에든지 참되고 무엇에든지 경건하고 무엇에든지 옳고 무엇에든지 정결하고 무엇에든지 사랑스럽고 무엇에든지 평판이 좋고, 무슨 덕이 있든지 무슨 칭송이 있든지, 이것들을 생각하고 행동하시오. 그러면 평화의 하나님이 당신들과 함께 계실 것입니다."[31]

11월 28일. 오늘은 벅스 카운티의 분기 모임에 참석했다. 목사들과 장로들의 모임에서, 나의 가슴은 예수 그리스도의 사랑 속에서 활짝 열렸으며, 가장 높으신 하나님의 은혜가 그 모임과 뒤이은 모임에서 우리에게까지 확장되었다.

숙소에서 사랑하는 친구 새뮤얼 이스트번(Samuel Eastburn)과 대화를 나눴다. 그는 그 카운티에서 흑인을 두고 있는 몇몇 친우들을 방문하는 일에 관심을 보이며 합류할 뜻을 밝혔다. 그 일에 마음이 끌리는 것을 느꼈기 때문에, 나는 집으로 돌아와서 짐을 챙겼다. 12월 11일에 강을 건넜다. 이튿날 버킹엄(Buckingham) 모임에 참석했다. 거기서 천상의 이슬이 내려준 덕분에 나의 마음은 위로를 받았으며, 예수 그리스도의 신봉자들과 거의 일치를 이룰 수 있었다.

이 일에 착수하는 것이 중요해 보였으며, 집을 떠나기 전에 나의 마음은 종종 슬픔을 느꼈다. 이 과제를 추구하는 동안에, 나는 가끔 우리의 약한 측면을 돕고 있는 성령을 느꼈으며, 그 성령을 통해서 나의 기도는 간혹 은밀히 하나님에게 닿았다. 그러면 하나님이 나에

---

31 '빌립보서' 4장 8-9절.

게서 모든 이기심을 기꺼이 씻어낼 것 같고, 따라서 나는 타고난 천성에 대단히 힘들어 보이는 일일지라도 나의 의무로 주어진 것을 충실히 완수할 만큼 강해지는 것 같았다.

우리는 마음이 무거운 상태에서 방문길에 나섰으며, 그 카운티에서 흑인을 두고 있던 가장 적극적인 회원들의 집부터 찾았다. 하나님의 선하심을 통해서 나의 정신은 시련의 시기에도 하나님에게 복종하는 상태를 그대로 지킬 수 있었다. 우리의 천성에 그 과제가 힘들었음에도 불구하고, 죽음보다 더 강한 사랑의 힘을 통해서, 방문 중에 우리의 가슴이 부드러워지는 것이 종종 느껴졌다. 우리는 기대했던 것보다 더 큰 만족감을 느끼며 몇몇 가족과 헤어졌다.

우리는 조지프 화이트의 가족을 방문했다. 당시에 화이트는 영국에 가 있었다. 우리는 또 우리를 동행했던 어느 장로의 집에서 가족 예배 모임을 가졌으며, 일요일에는 메이크필드(Makefield)에 머물렀다. 그 일정 내내, 나의 가슴은 하나님에게 진정으로 감사하고 있었다. 하나님이 그 일을 통해서 우리를 단결시키며, 허약한 종들인 우리에게 언제나 애정 어린 친절을 새롭게 베풀었기 때문이다.

4.
천연두와
예방 접종에 대하여

그해 겨울에 천연두가 우리 타운에 퍼졌다. 많은 사람들이 예방 접종을 받았으나 몇 명의 사망자가 나왔다. 그 시기에 나의 마음속에 몇 가지 생각이 떠올랐다. 그것을 정리하면 다음과 같다.

우리의 삶이 하나님의 의지와 부합할수록, 하나님의 의지는 우리에게 그 만큼 더 이롭게 작용한다. 나는 천연두를 전지전능한 그분의 사자(使者)로 보았다. 말하자면, 천연두가 미덕을 위한 보조자 같은 것이 되어서, 우리가 완벽한 지혜와 선량과 일치하는 일에만 시간을 사용하는지 스스로 돌아보도록 한다는 뜻이다. 우리 자신과 우리의 자식들이 거주할 적절한 주택을 짓고, 기후와 계절에 알맞은 옷과 간편한 음식을 준비하는 것은 우리 모두에게 주어진 의무이다. 그리고 이런 일반적인 항목들 밑으로 경우에 따라서 건강과 목숨을 해칠 위험까지 무릅써야 하는 세부적인 일들이 많다.

어느 집에 천연두에 걸린 사람이 있고, 나의 일이 나에게 그 집 가까이 갈 것을 요구한다고 가정해 보자. 그런 상황에서, 나는 그 일이 진정으로 불가결한 의무인지, 어쩌면 버리는 것이 더 바람직한 관습을 그냥 생각 없이 따르고 있는 것은 아닌지, 혹은 외적 재화를 추구하려는 욕망에서 비롯된 것은 아닌지를 놓고 깊이 생각하지 않을 수 없게 된다.

만약 내 앞의 일이 명쾌한 이해력에서 비롯된 것이 아니라면, 또 그 일이 완벽한 지혜가 인정하는 쓰임새와 부합하지 않는다면, 그 일의 본질적인 의미를 다시 파악하고 그것을 추구하지 않는 것이 더 바람직하다. 이유는 어떤 일이 의무라는 점을 뒷받침할 증거가 없는 상태에서 일을 추진하는 경우에 그 일이 오히려 결점이 되는 경향을 보인다는 것이 나 자신의 경험을 통해서 확인되기 때문이다.

감염을 피할 가능성이 전혀 없어 보이는 상황에 처한다면, 나는 아마 외적인 것들을 다루는 나의 삶의 방식에, 나의 육체가 이 사자(천연두)를 나에게 유리한 방향으로 받아들이는 데 방해가 되는 요소가 전혀 없는지에 대해 생각해 볼 것이다.

음식과 음료를 그분이 애초에 우리의 생명을 지키기 위해 주면서 계획했던 용도 외에 다른 것에 쓰고 있지는 않는가? 나 자신이 현명하지 못하게 제안한 어떤 목적을 이루려고 노력하며 과도한 노동으로 육체를 혹사하지는 않는가? 행동을 유익한 목적에 충분히 이용하고 있는가? 아니면 나를 부양하기 위해 노동하는 일부 사람들이 지나치게 큰 몫을 맡아 힘들어 하는 동안에, 나 자신은 지나치게 많은 시간을 게으르게 앉아 지내고 있지는 않는가? 나 자신이 이런 것들 중 어느 것 하나에서라도 부적절하다면, 부족한 것을 고려하도록 자극 받는 것은 나에게 이롭다.

직업은 사회생활에 반드시 필요하지만, 종종 치명적인 것으로 드러나는 이 전염병은 나로 하여금 나의 이런 사회적 활동이 진정한 의무인지 생각하도록 만든다.

만약 내가 과부들과 아버지 없는 아이들을 방문하는 일을 계속한다면, 나는 이기적 관점으로부터 완전히 자유로운 상태에서 순수하게 사랑의 원칙을 실천하고 있는가? 내가 종교 모임에 나간다면, 나 자신이 의무감을 분명히 느끼면서 정직한 마음으로 나가는지, 혹은 부분적으로 관습을 따르거나 부분적으로 나의 동물적인 영이 다른 사람들과 함께하는 자리에서 느끼는 상당한 즐거움 때문에 나가는지, 그리고 한 사람의 종교인으로서 나의 평판을 지키려는 마음은 전혀 작용하지 않는지에 대해 깊이 생각해야 한다.

시민 사회와 관련 있는 일들이 나를 이 전염병과 가까운 곳으로 부르고 있는가? 내가 그런 곳으로 간다면, 나의 건강과 생명이 위험에 처할 수 있다. 그런 까닭에, 나로서는 여러 가지를 진지하게 생각하지 않을 수 없다. 거기에 참석하는 진정한 동기가 진리와 정의에 대한 사랑인지, 일을 처리하는 방식은 아주 공정한지, 편협이나 당파적 관심, 외적 품위, 명성, 또는 사람들 사이의 두드러짐 같은 것이 집회의 아름다움을 더럽히며 그 집회를 의문스럽게 만들고 있지는 않는지, 또 의무에 대해 말하자면, 그리스도의 신봉자가 그 단체와 연결된 구성원으로서 참가해야 하는지 여부에 대해 묻게 된다.

오랜 세월 동안 우리의 경각심을 일깨우는 수단으로 작용했던 질병이 돌 때마다, 우리는 그 수단을 지정한 우리의 자비로운 아버지에게 친절을 정당하게 기대할 수 있다. 그런 질병은 우리로 하여금 주의 깊게 관찰하게 하고, 능력에 따라 노동하게 하고, 이 나라가 건강과 건전성을 다시 회복하도록 만든다.

현명하고 선한 인간이 자신의 외아들을 보살피는 일은 우주의 위대한 부모가 자신의 창조물들에게 쏟는 관심에 비하면 아무것도 아니다. 위대한 우주의 부모는 자연의 모든 힘들과 작용들을 지휘하며, "인간들의 자식들을 의도적으로 괴롭히지도 않고 비탄에 잠기게 하지도 않는다". 징벌은 가르침을 위한 것이고, 가벼운 징벌을 통해 가르침이 이뤄지기 때문에, 더 큰 재앙이 예방될 수 있다. 한 차례의 지진에도 간혹 수백 채의 집이 불과 몇 분 만에 무너지고, 수많은 사람들이 갑자기 죽고, 그보다 더 많은 사람들이 건물 잔해에 깔려 부상을 입고 야위어 가다가 비참한 몰골로 죽는다.

격분한 무자비한 군대의 침공에 의해, 번영을 구가하던 나라들이 황무지로 변하고, 엄청나게 많은 사람들이 단시간에 사라지고, 그보다 더 많은 사람들이 빈곤과 비탄에 짓눌려 신음한다. 페스트가 퍼져 어느 도시에서 사람들이 너무나 빠른 속도로 죽어나갔기 때문에, 건강한 사람들은 관도 없는 상태에서 죽은 자를 묻으며 두려움과 슬픔, 혼동으로 인해 엄청난 어려움을 겪었다. 기근 때문에, 일부 지역들에서 엄청난 수의 사람들이 극한적인 절망을 경험했으며, 생활에 필요한 것들이 절대적으로 부족한 탓에 수척해져 갔다. 그렇듯, 자비로운 하나님의 친절한 권고와 가벼운 징벌에 관심을 적절히 두지 않을 때, 가끔 그분의 엄중한 심판이 내려진다.

시민 사회에서 인정받고 소위 인간의 정책과 맞아떨어지는 일부 규칙들이 진리와 정의의 순수와 뚜렷이 구분되는 때에, 다시 말해, 진리를 공언하는 많은 사람들이 예수 그리스도의 초기 추종자들 사이에 두드러졌던 그런 열렬한 사랑과 경건한 마음을 잃어가고 있는 지금이야말로, 우리가 모든 징벌의 의도에 세심히 귀를 기울이고 대단히 깊은, 징벌의 내적 계획을 고려해야 할 때이다.

가장 높으신 하나님께서 밖으로 튀어나온 우리의 귀에 대고 외부로 향하는 목소리로 자주 말하지는 않는다. 하지만 만약 우리가 그분의 완벽에 대해 겸허한 마음으로 깊이 숙고하고, 그분이 완벽한 지혜이고 선량이라는 점을, 자신의 창조물들을 아무런 이유도 없이 괴롭히는 것은 그분의 천성에 완전히 반한다는 점을 고려한다면, 우리는 가벼운 징벌과 보다 무거운 징벌 둘 다에서 똑같이 그분의 언어를 듣고 이해할 것이다. 그러면 우리는 이 세상의 지혜 속에서 우리에게 지나치게 강력한 수단을 통해서 그분의 손으로부터 벗어나려는 노력을 펴지 않도록 조심하게 될 것이다.

만약 그분이 해롭거나 치명적이지 않은 것으로 확인된 수단으로 이 질병(천연두)을 막을 수 있는 이해력을 인간들에게 주었다면, 그런 발견은 이 병에 의한 징벌의 종료로 고려될 수 있다. 그러면 거기까지 지식의 확장이 이뤄진다. 그러나 생명과 건강이 그분의 선물이고 우리의 의지대로 처분할 수 있는 것이 아니기 때문에, 건강한 사람도 접종으로 인해 죽을 수 있는 현실 속에서 접종으로 스스로를 감염시키는 행위는 그렇게 하는 것이 우리의 의무라는 것을 명확히 알 것을 요구한다.

7장

―――――

1760년

1.
롱아일랜드와 로드아일랜드, 보스턴 방문

1760년 4월. 한동안 마음속으로 동쪽 지방의 친우들에게 동
정심을 느껴오던 터라, 월례 모임에서 관심사를 털어놓았다. 나는 거
기서 허가를 받은 다음에 사랑하는 친구 새뮤얼 이스트번과 함께 그
달 17일 그곳을 향해 출발했다. 우리는 우드브리지와 라웨이, 플레인
필드에서 예배 모임을 가졌으며, 그곳 목사들과 장로들이 라웨이에
서 연 월례 모임에도 참석했다.

우리는 다소 실망한 상태에서도 나름대로 열심히 노력했으며, 내
가 느끼기에, 눈에 보이지 않는 진리의 힘을 통해서 우리의 방문은
한껏 처져 있던 그곳 사람들의 정신을 일깨우는 계기가 되었다. 그들
과 나는 영적으로 거의 하나됨을 느낄 수 있었다.

우리는 계속 앞으로 나아가면서 롱아일랜드에서 열린 예배 모임
대부분을 방문했다. 그때는 진리의 영(靈)이 나의 내면에서 열어주
는 그 이상으로도 말을 하지 않고 그 이하로도 말을 하지 않는 것이

매일 나의 관심사였다. 당시에 나는 나의 증언이 그리스도의 십자가에 순수하게 순종하지 않는 사람들의 마음에 그럴듯하게 비치지 않도록 하기 위해 극도로 조심했다.

목사라는 직무를 수행하는 데 필요한 힘의 원천이 종종 얕아졌으며, 그럴 때면 우리는 복종하게 만드는 진리의 힘을 통해서 진리를 받들며 겸허한 자세를 유지할 수 있었다. 가는 곳마다, 그리스도의 목적에 진정으로 관심을 쏟는 따뜻한 가슴의 소유자들은 우리의 노고에 위안을 받는 것 같았다.

대체로 피조물이 품위를 잃어가던 시기였음에도, 가난한 사람들을 돕는 그분의 선하심을 통해서, 우리는 모임에서뿐만 아니라 우리가 머물던 가족들 사이에서도 진정으로 교화적인 시간을 보냈다. 가끔 우리는 믿음에 충실하지 않은 사람들, 특히 가족이나 소사이어티 안에서의 지위 때문에 축복받은 진리의 순수함과 건전성으로부터 이탈하는 길을 타인들에게 보여주는 본보기로 작용할 수 있는 사람들과 머리를 맞대고 진지하게 고민할 수 있는 힘을 발견했다.

롱아일랜드의 예리코(Jericho)에서, 나는 집으로 다음과 같은 내용의 편지를 썼다.

사랑하는 아내에게.

우리는 건강을 잘 지키는 가운데 이스트 저지와 이 섬에서 여러 모임에 참석하고 있어요. 당신 곁을 떠나온 후로, 나의 마음은 내적으로 경계하는 상태를 유지하고 있지요. 우리의 활동이 오직 하늘에 계신 우리 아버지의 의지에 부합하기만을 간절히 기대하면서.

현재 겉으로 드러나는 상황은 그다지 유쾌하지 않아요. 그래서 "그러면 네가 여호와의 안에서 즐거움을 얻을 것이니라."[32]는 약속을 떠올리며, 외적 즐거움에 대해서는 함구하고 있지요. 이 약속이 매일 기억에 새롭게 다시 떠오르기 때문에, 나는 그분이 우리의 마음 안에 함께하시는 것이 그지없이 순수한 기쁨이라고 느끼고 있어요. 진실한 가슴의 소유자들은 그 약속에도 기쁨을 느낄 뿐만 아니라, 그 약속이 그들에게 끼치는 영향에도 기쁨을 느낀답니다.

그분은 곤궁에 처한 무력한 사람들을 유심히 지켜보고 있으며, 불행을 겪는 자신의 자식들에게 사랑을 드러내고 있지요. 그러면 그분의 자식들은 그분의 자비심을 보고 또 그분의 자비가 그들의 안에서 작용하는 것을 느끼며 위안을 얻게 되지요.

이것에 대해서는 약간만 얘기하고 싶군요. 당신 곁을 떠난 후로 나는 당신과 딸, 주변의 친구들에게 진정한 사랑과 애정을 종종 느끼고 있습니다. 사람들 사이에 질병이 이렇게 널리 퍼진 때에 타지로 나가는 것이 나에게 시련일지라도, 나는 미망인들과 아버지 없는 아이들도 많고, 형편없는 가정교사를 둔 사람도 많고, 사악한 본보기를 옆에 두고 있는 사람도 많고, 마음이 갇힌 상태로 지내는 사람도 많다는 것을 종종 기억하지요. 그런 사람들에게 나의 가슴은 가끔 동정심을 느낀답니다. 그래서 나는 한 계절 동안 당신 곁을 떠나서 하나님께서 나에게 부여한 재능을 실천에 옮기기로 한 것입니다. 그 재능은 일부 사람들과 비교하면 작을 수 있지만, 그럼에도 그 일에서 나는 기쁨을 느끼고 동

---

32 '이사야서' 58장 14절.

료 인간들에게 거짓 없는 사랑을 느끼고 있어요. 나는 당신을 안전하
게 돌봐 주실 전능하신 하나님에게 편안한 마음으로 맡기고, 하나님의
천상의 사랑 속에 묻혀 지내고 있어요.

1760년 4월 24일

사랑하는 당신의 남편 J. W.

우리는 롱아일랜드의 동쪽 끝에서 큰 무갑판선을 타고 30마일 가량 떨어진 뉴런던으로 건너갔다. 배를 타고 가는 도중에, 바람이 거세지고, 파도가 몇 차례 덮침에 따라, 여행이 위험해 보였다. 그러나 그때 나의 마음은 그 깊은 바다를 만들고 다스리는 그분에게로 향했으며, 나의 목숨은 그분에게 맡겨졌다. 그분이 자비롭게도 우리를 기꺼이 지켜주었기 때문에, 나는 매일매일을 나에게 빌려준 하루로 여길 새로운 계기를 갖게 되었다. 나의 시간과 내가 가진 모든 것을 바로 그것들을 준 그분에게 헌신해야 한다는 계약 같은 것이 새롭게 느껴졌던 것이다.

우리는 내러갠셋(Narraganset)에서 다섯 차례 예배 모임을 갖고 로드아일랜드의 뉴포트로 갔다. 관대한 우리 아버지는 피조물의 의지에 굴욕감을 안겨주는 깊은 영적 시련을 통해서, 우리가 겸손한 마음으로 그분에게 의지하도록 지켜주었다. 우리가 묵었던 시골의 몇 가족들 사이에서, 나는 노예 문제와 관련해서 그들과 사적으로 대화하며 그 문제에 관여해야 한다는 의무감을 느꼈지만, 신의 도움으로 그 일을 포기하기에 이르렀다.

비록 여행 동안에 내가 이 관심사에서 나보다 더 큰 역할을 맡은

많은 사람들과 다른 입장을 보일지라도, 나는 그들이 그 문제를 고려하지 않고 넘어갈 것이라고는 거의 생각하지 않는다. 나는 그렇게 불쾌한 과제가 나에게 맡겨진 것에 대해 불평하는 것이 아니라, 자신의 종들에게 각자 할 일을 나눠주고 자신에게 성실하게 봉사하는 모든 사람들을 이롭게 하시는 그분을 오히려 두려워하는 마음으로 우러러본다.

2.
뉴포트의 노예 무역과
복권에 대하여

우리는 밤에 뉴포트에 도착했다. 이틀날에는 병에 걸린 두 사람을 방문해서 위로하는 자리를 가졌으며, 그날 오후에는 어느 친우의 장례식에 참석했다. 다음날에는 뉴포트에서 오전과 오후에 각각 열린 예배 모임에 참석했으며, 거기서 목회의 샘이 열리고, 생명의 말씀을 사람들에게 전할 힘이 주어졌다.

그 다음날도 우리는 여정을 계속 이어갔지만, 이쪽 지역에 엄청나게 많은 노예들과, 그곳과 기니 사이에 계속되고 있는 노예 무역이 나에게 너무도 강한 인상을 남겼다. 나의 외침은 종종 하늘에 계신 나의 아버지에게 은밀히 닿았다. 그러면 그분이 기꺼이 길을 제시하며 내가 의무를 충실히 이행하도록 할 터였다.

보스턴으로 가는 길에, 우리는 스완시(Swansea)와 프리타운(Freetown), 톤턴(Taunton)을 거쳤다. 당연히 보스턴에서도 예배 모임을 가졌다. 우리의 예배는 깊었으며, 진리에 대한 사랑이 좌중을 지배했다. 그 점에 대해 하나님에게 진심으로 감사드린다. 우리는 보스턴을 벗어나 동쪽으로 80마일 가량 나아가면서 예배 모임들을 열었으며, 우리를 그곳으로 이끄는 팔에 겸손한 마음으로 의지할 수 있었다.

진리에 완강하게 맞서는 사람들을 다루느라 힘들었음에도, 우리는 하나님의 선하심을 통해서 가끔 온순한 사람들과 천상의 안락을 나눴으며, 종종 친우들과 진정한 동료애를 느끼는 가운데 헤어지는 은혜를 입었다. 보스턴으로 돌아가서 그곳에서 친우들과 한 차례 더 편안하게 만나는 기회를 가진 다음에 보스턴의 동쪽으로 말을 타고 하루 여행 거리만큼 돌아갔다.

우리 안내인이 뚱뚱한 사람이었는데 날씨가 무더웠기 때문에, 나와 나의 동행은 그 사람 없이 여행할 자유에 대해 언급했으며, 그도 우리의 뜻에 동의했다. 그래서 우리는 정중하게 그로부터 벗어날 수 있었다. 우리가 그런 식으로 유도한 이유는 그 여행이 그 사람과 그의 말에게 고난이 될 것으로 여겨졌기 때문이다.

그쪽 지역의 모임들을 방문하면서, 우리는 그곳 소사이어티의 상태를 꽤 깊이 들여다본 터라 걱정하는 마음이 앞서면서 정신이 다소 소침한 상태에서 뉴포트의 연례 모임에 갔다. 거기서 영국에서 온 존 스토러(John Storer)와 우리 지역들에서 온 엘리자베스 십리(Elizabeth Shipley), 앤 곤트(Ann Gaunt), 한나 포스터(Hannah Foster), 머시 레드먼(Mercy Redman)을 만났다. 모두가 복음 사역자들이며, 그들의 동행이 그저 고맙기만 했다.

많은 수의 노예들이 아프리카로부터 그 타운으로 수입되어 우리 소사이어티의 한 회원에 의해 팔리고 있다는 사실을 알게 되면서, 나의 의욕은 급속도로 식어갔다. 그래서 나는 외적으로 약해져 가면서 하박국의 심정을 느낄 수 있었다.

"내가 환난의 날을 맞을 수도 있다는 소리를 들었을 때, 나의 창자가 흔들리고 입술이 떨렸다."[33]

여러 차례 명상에 잠기며 아주 깊은 절망에 빠졌다. 나는 친우들이 의회에 미래에 노예 수입을 중단시킬 조치를 취해 달라고 탄원하기를 갈망했다. 이 무역은 중대한 악이고, 문제를 악화시키는 경향이 있으며, 내가 깊이 염려하는 사람들에게 행복은커녕 절망을 안기게 된다는 사실을 나 자신이 잘 알고 있었기 때문이다. 그러나 탄원과 관련해서 몇 가지 어려움이 감지되었으며, 그래서 당시에 타운에서 열리고 있던 하원에서 말을 몇 마디 할 수 있는 기회를 잡으려 노력하기로 마음 속으로 다짐했다.

이런 생각이 떠오른 것은 연례 모임의 둘째 날 오후였으며, 그날 밤 나는 그런 식으로 일을 추진하기로 최종적으로 마음을 정할 때까지 잠을 한숨도 자지 못했다. 아침에 한 친우에게 하원 회기가 언제까지 이어질 것 같은지를 물었다. 그날이나 그 다음날 휴회할 것으로 예상된다는 대답이 돌아왔다.

나 자신이 연례 모임의 실무를 돌보기를 간절히 바랐는데 하원이 그 일이 끝나기 전에 휴회할 가능성이 높은 것으로 느껴졌기 때문에, 나는 겸손한 자세로 하나님에게 지시를 간청하며 상당히 고민한 끝

---

33 '하박국서' 3장 16절.

에, 연례 모임에 참석하는 쪽으로 마음을 정했다. 그 모임의 마지막 날에, 나는 혹시 길이 열릴 경우에 대비해서 의회에 제출할 짧은 탄원서를 준비했다. 그리고 소사이어티와 관련있는 문제를 놓고 당국자들과 대화하기로 연례 모임에서 지명된 사람들이 있다는 소리를 들은 터라, 그들 중 몇 사람에게 나의 마음을 열고 내가 쓴 에세이를 보여주었다. 이어서 나는 실무를 위한 모임에서 그 문제를 이런 식으로 본격적으로 제시했다.

"이 식민지로 수입된 엄청난 수의 노예들을 놓고, 나는 한동안 깊은 고민에 빠졌습니다. 이 문제를 거론하는 것이 아픈 곳을 건드리게 된다는 사실을 잘 알고 있지만, 그렇게 하지 않을 경우에 천국의 눈으로 보면 나 자신이 맑지 않다는 것을 알고 있습니다. 그래서 길이 열릴 경우에 대비해 의회에 제출할 탄원서를 준비했으며, 이 모임에서 제안하고자 하는 것은 친우 몇 사람을 지명하여 그 탄원서를 연례 모임에서 읽어도 괜찮은지를 사전에 검토하도록 하자는 것입니다. 만약 그 사람들이 탄원서를 연례 모임에서 읽는 것에 대해 호의적으로 생각한다면, 어느 모임에서 그 탄원서에 대해 추가로 관심을 기울이도록 할 것인지 여부에 대한 결정은 연례 모임의 몫이 될 것입니다."

짧은 시간 협의한 뒤에, 친우 몇 사람이 밖으로 나가서 에세이를 검토한 결과 그것을 공개적으로 낭독하겠다는 의지를 표명했다. 그들의 뜻대로 공개적으로 읽자, 많은 사람들이 그 제안에 동의했으며, 일부는 탄원의 주체를 확장하여 회의장 밖에서 자유의 몸으로 지내는 모든 사람들이 서명할 수 있도록 하는 것이 회의장 안에서 서명을 받는 것보다 훨씬 더 적절하다는 뜻을 표명했다.

나도 처음에는 서명을 받게 된다면 그런 식으로 진행될 것이라고 예상했지만, 나의 마음은 친우들이 모인 자리에서 그것을 낭독하는 것을 의무로 여기는 쪽으로 기울었다. 나의 가슴이 이 지역의 거주자들을 불쌍히 여기고 있었기 때문이다. 노예 무역으로 인해 그들 사이에 불안이 깊어지고, 영혼의 확실한 쉼터인 순종이나 겸손과 정반대인 어떤 영(靈)이 퍼질 길이 열리고, 이 무역의 지속이 그들의 치유를 더욱 어렵게 만들 뿐만 아니라 그들의 병을 더욱 악화시킬 것이라는 믿음이 강했으니 말이다.

여기까지 진행시킨 다음에, 나는 그 에세이를 친우들에게 넘기는 것이 좋겠다고 생각했다. 그러면 그들이 최선이라고 믿는 바에 따라 일을 추진할 것이라는 판단이 섰던 것이다.

이젠 나의 마음엔 그 지역에 흔하던 복권 문제가 다시 떠올랐다. 예전에 연례 모임의 한 회의에서 그 주제에 대해 언급한 바가 있다. 당시에 논쟁은 법적으로 정당한 복권에만 관심을 두고 있는 친우들에게 유리하게 전개되었다. 그 문제를 다시 제기하는 지금, 예전처럼 반대에 봉착했지만, 일부 견실한 친우들의 가슴은 회원들 사이에 그 관행을 근절시키기 위해 단결하는 것 같았다. 그 문제는 양측의 일부 사람들에 의해 열성적으로 다뤄졌다.

이 논쟁에서 복권들의 영(靈)이 이해력을 흐트리고 혼란스럽게 만드는 경향을 가진 이기심의 영이라는 것이 나에게는 매우 분명하게 보였다. 그리고 하나님의 일을 위해 마련된 우리의 모임에서 그 영을 옹호하는 것은 옳지 않았다.

뜨거운 열정이 느껴지는 가운데, 나는 나이 많은 어느 친우가 한 말에 대해 대답했다. 그러나 말을 끝내고 자리에 앉았을 때, 나의 말에 자비심이 충분히 담기지 않았다는 기분이 들었다. 그 뒤로, 나는 그 주제에 대해 더 이상 말을 하지 않았다. 마침내 초안이 만들어졌으며, 그것을 분기 모임 몇 군데에 보내서 친우들에게 우리와 뜻을 같이 하는 사람들 사이에 그 관행을 없애려는 노력을 펼쳐 줄 것을 촉구했다.

초안이 작성된 뒤에, 나는 나이 많은 그 친우에게 한 말투 때문에 한동안 마음의 불편을 느꼈으며, 근심을 숨기느라 나의 길을 분명히 볼 수 없었다. 그러면서도 나 자신이 힘들게 지키고 있는 명분을 약화시킬 말을 조금도 하지 않으려고 신경을 썼다. 안전한 그 안내인을 충실히 따르지 않은 데 대해 깊이 반성하고 진정으로 참회한 뒤, 나는 자리에서 일어나 그 구절을 다시 읽으며 친우들에게, 나 자신이 예전에 그 문제에 대해 말한 내용으로부터 벗어나지 않았음에도 말투와 관련해서 불편한 마음을 느끼고 있다는 사실을 알렸다. 보다 부드러운 말투가 더 나았겠다는 믿음이 섰던 것이다.

다정한 분위기에서 토론이 벌어진 뒤에 피조물로서 다소 겸손해진 상태에서 이 발언이 나왔기 때문에, 나의 태도는 우리 사이에 꽤 좋은 감정을 불러일으키는 것 같았다.

이제 연례 모임은 끝났지만, 그래도 나의 마음에는 은밀하지만 무거운 과제가 여전히 한 가지 남아 있었다. 노예를 거느리고 있던, 뉴포트 주변의 일부 적극적인 회원들과 관련 있는 일이었다. 이 문제를 나는 그 지방에서 온 나이 많은 친우 2명에게 설명하면서, 길이 열리면 그 회원들과 대화하자고 제안했다. 이 2명 중 한 사람과 나는 노예를 소유하고 있던 저명한 장로들 중 한 사람과 상의했으며, 그 장로는 그때까지 나를 억누르고 있던 그 문제를 적극적으로 해결하라고 예의바른 태도로 격려했다.

앞서 연례 모임이 시작되기 전에, 나는 노예 문제와 관련해서 이 장로와 그의 아내를 개인적으로 만난 적이 있다. 그 덕분에, 그 문제를 처리하는 방식에 대해 그에게 조언할 길이 분명히 보였다. 나는 그에게 어느 한 개인의 집에서 그들 모두를 한꺼번에 만날 수 있다고 일러주었다. 혹여 그가 그들에게 함께 모여 서로가 듣는 가운데 말하도록 요구하는 것을 불친절한 처사로 받아들인다면, 내가 그들 사이에서 어느 정도 시간을 보내며 그들 모두를 각자의 집으로 방문할 수 있다는 뜻도 전했다.

그는 첫 번째 안이 좋을 것 같다는 의견을 내놓았다. 노예를 소유한 친우들이 기꺼이 한자리에 모이려 할 것이라고 믿는 것 같았다. 이어서 내가 목사들과 장로들과 감독들만을 방문하겠다고 제안하자, 그는 자리를 함께했으면 좋겠다 싶은 사람들을 몇 명 더 거명했다. 그들에게 적절한 방식으로 알려줄 신중한 사자(使者)가 필요했던 터라, 그가 직접 그들 모두의 집을 방문해서 그 문제를 직접 공개하겠다고 제안한 뒤에 그대로 실행에 옮겼다.

다음날 아침 8시쯤, 우리는 예배당 회의실에서 만났다. 마지막에 언급한 시골 친우인 나의 동료와 존 스토러가 우리와 함께했다.

잠시 시간적 여유를 두었다가, 나는 그들에게 그 모임을 주선한 과정에 대해 알려주고 나의 관심사를 공개했다. 이어 우리는 그 주제를 놓고 자유 토론을 벌였다. 나의 과제는 무거웠으며, 나는 성숙을 낳는, 진리라는 미덕을 기꺼이 베푸신 하나님 앞에 영적으로 깊이 머리를 숙였다. 이 진리가 우리들 사이에 부드러운 분위기를 조성했으며, 그 주제는 차분하고 평화로운 영이 지배하는 가운데 상호간의 합의하에 다뤄졌다.

마침내, 나의 마음이 오랫동안 짓눌려 왔던 짐으로부터 풀려나는 것을 느끼면서, 나는 만족스런 상태에서 그들과 헤어졌다. 그들이 노예 소유의 관행과 관련해서 보인 부드러움과 그들 중 몇 사람이 사후(死後)에 흑인들을 처분하는 방식을 표현하며 보인 관심을 근거로, 나는 그들 사이에 선한 영향력이 퍼지고 있다고 믿었다. 하나님에게, 그러니까 나의 마음을 뒷받침하며, 힘든 시련이 이어지는 동안에 내가 어느 정도 뒤로 물러나 있도록 해 준 하나님에게 겸손한 마음으로 감사를 표했다.

당신이 가끔 목회 활동으로 여행을 하다가 친구들로부터 크게 환영을 받는다고 가정해 보자. 그때 당신의 친구들은 당신을 손님으로 맞이하는 일에 만족한다는 사실을 보여주는 증거를 여럿 드러내게 되어 있다. 그런 경우에 당신은 그들 사이에 깊이 머무는 것이 좋다. 그러면 당신은 그 사람들의 영을 느끼고 이해하게 된다.

만약 진리가 어떤 주제와 관련해서 사적인 방식의 모임을 가리킨다고 믿어진다면, 그 사람들의 친절과 자유와 상냥함이 우리가 하나님의 과업을 수행하는 데 방해가 되지 않도록 조심할 필요가 있다. 나는 친절과 부드러운 분위기가 팽배한 가운데 우리를 맞이한 사람들에게 외적 이해관계가 걸린 문제에 대해 터놓고 말하는 것이 대단히 어렵다는 사실을 경험했다. 가끔 진리가 그런 식의 대화를 가리킨다고 느껴질 때, 나는 나 자신이 피상적인 우정 때문에 그럴 자격을 제대로 갖추지 못했다는 사실을 발견했다.

그 같은 느낌이 나를 초라하게 만들고 나의 외침이 하나님을 향하고 있었기 때문에, 나는 겸손해지며 스스로 약하게 보이는 데 대해서도, 또는 하나님을 위해서 바보가 되는 데 대해서도 만족하게 되었다. 그러면 어김없이 그 관심사를 다룰 길이 열렸다.

하나님의 일을 인간의 방식으로 처리하려고 시도하거나, 말씀의 취지에 대해 인간의 눈높이로 쉽게 말하는 방식으로는 절대로 문제의 뿌리까지 닿지 못한다. 친구들의 실패를 보면서, 열어야 할 것을 열지 않은 상태에서 그들에 대해 깊이 생각하며 여전히 우정 어린 표정을 짓는 것은 진정한 결합의 토대를 훼손시키기 쉽다. 그리스도의 대리인이라는 직책은 무겁다. 그리고 지금 파수꾼으로 출발하는 사람들은 번영과 외적 우정의 함정에 빠지지 않도록 꾸준히 경계해야 한다.

3.
낸터킷 섬의
상황

　　연례 모임을 가진 뒤, 우리는 뉴타운과 커쉬넷(Cushnet),
롱 플레인(Long Plain), 로체스터(Rochester), 다트머스의 모임에도
참석했다. 그곳에서, 앤 곤트와 머시 레드먼과 몇몇 다른 친우들과
함께 배를 타고 낸터킷(Nantucket)으로 향했다. 바람이 약했던 탓에,
첫날에는 겨우 타폴링(Tarpawling) 만에 닿을 수 있었으며, 상륙하자
마자 그곳 선술집에서 묵을 방을 발견했다. 일행 중 몇 사람은 침대
에서 자고 나머지는 바닥에서 잤다.

　　우리는 이튿날 동이 틀 무렵에 다시 배에 올랐으며, 바람이 약했
음에도 불구하고, 운 좋게도 낸터킷에서 4마일 정도 떨어진 곳까지
갈 수 있었다. 거기서 일행 중 10명 정도는 보트를 타고 어둡기 전에
항구까지 노를 저었다. 이어서 큰 보트가 나가서 자정쯤 나머지 승객
들을 실어 왔다.

　　다다음날이 그들의 연례 모임이었으며, 4일 동안 열린 이 모임의

마지막 날은 실무를 논하는 월례 모임이기도 했다. 우리는 그들 사이에서 힘든 시간을 보냈으며, 우리의 마음은 서로 영적으로 밀접히 연결되었다. 나는 그 모임이 주변을 가슴으로 면밀히 살피는 위대한 시간이었다고 믿는다. 그 섬에 머무는 시간이 길어질수록, 어떤 사악한 영이 그곳의 친우들 사이에 반목을 조장하고 있을지라도, 소중한 친우들도 상당히 많다는 사실이 더욱 강하게 느껴졌다.

나는 마음이 특별히 끌리는 때를 제외하고는, 방문을 최대한 자제하려고 노력했다. 그런 식으로, 우리는 친우들의 집에서 대화하는 시간을 가졌다. 거기서 가끔 천상의 날개가 우리 위로 아늑히 펼쳐지면서 서로가 편안해질 수 있는 분위기가 조성되었다. 사랑하는 나의 동료는 이 섬에서 매우 만족스런 대접을 받았다.

모임이 끝났을 때, 사람들은 날씨가 괜찮고 모두가 건강하다면 다음날 배를 타기로 합의했다. 이튿날 일찍 잠자리에서 일어난 뒤, 우리 중 50명가량이 배에 올랐지만, 바람의 방향이 바뀌는 바람에 선원들은 바람이 다시 방향을 바꿀 때까지 항구에 머무는 것이 최선이라고 판단했다. 그래서 우리는 해안으로 되돌아왔다. 훗날 다시 그곳을 방문하게 될 것이라고 확신하면서, 나는 시간을 주로 나의 방에서 홀로 보냈다. 몇 시간 뒤에 나의 가슴은 간청의 영(靈)으로 충만했으며, 나의 삶에 수반되는 여러 난관에서 도움과 가르침을 베푸신, 하늘에 계신 아버지 앞에서 기도와 눈물이 폭포처럼 쏟아졌다.

하나님의 지시를 기다리는 사이에, 다른 집에 묵고 있던 여자 친우들이 메신저를 보내왔다. 모임을 결정하는 문제를 놓고 우리와 의논하고 싶다는 뜻이었다. 이미 아주 많은 모임을 가졌던 터라, 다시 모임을 갖는 것이 나에게는 버겁게 느껴졌다. 그러나 짧은 시간 회의를 하고 나이 많은 몇몇 친우들과 상의한 뒤에, 모임이 정해졌다. 이 모임에서, 그걸 처음 제안했던 친우가 그 전에 대부분의 시간을 함구했던 것과 달리 복음 사랑에서 가슴을 크게 열었다.

다음날 아침 동틀 무렵에 다시 배에 오른 우리는 어둡기 전에 본토의 팰머스(Falmouth)에 도착했다. 거기서 대기하고 있던 말을 타고 샌드위치(Sandwich)의 분기 모임으로 향했다.

이틀 거리에 위치한 낸터킷은 예전에 한 번 간 적이 있는 곳이다. 그곳의 만(灣)에서 모래톱이 많이 관찰되었다. 이 모래톱들은 특히 바람이 거센 밤에 항해를 매우 위험하게 만든다. 또한 항구를 에워싸고 있는 거대한 모래톱은 바닷물의 수위가 높은 때를 제외하고는 외돛배가 들어오는 것을 막는다.

그 작은 섬에는 거주자들이 많은데, 토양이 그다지 비옥하지 않고 목재를 다 써버렸기 때문에, 그곳 사람들은 선박과 담장, 땔감에 필요한 나무를 주로 본토에서 구입해서 쓴다고 했다. 주민들은 목재 구입에 드는 돈과 다양한 비용들 대부분을 고래잡이에 의존한다. 타운들이 더욱 커지고 항해 가능한 수역 인근의 땅들이 더욱 많이 개간됨에 따라, 목재와 나무를 얻는 일에도 더 많은 노동이 필요할 터였다. 고래들이 사냥을 당하던 중에 가끔 부상만 입고 죽음을 면하는 경우에 점점 더 겁을 먹게 되고, 따라서 어부가 고래를 발견하는 것도 더욱 어려워진 것으로 전해졌다.

나는 땅과 바다, 섬, 만, 강 등의 형성과, 특별한 장소에 사주(沙洲)와 모래톱들이 생기게 하는 바람의 움직임과 거대한 물결이 모두 완벽한 지혜와 선량인 그분의 작품이라는 사실에 대해 깊이 생각했다. 그리고 사람들이 그분의 천상의 가르침을 받들고 그분을 신뢰할 때, 그분이 그들 모두에게 각자의 자리에서 생존할 수 있는 길을 열어준다는 사실에 대해서도 생각했다.

이 사람들을 찾은 이번 방문에서, 나는 그들이 확실한 토대 위에 견고하게 설 수 있기를 간절히 바랐다. 그렇기 때문에 공개적으로 말한 내용 외에, 실무를 위한 월례 모임에 참석한 많은 여자 친우들과 대화하고 싶은 마음이 강했다. 샘처럼 신선하게 솟아나는 순수한 사랑에서, 그 여자 친우들에게 내적으로나 외적으로 오로지 성령의 안내를 받아들이고, 진정으로 겸허한 자세로 아이들을 교육시키고, 모든 사치를 배척하는 경우에 따를 이점을 온전히 보여주고 싶었던 것이다.

여자 친우들에게 나는 남편과 아들들이 바다에서 종종 겪는 곤경을 상기시켰다. 그들의 삶의 방식이 단순하고 소박할수록, 남편과 아들들이 그들을 부양하기 위해 심각한 위험을 무릅쓸 필요가 줄어들 것이라는 사실에 대해서도 일러주었다. 또한 젊은 여인들이 가정의 일들을 말끔하고 품위 있게 계속 돌보도록 격려했다.

또 길이 열림에 따라, 나는 진정으로 겸손하게 직접 열심히 일하며 소박한 생활 방식에 만족하며 사는 사람들이 외적 위대함과 허식을 열망하며 그런 식으로 살 수 있는 소득을 얻기 위해 허덕이는 사람들보다 마음의 평화와 평안을 더 많이 누린다는 점도 보여주었다. 그리고 소박한 삶에 만족하는 사람들이 아주 작은 수의 노예를 두고 있거나 전혀 두고 있지 않다는 사실이 확인되었기 때문에, 나는 노예들의 노동에 의존하는 사람들의 마음을 종종 괴롭히는 수많은 어려움과 고민에 대해 언급하면서, 노예 없는 생활에 만족하도록 그들을 격려해야 했다.

우리는 샌드위치의 분기 모임에 앤 곤트와 머시 레드먼과 함께 참석했다. 이 모임은 월례 모임에 이어 열렸으며, 총 3일이 걸렸다. 우리는 그들 사이에서 복음 사랑을 느끼는 가운데 각자 주어진 몇 가지 재능에 따라 다양한 방식으로 활동을 벌였으며, 간혹 진리의 미덕에 압도되었다. 그러면 성실한 사람들은 위안을 얻고 태만한 사람들은 마음의 동요를 느꼈다.

여기서 우리는 앤과 머시와 헤어진 뒤 로드아일랜드로 향했으며, 가는 길에 모임을 한 차례 가졌다. 만족스러운 시간이었다. 분기 모임이 열리기로 되어 있는 전날 밤에 뉴포트에 도착한 우리는 그 모임에 참석하고, 이어서 다른 종교 단체들의 젊은이들로부터 떨어져 나온 우리의 젊은이들을 만났다.

우리는 이 타운에서 힘든 일을 많이 했으며, 지금 그곳을 떠나면서 나는 마지막까지 내적 시련을 치열하게 느꼈음에도 내면의 평화를 발견할 수 있었다. 아울러 그곳에 진리의 감각을 지닌 다수의 사람들이 남아 있고 천상의 목자의 목소리를 경청하는 일부 젊은이들이 있다는 믿음에서 어느 정도의 위안을 느낄 수 있었다. 일부 지역들의 친우들이 한자리에 모인 마지막 모임은 선발된 사람들의 모임이었으며, 그 자리에서 하나님 아버지의 사랑의 새로운 현시를 통해서 정직한 가슴들이 서로 결합될 수 있었다.

이 여행의 전반부에 나를 많이 괴롭혔던 영적 빈곤과 내적 허약은 지금 돌아보니 친절한 신의 섭리처럼 보인다. 모임들을 지정하는 일이 나에게 이처럼 중요하게 느껴진 적은 결코 없었으며, 나는 모든 일에서 나의 마음이 하나님의 의지에 순종하고 있는지 깊이 들여다 보았다. 그러면서 종종 그런 내적 빈곤의 원인이 무엇인지 스스로 묻고, 가슴 속의 그 어떤 비밀스런 망설임도 내가 신성한 샘에 다가서는 것을 막지 않기를 간절히 바랐다.

실망스런 이 시기에, 나는 천국의 원칙이 나의 마음속에서 은밀히 작용하는 것을 주의 깊게 관찰하며 그것을 돌보도록 자극을 받았다. 이 은밀한 작용이 일부 의무들을 완수할 길을 열어주었다. 외적으로 보다 편하고 번창하는 시기였더라면 아마 내가 배제했을지도 모르는 그런 의무들이었다.

뉴포트에서 우리는 그리니치(Greenwich)와 샌티컷(Shanticut), 워릭(Warwick)으로 갔으며, 자비로운 구세주의 사랑을 느끼며 친우들 사이에서 소임에 충실했다. 그 다음에, 뉴포트에서 온 우리의 친구 존 케이시(John Casey)와 함께, 우리는 말을 타고 코네티컷을 거쳐 오블롱으로 가서, 그쪽 지역들의 모임을 방문했으며, 거기서 다시 라이우즈(Ryewoods)의 분기 모임으로 향했다. 하나님의 도움을 받으며, 그곳에서도 성숙의 기회를 가졌다. 뉴욕과 플러싱의 친우들을 방문했으며, 거기서 라웨이로 갔다.

여기서 우리의 길은 갈렸다. 나는 사랑하는 동료이자 진정한 단짝인 새뮤얼 이스트번과 헤어진 뒤 8월 10일 집에 도착했다. 가족은 별 탈 없이 잘 지내고 있었다. 내적으로나 외적으로 하나님의 총애와 보호가 이 여정에서 나에게까지 닿았기 때문에, 나의 가슴은 하나님의 사랑에 감사하는 마음을 품은 가운데 더없이 겸손해졌다. 나는 그분 앞에서 묵묵히 순종하는 상태에서 깊이 생각하며 걷고 싶은 욕망이 새로워지는 것을 느꼈다.

8장

———

1761-1762년

1.
노예 제도에 관한
소책자의 2부 출간

펜실베이니아의 몇몇 모임을 찾고 싶은 마음이 강해짐에 따라, 출발 시간에 관한 지시를 정확히 받을 수 있기를 간절히 바랐다. 주의 첫째 날인 1761년 5월 10일, 천상의 지시를 기다렸다가 집으로 돌아오든가, 아니면 그때 나에게 최선인 것으로 믿어지는 길을 걷기로 마음을 먹고, 일단 해던필드 모임에 갔다. 거기서 순수한 사랑이 솟구치는 것을 느끼고는 용기를 얻어 강을 건넜다.

이 방문 기간에, 분기 모임 두 군데와 월례 모임 세 곳을 찾았다. 진리를 향한 사랑 속에서, 흑인을 두고 있던 저명한 친우 몇 사람과 의견을 깊이 나눌 길이 열리는 것이 느껴졌다. 하나님의 호의로 매사에 철저할 수 있었고, 또 나에게 맡겨진 임무를 실행하려고 노력했기 때문에, 나는 때때로 내면의 평화를 발견할 수 있었다. 기꺼이 나의 안내자가 되어 주신 하나님에게 진정으로 감사하는 마음을 품었다.

1761년 8월. 슈루스베리 안이나 근처의 친우들을 방문하고 싶은 마음을 느끼고는, 그곳으로 가서 그들의 월례 모임과 일요일 모임에 참석했다. 스콴(Squan)의 모임에 참석하고 이어 스콴쾀(Squanquam)의 모임에도 참석했다. 거기서 길이 열림에 따라, 저명한 친우들과 마주 앉아 그들의 노예와 관련하여 대화를 나눴다. 나는 하나님의 선하심에 감사하는 마음을 느끼며 집으로 돌아왔다.

흑인 노예에 관한 관심이 지난 몇 년 동안 나의 내면에서 점점 더 깊어짐에 따라, '흑인을 거느리는 관행에 관한 생각'(Considerations on Keeping Negroes)이라는 소책자의 2부를 썼다.

이 원고가 인쇄된 것은 1762년이었다. 이 소책자의 출판을 맡은 감독들이 일을 끝낸 뒤에 연례 모임의 예산으로 책을 다수 찍어 무료로 배포하자고 제안했으나, 나는 그 책을 나 자신의 부담으로 출판하기를 간절히 원했던 터라 그렇게 할 수 없는 이유를 제시했다. 그러자 그들도 나의 생각을 이해하는 것 같았다.

연례 모임의 예산은 우리 종교 단체의 회원들이 낸 기부금이며, 이 회원들 중 일부는 흑인들을 노예로 두고 있었다. 그들은 노예를 계속 거느리려는 경향을 강하게 보였으며, 따라서 특히 그런 책을 그들의 돈으로 제작해서 사람들에게 나눠주는 것을 달가워하지 않을 가능성이 컸다. 그들의 노예들 중 많은 수는 글을 배웠으며, 그런 책을 선물로 받는 노예들은 종종 책을 숨긴다. 그러나 돈을 내고 책을 사는 사람들은 대체로 마음이 끌려서 구입할 것이기 때문에, 나는 그 책을 돈을 받고 파는 것이 최선의 방법이라고 믿었다. 돈을 주고 사는 경우에 당연히 책들을 더 주의 깊게 읽게 될 테니까.

그 책의 출판을 맡은 감독들의 지시에 따라, 광고 계약도 이뤄졌다. 광고 문구는 연례 모임 안에서 실무를 위한 월례 모임이 열릴 때 발표하게 되어 있었다. 책을 구입할 수 있는 곳에 관한 정보도 제시하고, 가격은 인쇄와 제본에 드는 비용을 절대로 넘지 않을 것이라는 점도 공표되었다. 많은 책들이 우리의 관할 지역들로 보내졌다. 나는 버지니아로 몇 권, 뉴욕으로 몇 권, 뉴포트의 지인들에게 몇 권을 보내고, 혹시 앞으로 있을지도 모르는 유익한 때를 대비해 몇 권을 남겨 두었다.

젊은 시절에 고된 노동에 익숙했고 그런대로 건강한 편이었음에도, 나의 체력은 다른 사람들처럼 많은 것을 견뎌내는 데는 적절하지 않았다. 자주 지쳤던 터라, 나는 압제에 시달리는 사람들뿐만 아니라, 자유로운 인간이면서도 삶의 처지 때문에 채권자들의 요구를 충족시키기 위해 끊임없이 노동하지 않을 수 없는 사람들에게 쉽게 동정심을 느낄 수 있었다. 강요된 억압이 아니라 자발적 억압으로 볼 수 있는 지나친 노동으로 인해 육체의 불편을 여러 번 느끼면서, 나는 세상의 많은 사람들에게 강요되는 압박의 원래의 원인에 대해 종종 생각해 보았다.

우리 플랜테이션에서 노동하던 시기의 후반부에, 나의 가슴은 종종 천상의 사랑의 신선한 방문을 통해서 부드러워졌으며, 나의 여가 시간은 주로 신성한 우리의 구세주의 삶과 가르침, 순교자들의 고통에 대한 묘사, 그리고 우리 소사이어티의 최초의 발흥에 관한 역사를 읽는 데 쓰였다. 그 과정에, 나의 마음에 어떤 믿음이 점진적으로 확고해져 갔다. 만약 대규모 사유지를 소유한 사람들이 일반적으로 기독교인의 삶에 해당하는 그런 겸손과 근면을 실천하며 살면서 자신의 땅과 돈에 대한 임대료와 이자를 많이 낮추고, 따라서 사물들을 올바르게 활용하는 쪽을 추구한다면, 아주 많은 사람들이 유익한 일에 고용되고, 노동은 인간에게나 다른 동물들에게나 똑같이 유쾌한 고용이 될 것이라는 믿음이었다. 그러면 주로 우리 마음의 자연적인 경향을 충족시키거나, 현재 일부 사람들이 축적한 부(富)를 순환시키는 데 필요한 비즈니스의 다양한 분야들이 그런 식의 순수한 지혜 속에서 중단될 것이다.

이런 것들을 고려할 때, 한 가지 의문이 생겼다. 나 자신은 매사에 사물들을 보편적 정의(正義)에 부합하는 쪽으로 이용하고 있는가? 이런 질문을 던질 때, 이따금 꽤 깊은 슬픔이 나를 압도한다. 나 자신도 하나님의 지혜가 우리에게 의도했다고 여기는 그 이상의 노동을 요구하는 것들에 익숙해져 있기 때문이다.

일찍부터 진리와 친숙해짐에 따라, 나는 종종 내적 절망을 느꼈다. 내 안의 어떤 영(靈)이 천상의 원칙의 작용에 맞서려는 데서 비롯된 절망이었다. 그런 상태에서 나는 나 자신이 비참하다는 감정에 깊이 상처를 받았으며, 슬픔에 빠진 상태에서 영혼을 진정으로 자유롭게 하는 하나님의 도움을 간절히 바랐다.

간혹 나만의 공간으로 물러나자마자, 간청의 영이 나에게 주어졌으며, 나는 하늘의 보호 아래에서 모든 일에서 하나님의 지혜가 지시하는 대로 따를 수 있는 용기를 달라고 자애로운 하나님 아버지에게 간곡히 부탁했다. 이런 말을 할 때, 나의 모자와 옷이 모자와 옷 자체에 해로운 염색이 되어 있다는 사실이 불현듯 떠올랐다.

노예들을 소유하고 있는, 소사이어티 안의 탁월한 사람들을 찾아서 형제애를 느끼는 가운데 그들에게 그 문제에 대해 상세히 설명하면서, 나는 순수한 지혜와 뚜렷이 구별되는 일부 관습을 따르는 것이 많은 사람들을 곤혹스럽게 만든다는 사실을, 또 그 관습을 뒷받침하는, 이익을 추구하려는 욕망이 진리의 작용에 크게 반한다는 사실을 확인할 수 있었다.

가끔 내 앞에 놓인 과제의 전망이 너무나 어두워서 영적으로 착 가라앉았을 때면, 나만의 공간으로 물러나서 하나님에게 나를 완전히 지배하며 내가 나아갈 길을 보여 달라고 눈물로 간청했다. 그럴 때면, 만약 내가 하나님의 충직한 종이 되고자 한다면, 나 자신이 모든 일에서 하나님의 지혜를 돌보고 배울 수 있어야 하며, 따라서 지혜에 반하는 모든 관습들을, 그것들이 신앙심 깊은 사람들 사이에 아무리 널리 행해지고 있을지라도 버릴 줄 알아야 한다는 믿음이 다시 강하게 일어났다.

그분은 능력의 완벽이고, 지혜의 완벽이고, 선량의 완벽이다. 그래서 나는 그분이 인간들이 서로 노동을 적절히 나눠 부담해야만 각자의 시간을 제대로 활용하며 이 세상 속에서 스스로를 부양할 수 있도록 정해 두었다고 믿는다. 또 그분은 인간들이 어느 정도의 억압과 연결되지 않고는 그분의 지혜와 반대되는 사치를 누리거나 부를 추구할 수 없도록 규정했다고 믿는다. 사치나 부를 추구하는 영은 자만과 갈등을 낳으며, 각자의 입장을 내세우는 당파를 형성함으로써 자주 국가에 재앙을 초래한다.

따라서 확신에 찬 상태에서, 그리고 평화의 영 속에서 살고자 하는 욕망이 점점 더 커지는 것을 느끼는 가운데, 나는 전쟁이 벌어지는 상황에서 불안해할 영에 대한 생각 때문에 종종 깊은 슬픔을 느꼈다. 아울러 전쟁에 참가했던 동료 인간들 중 많은 이들이 겪는 불행에 가슴이 미어지는 것을 느꼈다. 어떤 사람들은 돌연 죽임을 당했고, 어떤 사람들은 부상을 입고 엄청난 고통을 겪은 뒤에도 장애를 가진 상태로 지내며, 어떤 사람들은 재산을 몽땅 빼앗기고 곤궁한 처지에 놓였으며, 어떤 사람들은 포로가 되어 끌려갔다.

이런 불행한 일들과, 모자와 옷에 해로운 염료를 사용하는 행위, 여름에 필요 이상의 옷을 입는 관행에 대한 생각은 나를 점점 더 불편하게 만들었다. 그런 것들은 순수한 지혜에는 어떤 근거도 갖고 있지 않은 관습에 불과하다는 믿음이 강해졌다. 사랑하는 친구들 사이에서 나만 유독 두드러져 보일 수 있다는 걱정이 걸림돌로 작용했으며, 그래서 나는 나 자신의 판단에 반하는 것들을 계속 사용했다.

2.
특이한 옷
걸치는 이유

1761년 5월 31일, 열병에 걸렸다. 병이 일주일 가까이 이어지면서, 육체적으로 대단히 피곤한 상태가 되었다. 그러던 어느 날 나의 안에서 어떤 외침이 일어났다. 나 자신이 고통의 원인을 알 수 있고, 그런 고통 속에서도 향상을 이룰 수 있다는 소리였다. 이어 내가 스스로 옳지 않다고 믿고 있는 일부 관습들을 따르고 있다는 생각이 문득 떠올랐다.

이런 영적 훈련이 계속되는 가운데, 나는 내 안의 모든 힘들이 나를 존재하게 한 그분의 손에 스스로를 내맡기는 것을 느꼈다. 그분이 병이라는 징벌을 통해서 나를 붙잡아주신 데 대해 감사하는 마음이 들었다. 추가적으로 순화할 필요성이 느껴졌지만, 그때 나를 교정시킬 하나님의 계획을 들을 때까지 나의 내면에는 건강에 대한 욕망이 전혀 일어나지 않았다. 따라서 나는 영이 깨어진 상태에서 자기 비하의 감정에 빠져 누워 지냈다. 그러다가 차분하게 체념의 상태로 가라앉는 느낌을 받는 즉시, 나의 본성 안에서 내적 치유가 일어나는 것이 느껴졌으며, 그때부터 몸의 상태가 조금씩 나아졌다.

그리하여 해로운 염료와 관련해서 나의 마음이 정리되었지만, 나는 기왕에 만들어진 옷을 그대로 입는 것이 편하다고 느끼며 9개월 정도 더 입었다. 그러던 중에 모피의 자연색이 그대로 살아 있는 모자를 하나 살까 생각했지만, 특이한 것을 좋아하는 사람으로 여겨질 수도 있겠다는 걱정이 앞서면서 마음이 불편해졌다.

이 대목에서 나는 그 자체로 사소한 것이 신의 권위에 의해 명확히 금지된 탓에 오히려 우리에게 더 중요해질 수도 있다는 점에 대해 생각할 기회를 가졌다. 나는 특이한 행색이 오직 하나님을 위한 것인 한에는 하나님도 그런 특이함을 통해 무엇인가를 시도하려는 나를 지지할 것이라고 믿었다.

이 문제 때문에, 1762년 봄에 열린 총회에서 옳은 방향으로 안내받기를 간절히 바라며 마음 수련을 엄격히 해야 했다. 그때 나는 하나님 앞에서 영적으로 한없이 겸허해진 상태에서 나에게 요구하는 것이면 무엇이든 받아들일 뜻을 품었으며, 그래서 집으로 돌아가서 자연색 털모자를 하나 구입했다.

여러 모임에 참석하는 동안에, 복장의 특이함은 나에게 하나의 시험이 되었다. 특히 변덕스런 유행을 좇는 일부 사람들이 흰 모자를 즐겨 쓰고, 일부 친구들이 내가 그런 자연색 모자를 쓰는 진정한 동기를 알지 못한 채 나를 점점 피함에 따라, 목사직을 수행하는 길이 한동안 막히는 것 같은 느낌이 들었다. 이런 상황에서, 나의 마음은 하늘에 계신 아버지를 향해 내가 하나님 아버지 앞에서 지혜의 온화함 속을 걸을 수 있도록 해 달라고 간절히 외쳤다. 이어서 여러 모임에 참석할 때 나의 가슴은 종종 부드러워졌으며, 내적으로 위안이 느껴졌다. 이때 위안은 힘든 시기를 걷고 있던 나에게 매우 소중한 것이었다.

나에게는 새 옷을 살 때까지 입을 수 있는 염색된 옷이 몇 점 있었다. 일부 친우들은 내가 그런 모자를 쓰는 것이 특이한 분위기를 풍길 수 있다고 걱정했다. 그래서 나는 나와 우호적인 분위기에서 대화하는 사람들에게는 그런 모자를 쓰는 것이 나 자신의 의지에 따른 것이 아니라는 점을 일러주었다.

피상적인 우정이 오히려 나에게 위험하다는 사실을 가끔 느꼈다. 많은 친우들이 지금 나를 불편해 하기 때문에, 나는 그들에게 나 자신이 그렇게 하는 이유를 설명하려 들었다. 그러나 그 문제에 대해 조금 더 깊이 생각한 뒤에, 그런 태도를 쉽게 배제할 수 있었다. 현재의 신의 섭리도 유익할 수 있다고 믿으면서, 만약 내가 나의 자리를 제대로 지킨다면, 하나님이 적절한 때에 친우들의 가슴을 내 쪽으로 열게 할 것이라는 기대를 품기만 하면 되었다. 그 후로 나는 하나님이 나를 이끌며 가르치고, 또 우리의 모임들 일부에서 나의 가슴을 열고 확장시키는 그 선하심과 친절을 칭송했다.

그해 11월에, 맨스필드(Mansfield)에 사는 몇몇 가족을 방문하고 싶은 마음을 느끼면서, 사랑하는 친구 벤저민 존스(Benjamin Jones)와 함께 여행에 나섰다. 우리는 그 일로 며칠을 함께 보냈다. 1763년 2월에는 엘리자베스 스미스(Elizabeth Smith)와 메리 노블(Mary Noble)과 함께 앤코커스(Ancocas)의 친우들의 가족을 방문하는 길에 올랐다. 두 번의 방문에서, 정직한 노동자들은 종종 진리의 정화력을 통해서 위안을 얻었으며, 친우들은 가슴을 활짝 열며 우리를 받아들였다.

이어 4월에는 마운트 홀리의 친우들의 가족을 방문하는 길에 친우 몇 사람과 동행했다. 이 방문 기간에 나의 마음은 종종 내적으로 경외심을 느꼈다. 그럴 때면, 동료 인간들에게 영원한 행복을 안겨주고 싶다는 욕망이 강하게 일어났다. 하늘에 계신 우리 아버지의 친절 덕분에, 우리의 가슴은 이따금 크게 넓어졌으며, 하나님의 사랑이 넘치는 가운데 친우들은 스스로를 확실한 토대 위에 올려놓을 일을 하라는 부름을 받았다.

3.
위할루싱의
인디언 원주민 방문

황무지 깊은 곳에 거주하는 이 땅의 원주민들에게 나는 여러 해 동안 마음으로 사랑을 느껴 왔다. 바로 그들의 조상이 지금 우리가 거주하고 있는 땅의 주인이고 소유자였으며, 그들은 작은 보상에도 자신의 유산을 우리에게 넘기지 않았는가.

노예를 소유한 친우 몇 사람을 방문하느라 1761년 8월에 필라델피아에 머무르고 있었기 때문에, 나는 서스퀘해나 강의 동쪽 지류에 위치한 위할루싱(Wehaloosing)이라는 인디언 마을에 살던 원주민 몇 사람과 우연히 일행이 될 수 있었다.

그곳은 필라델피아에서 200마일 떨어진 마을이었다. 통역의 도움을 받아 그들과 나눈 대화를 통해서, 또 그들의 용모와 행동을 관찰함으로써, 나는 그들 중 일부는 거칠고 심술궂은 피조물의 의지를 지배하는 하나님의 힘에 대해 잘 알고 있다고 믿었다.

가끔 그곳을 방문하고 싶다는 마음이 동했다. 그런 뜻에 대해, 나는 계획이 꽤 무르익을 때까지 사랑하는 아내 외에 다른 사람에게는 절대로 언급하지 않았다.

1762년 겨울에, 월례 모임과 분기 모임에서, 또 그 뒤 봄에 열린 총회에서 친구들 앞에서 나의 과제를 제시했다. 거기서 친우들의 동의가 있었다. 인디언 안내인에 대해 걱정하는 목소리가 있던 터에, 내가 찾으려던 마을을 약간 벗어난 곳에서 남자 한 사람과 여자 세 사람이 사업차 필라델피아로 왔다.

그 일에 대해 편지로 알게 된 나는 1763년 5월에 타운에서 그들을 만났다. 그 사람들과 어느 정도 대화한 뒤에, 나는 그들이 분별 있는 사람이라는 것을 알았으며, 그곳 친우들의 동의를 얻어 그들이 돌아가는 길에 그들과 합류하기로 결정했다. 우리는 6월 7일 벅스 카운티 리치랜드의 새뮤얼 포크(Samuel Foulk)의 집에서 만나기로 약속했다. 이 방문이 중대하게 느껴졌고 또 여행이 위험한 때에 이뤄질 예정이었기 때문에, 신의 섭리가 그 일을 위해 나의 마음을 준비시키던 일이 오래 기억에 남아 있다. 그 일에 대해 어느 정도 설명하는 것이 바람직하다고 믿는다.

내가 그곳에 가는 일을 포기한 후에, 그 여행에 관한 생각이 종종 이상한 슬픔을 불러일으켰다. 그럴 때면, 나의 가슴은 자주 천국의 응원을 바라며 하나님 쪽을 향했다. 그분이 이끄는 곳이면 어디든 따를 수 있도록 해 달라는 기도와 함께. 내가 출발하기로 되어 있던 날을 일주일 정도 남겨둔 시점에 체스터필드(Chesterfield)에서 열린 청년들의 모임에 참석했는데, 거기서 나는 우리의 구세주가 하나님 아버지에게 올렸던 기도에 대해 말했다. "내가 비옵는 것은 아버지께서 그들을 세상에서 데려가도록 하기 위함이 아니라, 그들을 악에 빠지지 않게 지켜달라는 것입니다."**34**

그리고 진리의 순수한 열림에 주의를 기울이면서, 나는 구세주가 또 다른 곳에서 하나님 아버지에게 한 말에 대해 언급해야 했다. "항상 아버지께서 내 말을 들으신다는 것을 나는 알았나이다."**35**

그래서 구세주의 추종자들 중 일부가 자신의 위치를 지켰고, 또 구세주의 기도가 받아들여졌기 때문에, 당연히 그들은 악으로부터 지켜졌다. 그리고 그들 중 몇 사람이 이 세상에서 엄청난 고난과 고통을 겪다가 마침내 잔인한 인간들에게 죽임을 당했기 때문에, 순수하게 하나님에게 복종하는 상태로 사는 동안에 인간들에게 닥치는 일은 어떤 것이든 틀림없이 그들에게 유익하게 작용하는 것 같고, 그 일은 그들에 관한 한 악으로 여겨지지 않을 수도 있는 것 같다.

이 주제에 대해 말할 때, 나의 가슴은 한결 더 부드러워졌고 엄청난 외경심이 나를 압도했다. 그 주의 첫째 날에 우리의 오후 모임이 개최되고 나의 가슴이 사랑 속에서 크게 넓어졌기 때문에, 나는 하나님이 자신의 백성들에게 베푸는 보살핌과 보호에 대해 말하고, 그 예언자를 붙잡으려고 애쓰던 시리아인 무리가 실망했다는 내용이 나오는 구절에 대해, 그리고 '시편'의 작자가 거기에 대해 어떻게 말하는지에 대해 언급했다. "하나님의 천사가 하나님을 경외하는 자를

---

34 '요한복음' 17장 15절.

35 '요한복음' 11장 42절.

둘러싼다."**36**

　그리하여 진정한 사랑과 부드러움 속에서 나는 이튿날 아침에 그 여정을 시작할 것으로 기대하면서 친우들과 헤어졌다. 나는 피곤해서 일찍 잠자리에 들었다. 잠깐 잠들었나 싶었는데, 문 앞에서 나를 부르는 남자의 목소리에 잠에서 깨어났다. 그 사람으로부터 타운의 선술집에서 친우 몇 사람을 만나자는 제안을 받았다. 그들이 필라델피아에서 너무 늦게 도착했기 때문에, 다른 친우들은 대부분 잠자리에 든 상태였다.

　이 친우들은 어제 아침에 피츠버그에서 속달이 왔는데, 거기에 인디언들이 서쪽에서 영국군으로부터 요새를 빼앗고 피츠버그 근처를 비롯해 여러 곳에서 영국인을 몇 명 살해하여 머리 가죽을 벗겼다는 소식이 들어 있었다고 나에게 알려주었다. 필라델피아의 일부 나이 많은 친우들은 내가 출발하려는 날짜를 알고 있었기 때문에 서로 머리를 맞대고 회의를 한 끝에, 내가 집을 떠나기 전에 그 사태에 대해 알려주는 것이 바람직하다고 판단했다. 그러면 내가 이런 것들을 두루 고려한 다음에 최선의 길로 믿어지는 방향으로 나아갈 수 있을 테니까.

　다시 잠자리에 들면서, 나는 아침까지 그 같은 사실에 대해 아내에게 말하지 않았다. 나의 가슴은 다시 하나님에게로 향하며 천상으로부터 지시를 기다렸다. 한없이 겸허해지는 시간이었다. 사랑하는 아내에게 그 이야기를 하자, 그녀는 깊이 걱정하는 것 같았다. 그러

36　'시편' 34장 7절.

나 몇 시간이 지나자 나의 마음은 그 여정을 시작하는 것이 나의 의무라는 믿음 속에서 평온해지고, 아내도 하나님의 뜻을 따르겠다는 듯 체념하며 그 일을 받아들였다. 정신이 갈등을 겪는 동안에, 나의 가슴속을 두루 살피는 과정이 있었고 이어서 하나님에게 간구하는 외침이 크게 일어났다. 진리의 순수한 영의 움직임 외에 다른 어떤 것도 돌보지 않게 해 달라는 외침이었다.

최근에야 공개적으로 밝힌, 앞에 언급한 주제들이 지금 내 앞에 새롭게 제시되었으며, 나는 나 자신을 마음속 깊이 하나님에게 맡기며 그분의 판단에 최선인 길로 나를 이용해 달라고 간곡히 기도했다. 용기가 꽤 꺾인 상태에서 가족과 이웃을 떠나 벌링턴의 월례 모임으로 갔다. 그곳의 친우들과 헤어진 뒤, 친구 이스라엘 펨버턴(Israel Pemberton)과 존 펨버턴(John Pemberton)과 함께 강을 건넜다.

이튿날 아침에 존 펨버턴은 이스라엘 펨버턴과 헤어지고 새뮤얼 포크의 집까지 나와 동행했으며, 거기서 나는 앞에 언급한 인디언들을 만났다. 우리는 서로 만나게 된 것을 기뻐했다. 여기서 나의 친구 벤저민 파빈(Benjamin Parvin)이 나를 만나 동행하겠다고 제안했다. 벤저민 파빈과는 이전에 그 주제를 놓고 편지를 몇 차례 주고받은 적이 있었다.

지금 나는 그로 인해 심각한 시험에 처하게 되었다. 그 여행이 위험해 보였기 때문에, 그가 나와 동행하는 중에 우리가 포로가 되는 상황이 발발하기라도 하면, 내가 그를 그 곤경으로 끌어들이는 계기가 되었다는 사실이 나의 불행을 배가시킬 것이기 때문이다. 그래서 나는 그에게 나의 마음을 솔직히 털어놓으면서 나 혼자 갈 결심이 되어 있다는 사실을 알게 했지만, 어쨌든 그가 나와 함께 가는 것을 진정으로 의무로 믿고 있다면, 그의 동행이 나에게 큰 위안이 될 것이라고 나는 믿었다.

정말로 깊은 시련의 시기였다. 벤저민은 그 방문에 매우 강하게 끌리는 것처럼 보였으며, 그가 나의 곁을 떠나는 것은 쉬운 일일 수 없었다. 그래서 우리는 파이크랜드(Pikeland)의 친구들인 존 펨버턴과 윌리엄 라이트풋(William Lightfoot)과 함께 여행을 계속했다. 베들레헴(Bethlehem)에서 묵었으며, 거기서 6월 9일 존과 헤어진 뒤 우리는 계속 앞으로 나아갔다. 그날은 앨런 요새(Fort Allen)에서 5마일가량 떨어진 곳의 어느 집의 바닥에서 지냈다.

여기서 우리는 윌리엄과 헤어졌으며, 최근에 와이오밍에서 온 인디언 상인 한 사람을 만났다. 그와 대화하면서, 나는 많은 백인들이 인디언들에게 종종 럼주를 판다는 사실을 알아차렸다. 그런 행위는 중대한 악이다.

무엇보다도, 인디언들이 럼주로 인해 이성을 활용할 능력을 박탈당하고, 정신이 격하게 자극받고, 불행으로 끝나는 싸움이 종종 벌어지게 된다. 그로 인한 불행과 분노는 아주 오래 간다. 또 인디언들이 엄청난 노동과 힘든 여행이 요구되는 사냥에서 얻은 동물들의 가죽과 털은 원래 옷을 사는 데 쓰게 되어 있었으나, 그들이 술에 취한 상태에서 럼주를 추가로 더 사기 위해 그것들을 헐값에 팔고 있다. 그들은 술에서 깨어나면 생필품의 부족으로 고통을 겪게 되고, 그러면 그들은 돈을 챙기려고 자신들의 나약함을 이용한 사람들에게 분노를 느낀다. 인디언 추장들은 종종 영국인들과 협정을 맺으며 이 같은 사실에 대해 불평을 털어놓았다.

교활한 사람들이 위조품을 유통시키고 남들에게 아무짝에도 쓸모없는 것을 강요하는 곳에서, 그 같은 행위는 사악함으로 여겨진다. 자신의 이익을 위해서 사람들을 파멸로 이끌 해로운 것을 파는 것은 냉혹하고 타락한 가슴을 드러내는 행위이며, 미덕을 진정으로 사랑하는 사람이라면 누구나 억눌러야 할 악이다.

그날 밤에 나의 마음이 이런 생각에 빠져 있는 사이에, 나는 그런 악이 흔하게 발견되는, 변경 지역의 사람들이 종종 가난하다는 사실을, 또 그들이 높은 지대(地代)를 요구하는 부자들에게 의존하지 않고 보다 독립적으로 살기 위해서 과감히 식민지 외곽으로 나아간다는 사실을 떠올렸다.

그런 현실 앞에서 나는 어떤 믿음을 새롭게 강하게 확신하게 되었다. 모든 주민들이 보편적인 사랑과 정의를 촉진시키기 위해 노력하면서 건전한 지혜에 따라 살며, 부를 과도하게 추구하려는 욕망을 버리고 사치스런 모든 관습으로부터 자유로워진다면, 우리 주민들이 수적으로 현재보다 훨씬 더 많아지더라도, 정직한 고용을 바탕으로 안락하게 사는 것이 더 쉬워질 것이라는 생각이 들었던 것이다. 그러면 정식으로 구입하지 않은 인디언들의 땅에 정착촌을 세우려는 음모를 꾸미거나 그들에게 럼주를 파는 사악한 관행을 채택하지 않고도 주민들은 안락한 삶을 꾸려갈 수 있을 터였다.

6월 10일. 우리는 아침 일찍 길을 나섰다. 앨런 요새 가까운 곳의 그레이트 레히(Great Lehie)라 불리는, 델라웨어 강의 서쪽 지류를 건넜다. 수심이 깊었기 때문에, 카누를 이용했다. 여기서 어떤 인디언을 만났는데, 그와 우호적인 분위기에서 대화하며 그에게 약간의 비스킷을 주었다. 그러자 사슴을 한 마리 잡은 그가 우리와 함께 있던 인디언들에게 고기를 조금 떼어 주었다.

몇 마일 여행했을 때, 우리는 인디언 남녀를 몇 사람 만났다. 그들은 소와 말과 가재도구를 갖고 있었다. 최근에 와이오밍에서 온 그 인디언들은 다른 곳에 정착할 계획이었다. 그들에게 작은 선물들을 주었으며, 그들 중 일부가 영어를 알아들었기 때문에, 내가 그들의 땅으로 온 동기에 대해 설명해 주었으며, 그 동기에 인디언들은 만족하는 것 같았다. 우리의 가이드 중 한 사람이 잠시 늙은 여자에게 우리에 대해 말했으며, 직후에 가난한 그 부인이 나와 나의 동료에게 다가와서 진정한 감정을 표현하고는 우리 곁을 떠났다.

우리는 블루 리지(Blue Ridge)라 불리는 산악 지대의 산들을 힘들게 넘었으며, 델라웨어 강의 둑 가까운 곳에 텐트를 쳤다. 바위들의 울퉁불퉁한 생김새와 바위들 사이의 빈 공간이 비탈의 가파름과 함께 산을 넘는 일 자체를 위험하게 만들었다. 그래도 우리는 그분의 친절 덕분에 안전하게 지켜졌다. 이 산악성 사막에 있는 그분의 작품들은 외경심을 불러일으켰으며, 오늘 여행하는 동안에 나의 가슴은 언제나 그분에게로 향했다.

우리 텐트 근처에, 껍질이 벗겨진 큰 나무들에는 전쟁터로 나가거나 전쟁터에서 돌아오던 남자들이 안전을 기원하며 새긴 다양한 표시들이 그대로 남아 있었다. 그 남자들 일부는 틀림없이 전쟁터에서 죽임을 당했을 것이다. 이 길은 지금까지 전사들이 이용하던 길이었다. 대부분 붉은색이나 검정색으로 그려진 인디언들의 역사(歷史)를 보면서, 거만하고 사나운 영(靈)이 세상에 야기한 무수한 고통에 대해 생각할 때, 이 사람들 사이에 사랑과 평화의 정신이 깃들게 하고 싶다는 욕망이 나의 안에서 새롭게 일어났다. 전사들이 험한 산과 사막을 넘으며 겪어야 했던 노고와 피로뿐만 아니라, 집에서 멀리 떨어진 곳에서 적에게 부상당했을 때 느낀 불행과 절망, 바위와 산을 오르내리며 서로를 뒤쫓다가 입은 상처와 피로, 그런 정신 속에서 사는 그들의 불안한 마음 상태, 그리고 그들의 자식들의 마음에 자라는 증오에 대해서도 생각해 보았다.

이날은 우리가 숲에서 지낸 첫 밤이었다. 빗속을 여행하느라, 사람뿐만 아니라 담요와 땅, 텐트, 우리가 누우려던 관목까지 다 젖었기 때문에, 모든 것이 실망스러웠다. 그래도 나는 여기까지 나를 데리고 온 존재가 하나님이라는 것을, 그리고 그분이 나를 선한 쪽으로 쓰실 것이라는 점을 굳게 믿었으며, 그래서 편안한 마음을 느낄 수 있었다. 우리는 모닥불을 피우고, 텐트를 불 쪽으로 열었으며, 땅 위에 관목을 쌓고 침대 대용으로 그 위에 담요를 깐 뒤에 몸을 누이고 잠을 청했다.

아침에 몸 상태가 약간 좋지 않은 것을 느끼면서, 나는 강물로 뛰어들었다. 물은 차가웠지만, 금방 머리가 맑아지고 몸도 좋아지는 것이 느껴졌다. 여덟시 쯤, 우리는 길을 출발하여, 올라가는 거리만 4마일 정도로 짐작되는 높은 산을 넘었다. 북쪽 면은 대단히 가팔랐다.

정오쯤, 우리는 위할루싱으로 향하던 모라비아 형제회(Moravian

brethren)**37**에 속한 사람과 그를 동행하던, 영어를 할 줄 아는 인디언에게 따라잡혔다. 우리는 말들이 풀을 뜯는 동안에 서로 다정하게 대화를 나눴지만, 그들은 우리보다 빠른 속도로 여행하던 중이었기 때문에 곧 우리를 떠났다. 이 모라비아 형제회의 회원은 올봄 중 일부를 위할루싱에서 보냈으며, 몇몇 인디언들로부터 다시 와달라는 초청을 받은 것으로 나는 알고 있었다.

6월 12일. 주의 첫째 날인데도 비가 내렸기 때문에, 우리는 텐트 안에서 지냈으며, 나는 나에게 주어진 과제의 본질에 대해 깊이 생각해 보았다. 사랑이 첫 번째 동기였으며, 그 사랑으로부터 인디언들과 시간을 함께 보내고 싶다는 생각이 비롯되었다. 어쩌다 내가 인디언들로부터 어떤 가르침을 배우거나, 내가 그들 사이에서 진리의 안내를 따름으로써 그들이 어느 정도 앞으로 나아갈 수 있도록 도움을 받는다면, 나는 인디언들의 삶과 그들을 지배하고 있는 영을 느끼고 이해할 수 있을 것이다.

전쟁에 따른 곤경이 점점 더 깊어지고, 습한 날씨 탓에 여행이 평소보다 훨씬 더 어려운 때에 내가 길을 열고 나아가는 것이 하나님을 즐겁게 했기 때문에, 나는 이 여행을 나의 마음을 성숙시키고 인디언들의 사정을 조금 더 깊이 알 수 있는 좋은 기회로 여겼다. 하나님이 나에게 품고 계신 의지를 겸허한 마음으로 알기를 간절히 바라며 나의 눈이 자비로우신 위대한 아버지를 향하고 있었기 때문에, 나

37　18세기 보헤미아에서 생겨난 복음주의자들을 일컫는다. 경건주의의 영향을 강하게 받았다. 모라비아 형제회가 아메리카 대륙의 인디언들에게 관심을 기울이기 시작한 것은 1740년경이었다.

는 침착할 수 있었고 또 만족할 수 있었다.

단단히 묶어 두었는데도 밤에 우리 가이드의 말이 현장을 벗어났다. 말을 찾아 한참 돌아다닌 뒤에야, 우리가 지나온 길에서 말의 발자국이 발견되었다. 그 길로 친절한 나의 동료가 빗속에 말을 찾아 나섰다가 7시간 정도 지나서야 말을 끌고 돌아왔다. 우리는 다시 거기 머물렀으며, 잠자리에 들기 전에 말들을 묶었다가 동틀 녘에 풀을 뜯도록 풀어주었다.

6월 13일. 해가 떠오를 때, 우리는 길을 나섰다. 말을 타고 황량한 언덕들을 넘을 때, 나의 생각은 영국인들이 온 이후로 이 땅의 원주민들의 환경에 일어난 변화에 초점이 모아졌다. 바다 가까운 곳의 땅은 고기를 잡기에 아주 편했으며, 조류가 드나드는 강과 가까운 땅은 대부분 비옥했지만, 산이 많은 지역은 그렇지 않았다. 한편, 조수의 변화는 어떤 종류의 운송이든 쉽게 통과할 수 있도록 했다.

일부 지역의 원주민들은 작은 대가를 받고 위치가 대단히 좋은 유산을 팔아 넘겼으며, 다른 지역의 원주민들은 우세한 힘에 밀려 쫓겨났다. 인디언들이 옷을 차려 입는 방식도 예전과 달라졌으며, 그들은 우리로부터 멀리 밀려났기 때문에 산을 넘고 늪지와 황량한 사막을 건너야 했다. 그런 까닭에 그들이 우리와 교역하기 위해 동물의 가죽과 털을 갖고 오는 일 자체가 대단히 힘들어졌다.

영국인 정착촌의 확장 때문에, 또 부분적으로 영국인 사냥꾼들의 증가 때문에, 원주민들의 주된 생계 수단이었던 야생 동물도 예전만큼 많지 않았으며, 영국인들은 자신들의 이익을 챙기기 위해 종종 원주민들이 그들과 그들의 가족을 파괴할 술을 구입하는 데 가죽과 털을 낭비하도록 유혹했다.

나의 의지와 욕망은 지금 많이 꺾인 상태이며, 나의 가슴은 하나님 쪽을 향하면서 내 앞에 놓인 위험을 잘 헤쳐 나갈 수 있도록 도움의 손길을 펼쳐주시길 간절히 바랐다. 나는 그때까지 여행한 900마일에 이르는 해안을 따라 이어지던, 영국인들과 그들의 안락한 상황과, 많은 곳에서 내 앞에 펼쳐졌던, 흑인들뿐만 아니라 원주민들을 괴롭히던 곤경을 동시에 떠올려 보았다. 천상의 부드러운 보살핌이 나의 마음 위로 펼쳐졌으며, 모든 인류를 향한 사랑이 나의 가슴을 가득 채웠다. 그런 사랑 속에서 나는 어떤 계약 같은 것을 강하게 느꼈다. 하나님이 한없는 자비로 여전히 우리를 부르고 있는 동안에, 우리 모두는 하나님의 뜻에 순종해야 하고, 아프리카에서 온 흑인이든 원래부터 이 대륙에 살던 원주민이든 기독교를 공언하지 않는 이교도를 해칠 어떤 명분도 주지 않기 위해서 우리가 순수하게 보편적인 정의를 추구해야 하는 것이 분명해졌다.

여기서 나는 어려운 질문을 던지지 않을 수 없었다. 한 사람의 개인으로서, 나는 이 땅이나 아프리카에서 전쟁을 일으키는 경향이 있거나 전쟁과 연결된 모든 것들로부터 완전히 자유로운가? 나의 가슴은 나 자신이 앞으로 모든 일에서 순수한 진리를 꾸준히 고수하면서 그리스도의 충직한 추종자로서 정직과 검소를 실천하며 살아갈 수 있을 것인지를 놓고 깊은 고민에 빠졌다.

이 고독한 여정에, 나는 번영과 안락을 누리는 영국인들의 상황이 우리에게 내적으로 신의 사랑과 지혜에 끊임없이 관심을 둘 것을 요구하고 있다고 믿으며, 그릇된 어떤 영(靈)이 퍼지고 있는 현실을 크게 개탄했다. 영국인들이 모든 인류를 똑같이 중요하게 여기는, 선하고 자애롭고 전능하신 그분의 의지와 일치하는 길로 안내를 받고 지원을 받기 위해서는 내면을 살피는 일이 반드시 필요하다.

이 대목에서, 숱한 억압과 다양한 악을 낳는 사치와 탐욕이 나에게 몹시 괴롭게 다가왔으며, 나는 이 대륙에 중대한 재난과 황폐의 씨앗이 뿌려져 빠른 속도로 자라고 있다는 사실을 가슴 깊이 느꼈다. 그때 나는 나 자신이 느낀 강력한 소망을 충분히 설명할 수 있는 단어들을 찾을 수 없었다. 해안을 따라 자리 잡으며 하나님의 사랑과 선하심을 맛본 우리가 그것을 바탕으로 힘을 키워서, 충직한 사자(使者)들처럼 그 재난의 씨앗의 성장을 막기 위해 노력해야 한다는 생각이 간절했다. 그래야만 그 씨앗들이 익어서 우리의 후손을 망치는 일이 없을 것이기 때문이다.

와이오밍의 인디언 정착촌에 도착하자마자, 우리는 인디언 파발꾼이 우리보다 하루 이틀 먼저 그곳에 와서 인디언들이 서쪽에서 영국군 요새를 공격해서 사람들을 죽였다는 소식을 전했다는 소리를 들었다. 또 인디언들이 다른 요새를 점령하려고 애쓰고 있다는 소식도 들었다. 또 다른 인디언 파발꾼이 위할루싱에서 10마일 정도 떨어진 마을을 출발하여 전날 한밤중에 거기 도착해서, 먼 곳에서 온 몇몇 인디언 전사들이 영국인 두피 2개를 갖고 와서 그 마을 사람들에게 영국인들을 상대로 전쟁을 벌였다는 소식을 전했다는 소리도 들었다.

우리의 가이드들은 우리를 나이가 아주 많은 남자의 집으로 데려갔다. 우리가 짐을 풀자마자, 거리가 약간 떨어진 또 다른 인디언의 집에서 남자가 한 사람 왔다. 그때 나는 문 가까운 곳에 어떤 남자가 서 있다는 사실을 알아차리고 밖으로 나갔다. 그는 양모로 만든 조악한 코트 밑으로 눈에 보이지 않게 도끼를 숨기고 있었다. 내가 다가서자, 그가 재빨리 도끼를 잡았다. 그래도 나는 계속 앞으로 나아갔으며, 그에게 다정한 태도로 말하면서 그가 영어를 조금 이해한다는 사실을 알아차렸다.

나의 동료가 나와 합류했고, 우리는 방문의 성격에 대해 그 인디언과 약간의 대화를 나눴다. 그러자 그 인디언이 우리와 함께 집으로 들어갔으며, 이어 그는 가이드들과 대화하다가 금방 우호적으로 변하며 자리에 앉아 담배를 피웠다. 비록 내가 가까이 다가서자마자 도끼를 쥐며 불쾌한 표정을 지었을지라도, 그에게는 혹시 폭력이 가해지기라도 하면 즉시 대처하겠다는 마음 외에 다른 의도는 없었을 것이라고 나는 믿는다.

인디언 파발꾼들이 전한 소식을 들은 데다가 우리가 묵고 있던 곳의 인디언들로부터 와이오밍 근처의 인디언들이 며칠 안에 보다 큰 마을로 옮길 것으로 예상된다는 소리까지 듣게 되자, 이 시기에 여행하는 것이 겉으로 보이는 것과 달리 위험할 수도 있겠다는 생각이 들었다. 힘겨운 하루 여정을 끝낸 뒤에, 나는 밤에 고통스런 성찰의 시간을 가졌다. 지나온 길을 거꾸로 더듬으면서, 이 방문의 첫걸음부터 그때까지의 모든 걸음을 돌아보았다.

이따금 찾아드는 약한 마음이 나를 몹시 슬프게 하긴 했지만, 그래도 의도적으로 불복종의 길을 걸었던 기억은 전혀 없다. 어떤 의무감에서 여기까지 왔다고 믿으며, 아주 정직한 마음으로 하나님에게 내가 할 일이 무엇인지 보여 달라고 간청했다. 이처럼 깊은 절망에 빠져, 나는 스스로를 지키려고 안간힘을 썼다. 한 사람의 인간으로서, 내가 평판에 대한 욕망 때문에 위험 속에 버티는 일이 없도록 하고, 방문을 마무리짓지 못하고 돌아가는 일로 인해 떠안게 될지 모르는 불명예에 대한 두려움이 내 안에 자리 잡지 않도록 하기 위해서였다.

이런 생각들로 머리가 복잡한 상태에서, 나는 사랑하는 동료가 옆에서 자는 동안에 밤의 대부분을 뜬눈으로 지새웠다. 그러던 중에 내 영혼의 갈등을 지켜보던, 자비로운 나의 하나님 아버지께서 나에게 기꺼이 평온을 베푸셨다. 그때 나는 다시 나의 삶과, 나의 삶과 연결된 모든 것을 하늘에 계신 그분의 손에 넘길 힘을 얻었으며, 동이 틀 즈음에 잠깐 눈을 붙일 수 있었다.

6월 14일. 우리는 근처에서 찾을 수 있는 인디언들을 모두 방문했다. 대략 20명 정도 되었다. 인디언들은 대개 우리가 머물던 곳에서 1마일 정도 떨어진 곳에 있었다. 나는 그들의 행복을 진정으로 기원한다는 뜻을 전하고, 그들을 향한 진정한 사랑이 나로 하여금 가족의 곁을 떠나 그들을 찾아 나서게 했으며, 그들의 집에서 그들과 대화를 하도록 했다는 사실도 털어놓았다. 그들 중 일부는 친절하고 다정해 보였다.

그들을 떠나온 뒤, 우리는 서스퀘해나 강을 3마일 정도 거슬러 올라가 제이콥 재뉴어리(Jacob January)라 불린 인디언의 집으로 갔다. 그 사람은 돼지를 잡고 여자들은 빵을 비축하며 강을 거슬러 이사할 준비를 하고 있었다. 거기에 우리의 가이드들은 봄에 내려올 때 타고 온 카누를 두었다. 카누는 마른 상태였기 때문에 물이 새기 마련이었다. 그래서 어쩔 수 없이 몇 시간 지체되었다. 그 덕에 우리는 그 인디언 가족과 다정한 대화를 꽤 많이 할 수 있었다. 그들과 함께 저녁을 먹으면서, 우리는 그들에게 작은 선물을 주었다. 이어서 우리의 짐을 카누에 실은 뒤에, 그들 중 몇 사람은 강물을 거슬러 카누를 느리게 저었고, 우리 중 나머지는 모두 말을 탔다.

우리는 말들이 라하와하뭉크(Lahawahamunk)라 불리는 시내를 헤엄쳐 건너게 하고, 밤에 그 시내 위쪽에 텐트를 쳤다. 절망에 빠졌을 때도 나를 도와주시고, 시련을 겪을 때도 나를 밀어주시고, 나의 가슴이 하나님을 믿도록 이끄는 하나님의 선하심을 깊이 느끼는 상태에서, 나는 한없이 낮고 겸허한 마음 자세로 밤을 편안하게 보낼 수 있었다.

6월 15일. 우리는 오후까지 앞으로 나아갔다. 폭풍이 다가오고 있던 그때, 정해진 장소에서 카누를 발견하고 거기서 밤을 보냈다. 비가 아주 거세게 내리며 텐트까지 뚫고 들어왔기 때문에, 우리는 물론이고 짐까지 다 젖었다.

다음날 간밤의 폭풍에 많은 나무들이 쓰러졌다는 사실이 확인되었으며, 그것을 계기로 우리는 폭풍이 이어지는 동안에 계곡에서 우리에게 안전한 장소를 제공한 하나님의 친절을 경건한 마음으로 떠올렸다. 우리는 길을 가로질러 쓰러진 나무들 때문에 방해를 꽤 많이 받았으며, 일부 늪지에서는 길이 끊긴 바람에 앞으로 나아가는 데 대단한 어려움을 겪었다.

그날 나는 나 자신에 대해 자주 이 세상에 잠시 체류하는 존재로 여겨야 했다. 하나님이 순례에 나선 백성들을 충분히 지원한다는 믿음이 나를 편안하게 만들었으며, 나는 완벽한 복종의 상태에 이르기 위해 열심히 노력했다.

지정된 장소에서 카누를 찾기가 힘들었다. 길이 강물에 씻겨 나간 탓이었다. 이날 오후에, 위할루싱에서 온 인디언 욥 칠러웨이(Job Chilaway)가 강에서 우리 일행을 만났다. 그는 영어를 잘 하고, 필라델피아와 그 주위의 몇 사람을 알고 지내는 사람이었다. 우리가 머물기를 원하는 곳이 어떤 곳인지를 이해한 그는 6마일 정도 돌아갔다가 어둠이 내린 뒤에 다시 우리에게로 왔다. 조금 뒤에 우리의 카누도 도착했다. 카누로 강물을 거슬러 올라가는 것은 여간 힘든 일이 아니었다. 욥은 어제 인디언 한 사람이 자기 마을로 급히 와서는 먼 곳에서 온 전사 3명이 위할루싱 위쪽의 어느 마을에서 며칠 밤을 묵었으며 이 3명이 주니아타(Juniata)의 영국인들을 공격할 계획을 짜고 있다고 일러주었다는 사실을 우리에게 털어놓았다. 욥은 샤모킨(Shamokin)에 있는 식민지 상점까지 강을 따라 내려가던 중이었다.

지금까지 여행을 계속할 수 있을 만큼 건강이 좋았음에도, 나는 그 여정에 맞닥뜨린 다양한 곤경과 지금까지 익숙했던 것과는 다른 삶의 방식 때문에 병들어 가고 있었다. 이 전사들이 우리와 아주 가까운 곳까지 와 있고 우리가 그들과 조우할지도 모른다는 소식은 나의 신앙에 새로운 시험이었다. 비록 내가 하나님의 사랑의 힘을 통해서 나 자신을 몇 차례 하나님의 처분에 맡길 수 있었다 할지라도, 나는 지금도 여전히 나의 힘의 재생이 부족하다는 사실을 확인했다. 나 자신을 지킬 수 있는 힘 말이다.

하나님을 향해 도움을 달라고 외쳤다. 그러자 하나님께서는 자비롭게도 나에게 묵묵히 순종하는 가슴을 주었고, 그런 가운데 나는 마음의 평온을 발견할 수 있었다.

17일에 욥 칠러웨이와 헤어진 뒤, 우리는 앞으로 계속 나아가면서 오후 중반쯤에 위할루싱에 닿았다. 처음 만난 인디언은 정숙한 용모에 '성경'을 갖고 있는 부인이었다. 우리 안내인과 가장 먼저 대화한 그녀는 우리가 오고 있다는 소식을 미리 들었던 터라, 만나게 되어 반갑다는 뜻을 부드러운 목소리로 표현했다.

안내인의 지시에 따라 우리는 통나무에 걸터앉았다. 그 사이에 그는 사람들에게 우리가 왔다는 소식을 전하러 마을로 갔다. 나와 나의 동료가 나란히 앉아서 각자의 내면을 깊이 들여다보고 있을 때, 가난한 그 부인이 우리 곁에 와서 앉았다. 그러자 대단한 외경심이 우리를 압도했으며, 우리는 우리의 가엾은 영혼들에게 분명히 나타난 하나님의 사랑 속에서 기뻐했다. 잠시 뒤에 소라 고둥 부는 소리가 몇 차례 들렸으며, 이어서 존 커티스(John Curtis)와 또 다른 인디언 남자가 나타났다.

그들은 마을 근처의 어느 집으로 우리를 친절하게 초대했으며, 거기서 우리는 60명가량의 사람들이 침묵을 지키며 앉아 있는 것을 확인했다. 그들과 짧은 시간 함께 앉아 있다가, 나는 일어나서 부드러운 감정으로 그들에게 나의 방문의 성격에 대해 몇 개의 짧은 문장으로 알려주었다. 아울러 그들의 이익에 대한 걱정 때문에 그들을 직접 만나게 되었다는 사실도 알려주었다. 그들 중 일부가 나의 말을 이해하고는 그 내용을 다른 사람들에게 통역해 주었다. 그러자 그들 사이에 기쁨의 표현이 나왔다.

이어서 그들에게 나의 면허장을 보여주었고, 내용에 대한 설명도 있었다. 거기 오는 길에 우리를 앞질렀던 모라비아 형제회 회원이 그 자리에 함께 있다가 나에게 환영의 뜻을 표했다. 그러나 인디언들은 모라비아 형제회 회원과 내가 서로 다른 종교 집단에 속한다는 사실을 알고 있었다. 그들 중 일부가 그 모라비아 형제회 회원에게 그곳으로 와서 그들 곁에 잠시 머물러 달라고 부탁했기 때문에, 그들은 모임 동안에 혹시라도 다툼이나 불화가 일어나지 않을까 걱정하고 있었음에 틀림없다고 나는 믿는다. 그들은 협의를 거친 뒤에, 내가 요청만 하면 언제든 그곳 사람들과 함께 모임을 가질 수 있다는 점을 나에게 알려줬다.

그들은 또한 모라비아 형제회 회원이 보통 아침이나 저녁 무렵에 열리는 그들의 모임에서 연설할 것이라고 일러주었다. 그래서 나의 가슴 속에서 모라비아 형제회 회원에게 말할 자유를 발견하면서, 나는 나 자신이 원주민들의 이익을 위해 마음속으로 쏟고 있는 관심에 대해 그에게 말했다. 아울러 내가 간혹 그들의 모임에서 말을 하더라도 절대로 나쁜 결과는 없을 것이라는 믿음도 전했다. 그도 내가 할 말이 있으면 언제든 해도 좋다는 식으로 선의를 표했다.

18일 밤에 나는 그들의 모임에 참석했다. 거기서는 우리의 가슴들 일부가 부드럽게 녹을 만큼, 순수한 복음 사랑이 느껴졌다. 통역들이 나의 말을 사람들에게 짧은 문장으로 전하려고 애썼으나, 어려움이 컸다. 그들 중에서 영어와 델라웨어 언어에 꽤 완벽한 사람이 하나도 없었기 때문이다. 그래서 그들은 서로 도왔으며, 하나님의 사랑이 포근하게 감싸는 가운데, 우리는 힘들여 소임을 다하려고 노력했다.

이어서 나의 마음이 기도의 정신으로 꽉 차는 것을 느끼면서, 나는 통역들에게 이렇게 말했다. 나의 가슴이 하나님에게 간절히 기도를 올리는 것을 확인했으며, 만약 내가 기도를 제대로 했다면, 하나님이 나의 기도를 들어줄 것이라고 믿는다고. 그런 다음에 나는 그들에게 통역을 생략해도 좋다는 뜻을 전했으며, 그래서 우리의 모임은 하나님의 사랑을 꽤 깊이 느끼는 가운데서 끝났다.

그 사람들이 나가기 전에, 나는 파푸네항(Papunehang)(당시에 그 마을의 개혁에 열정적이었던 남자로, 매우 부드러운 사람이었다)이 통역 한 사람과 이야기하는 것을 목격했으며, 후에 그가 "저 말씀들이 나오는 곳을 느끼고 싶다"는 뜻으로 말했다는 소리를 들었다.

6월 19일, 주의 첫째 날이다. 오늘 아침, 모라비아 형제회 회원과 함께 왔던 인디언은 그 단체의 회원이기도 하기에 그 모임에서 기도를 올렸으며, 이어서 모라비아 형제회의 회원이 그곳 사람들에게 짧게 연설을 했다. 오후에 나의 가슴이 그들의 이익을 보살피려는 천상의 사랑으로 가득했기 때문에, 나는 통역을 통해 그들에게 잠시 말을 했다. 그러나 통역들 중 누구도 그 일에 완벽하지 못했기 때문에, 나는 사랑의 물결이 강하게 흐르는 것을 느끼면서 그 사람들 중 일부가 나를 이해할 것이라고 믿으며 통역 없이 계속 말을 이어갔다.

말이 전혀 통하지 않는 곳에서는 성령이 일부 가슴을 고양시킨다고 나는 믿는다. 그런 때를 하나님이 호의를 베푸시는 때로 여겼으며, 나의 가슴은 하나님 앞에서 부드러워지며 진정으로 감사하는 마음을 품었다. 내가 자리에 앉은 뒤에, 통역 중 한 사람이 의기양양해진 듯 그곳의 인디언들에게 내가 한 말의 핵심을 전했다.

오늘 아침에 우리의 첫 모임이 있기 전에, 육족(六族: Six Nations)[38]의 허락을 받고 그 지역에 거주하는 인디언들의 다양한 어려움이 생각났다. 나의 내면에 그들에 대한 동정심이 일어났으며, 나의 가슴은 그리스도의 사랑 속에서 확장되었다. 그런 가운데, 나는 선량한 어떤 인간이 불행에 빠진 자신의 유일한 형제를 돌보는 정성이 당시에 내가 그 사람들에게 느꼈던 걱정을 능가하지 않는다고 생각했다.

나는 많은 어려움을 헤치고 이곳까지 왔다. 그리고 하나님의 자비를 통해서, 나 자신이 이 여행에서 죽는다 하더라도 그 죽음마저 나에게 행복이 될 것이라고 믿게 되었을지라도, 그럼에도 내가 인디언 전사들의 손아귀에 붙잡힐 수 있다는 생각은 가뜩이나 정신적으로 약하던 시기에 나를 더욱 괴롭히고 있었다. 체질 자체가 약한 탓에, 인디언들에게 포로가 된다는 생각만으로도 비통했다. 인디언 전사들이 힘이 세고 강하기 때문에 나에게 견디기 힘든 노역을 요구할 수도 있기 때문이다.

그러나 하나님만은 나를 지켜주는 존재이며, 만약에 내가 포로로 잡힌다 하더라도 그것마저도 어떤 좋은 목적을 위해서일 것이라고 나는 믿었다. 따라서 이따금 나의 마음은 하나님에 대한 순종에 초점이 맞춰졌으며, 그런 상황에서 나는 언제나 평정을 찾을 수 있었다. 그리고 오늘, 나와 나의 집 사이에 똑같이 위험한 황무지가 버티

---

38 인디언 중에서 모호크족과 카유가족, 오논다가족, 오네이다족, 세네카족, 투스카로라족을 말한다.

고 있을지라도, 나는 하나님께서 이번 방문이 가능하도록 나를 강하게 만들어 주신 데 대해, 또 내가 봐도 많은 인디언들보다 열등해 보일 정도로 초라한 나에게 아버지 같은 보살핌을 베풀어주신 데 대해 속으로 매우 기뻐했다.

마지막에 언급한 모임이 끝났을 때 이미 밤이었기 때문에, 파푸네항은 곧바로 잠자리에 들었다. 이어서 그가 나의 짐작에 1분 내지 2분 정도 낮은 소리로 말하는 것을 들으며, 나는 통역자에게 그가 무슨 말을 하는지 물었다. 그러자 통역자는 그가 그날 호의를 베푸신 신에게 감사를 표하고 있다고, 또 그날 모임에서 경험한 호의를 지속적으로 베풀어 달라고 기도하고 있다고 설명했다. 파푸네항은 앞서 그 모라비아 형제회 회원을 받아들이기로 동의하고 그들과 합류했지만, 그는 여전히 우리에게도 친절하고 상냥하게 대했다.

20일에 모임 두 곳에 참석하면서, 나는 그곳 사람들 사이에서 침묵을 지켰다. 다음 날 아침 모임에서, 나의 가슴이 그들 사이에서 순수한 사랑을 느끼며 활짝 열렸으며, 그때 나는 머리에 떠오른 몇 가지 사항을 쉽고 짧은 문장으로 표현했다. 그 내용을 통역자 한 사람이 꽤 부드럽게 그들에게 전달했다. 그 모임은 간절한 기도로 끝났으며, 나는 겸허한 마음으로 우리를 향한 하나님의 사랑과 친절에 감사할 근거를 가졌다. 그때 나는 예수 그리스도의 독실한 신봉자들이 이 사람들 사이에서 소명을 수행할 문이 열렸다고 믿었다.

그리고 지금, 돌아갈 때가 되었다고 마음속으로 느끼는 가운데, 나는 모임에서 한 그 말을 끝으로 그들과 대체로 작별을 고했으며, 이어 우리는 집으로 돌아갈 준비를 했다. 그러나 그들 중에서 가장 적극적인 남자 몇 사람이 우리가 이동할 준비를 끝낼 때 사람들이 와서 우리에게 이별의 악수를 청할 것이라고 일러주었다. 모임에 늘 왔던 사람들이 그렇게 했으며, 나는 마음속으로 어떤 불가사의한 신비를 느끼면서, 모임에 나오지 않았던 사람들에게 다가가서 그들과도 작별 인사를 나눴다. 모라비아 형제회 회원과 그의 인디언 통역자도 헤어질 때 우리에게 공손하게 대했다.

위할루싱은 서스퀘해나 강둑에 자리 잡고 있으며, 40채 정도의 주택으로 이뤄져 있는 것 같다. 주택들 대부분은 서로 붙어 있으며, 일부 주택의 길이는 30피트 정도, 폭은 18피트 정도였다. 어떤 집들은 그보다 더 크고, 어떤 집들은 그보다 작았다. 집들은 대부분 쪼갠 판자로 지었으며, 판자 한 쪽 끝은 땅에 박고 다른 쪽 끝은 들보와 이었다. 들보 위로 서까래를 얹었고, 그 위를 나무껍질로 덮었다. 나는 지난 겨울에 대홍수가 마을의 상당 부분을 덮쳤다는 사실을 알고 있으며, 그래서 일부 사람들은 집을 보다 높은 지대로 옮길 준비를 하고 있었다.

우리는 2명의 인디언이 우리와 동행할 것이라고 예상했지만, 떠날 준비가 되었을 때에 많은 인디언들이 가죽과 털을 갖고 우리와 일행이 되어 베들레헴으로 떠난다는 사실을 알게 되었다. 그래서 인디언들은 우리가 탈 예정인 2개의 카누에 짐을 실었다. 그러면서 그들은 강우로 인해 수위가 크게 높아졌기 때문에 말은 얕은 곳을 잘 아는 사람이 타야 한다고 조언했다. 그래서 우리는 인디언 몇 명과 함께 카누에 올랐고, 다른 사람들은 말을 탔다. 말은 우리의 말들 외에 일곱 마리가 더 있었다.

미리 한 약속에 따라, 우리는 말을 탄 사람들을 가는 길에 한 번 만났으며, 밤에는 탕크한나(Tankhannah)라 불린 지류에서 조금 떨어진 지점에서 머물렀다. 청년들 몇 명이 해질녘에 총을 들고 멀리 나가서 사슴 한 마리를 잡아 왔다.

착실히 이동한 끝에, 우리는 22일 밤이 되기 전에 와이오밍에 도착해서 인디언들 대부분이 그곳을 떠났다는 사실을 확인했다. 작은 시내를 거슬러 올라가서 카누들을 들고 숲으로 들어가서 텐트를 치고 짐을 옮겼다. 어둠이 깔리기 전에, 우리의 말도 우리에게로 왔다. 다음날 아침에, 실을 것을 모두 말에 싣고 들고 다닐 짐을 챙긴 뒤에 앞을 향해 길을 출발했다.

일행은 모두 14명이었으며, 열심히 여행한 덕분에 앨런 요새까지 반 정도를 남겨 놓게 되었다. 와이오밍에서 우리의 변경에 이르는 곳의 땅이 대단히 척박하고 풀이 드물었기 때문에, 인디언들은 말들이 풀을 뜯기 좋은, 저지대를 야영지로 선택했다. 나는 여행하는 동안에 땀을 많이 흘리고 지쳐 있었기 때문에 잠을 깊이 푹 잘 수 있었다. 밤에 감기에 걸렸다는 생각이 들었으나 금방 나아졌다.

6월 24일. 이날 우리는 앨런 요새를 통과한 뒤 근처 숲에 머물렀다. 우리는 델라웨어 강의 서쪽 지류를 세 번 건넜으며, 그래도 그 길이 세컨드 리지(Second Ridge)라 불린, 블루 산맥(Blue Mountains)의 꼭대기를 넘어가는 것보다 짧은 길이었다. 그 강이 산을 가로지르는 곳에서 강을 두 번째로 건널 때, 물살이 세고 꽤 깊었던 탓에, 키가 크고 유순했던, 나의 동료의 암말은 짐을 지고는 강을 건너지 못할 것 같은 작은 말들의 짐까지 나르느라 강을 여러 번 건너야 했다. 많은 인디언들이 우리를 따라나서도록 만든 한 가지 이유가 서부의 험난한 환경과 우리의 변경을 통과하는 데 따르는 어려움이라는 것을 나는 이해했다. 우리와 일행을 이루고 있다는 사실 때문에 외지의 주민들이 놀라지 않을 것이라는 기대가 작용했던 것이다.

우리는 인디언들을 최대한 돌보며 길 위나 길 가까운 곳의 사람들에게 그들이 어떤 사람인지 알리려고 신경을 쓰면서 25일 베들레헴에 도착했다. 그런 세심한 노력이 아주 필요한 일이라는 것을 우리는 깨달았다. 변경의 거주자들이 서부의 인디언들에게 영국인들이 죽임을 당했다는 소식을 들은 터라 종종 겁을 먹었기 때문이다. 우리 일행 중에 내가 모임에서 본 기억이 없는 인디언이 몇 사람 끼어 있었으며, 그들 중 일부는 처음에 대단히 조심스러워하는 모습을 보였다. 그러나 며칠을 함께 지내면서 우리가 그들에게 다정하게 대하고 그들의 봉사에 적절히 보답했기 때문에, 그들은 보다 자유로워지며 붙임성을 보였다.

6월 26일. 우리의 여행과 관련 있었던 인디언들과 얽힌 모든 일들을 해결하려고 신중하게 노력한 뒤에, 우리는 그들과 헤어졌다. 나는 그들이 대체로 좋은 감정을 품은 상태에서 우리와 헤어졌다고 생각했다. 우리는 리치랜드 쪽으로 나아갔으며, 친구들 사이에서 매우 편안한 예배 모임을 가졌다. 주의 첫째 날이었다.

여기서 나는 친절한 친구이자 동료인 벤저민 파빈과 헤어지고 친구 새뮤얼 포크와 동행했다. 우리는 말을 타고 존 캐드월러더(John Cadwallader)의 집까지 갔다.

나는 거기서 출발해 다음날 집에 도착해서 가족들이 잘 지내고 있는 것을 확인했다. 나의 가족과 친구들은 내가 위험할 것이라고 걱정했던 여행에서 안전하게 돌아왔다는 사실을 기뻐하는 것 같았다. 그러나 집을 떠나 있는 동안에 나의 마음은 하나님에 대한 철저한 복종을 실천하기 위해 엄청나게 노력해야 했으며, 하나님이 나에게 맡긴 일이면 무엇이든 좋은 일일 것이라는 믿음을 자주 다시 강화해야만 했다. 그리고 그 길에 나는 하나님의 응원에 과도하게 기뻐하며 이기심을 드러내지 않도록 조심하고, 그 시련들을 자비로운 나의 아버지와 보호자가 계획한 쪽으로 바꿔 놓으려고 노력했다.

영국인들의 개척지와 위할루싱 사이에 좁은 길이 하나밖에 없었는데, 이 길은 많은 곳이 관목으로 우거져 있으며, 가로 놓인 많은 나무들의 방해를 받고 있다. 쓰러진 나무들은 산지의 늪과 거친 바위와 함께 그 길을 여행하기 힘든 길로 만들고, 또 많은 방울뱀들이 그 길을 더욱 위험한 길로 만들고 있다. 우리도 방울뱀을 4마리나 죽였으니 말이다.

그런 곳에 가보지 않은 사람들은 그 장소에 대해 제대로 알지 못한다. 그곳을 경험하면서 나는 인내를 배웠을 뿐만 아니라, 거기까지 이끌며 나에게 지시한 하나님에게 감사하는 마음까지 품게 되었다. 나 자신이 삶에서 어려움을 겪는 동료 인간들의 고통을 직접 생생하게 느낄 수 있었기 때문이다.

9장

―――――

1763-1769년

1.
헌신적인 목사
존 스미스의 조언

1763년 여름 후반부에, 어느 선술집에서 멋진 묘기를 펼쳐 보이겠다고 인쇄물을 통해 광고한 남자가 마운트 홀리에 왔다. 광고에는 그가 보여줄 묘기가 쭉 나열되어 있었다. 약속한 시간에 그는 능수능란한 손놀림으로 구경꾼들에게 기이해 보이는 묘기들을 잡다하게 보여주었다.

쇼가 다음날 밤에도 다시 열릴 예정이었고, 사람들이 해질녘에 모인다는 것을 알고 있던 터라, 나는 그 문제에 대해 책임감 같은 것을 느꼈다. 그래서 나는 밤에 선술집으로 가서 주인에게 거기서 시간을 조금 보내겠다는 뜻을 전했고, 그도 나의 제안을 받아들였다.

이어서 문 옆에 앉아서 하나님을 두려워하는 마음으로, 그곳에 모인 사람들에게 쇼에 대해 말했다. 현란한 손놀림의 속임수를 보기 위해 그렇게 모여서 세상에 아무짝에도 쓸모없는 짓을 하는 사람들을 부양하는 데 돈을 쓰는 행위는 기독교의 본질과 정반대라는 점을 설득시키려고 애썼다. 그러자 일행 중 한 사람이 나서서 자신들의 행동이 불합리하지 않다는 점을 설득시키려 들었다. 그러나 성경의 일부 내용을 고려하고 그 문제를 놓고 차분하게 논쟁을 벌인 끝에, 그 사람은 자신의 입장을 포기했다. 그들 틈에서 한 시간 가량 보낸 뒤, 나는 마음이 편안해짐을 느끼며 자리를 떴다.

1764년 9월 20일. 이날 필라델피아에서 열린 연례 모임에서, 여든 살을 넘긴 헌신적인 목사인 말버러(Marlborough)의 존 스미스(John Smith)가 목사들과 장로들의 모임에서 자리에서 일어나서 언변은 유창하지 않아도 영적으로 크게 고무된 모습으로 다음과 같은 내용의 말을 친우들 앞에서 했다.

"나는 60년 이상 동안 우리 소사이어티의 회원으로 지내고 있습니다. 초창기에 친우들은 대단히 검소하고 겸손한 사람들이었다는 사실을 잘 기억하고 있습니다. 예배 모임도 부드러움과 회개로 넘쳐났지요.

그로부터 20년이 지난 시점에, 소사이어티는 부의 증대를 누리고 세상의 유행을 어느 정도 따랐으며, 진정한 겸손은 약해지고, 대체로 모임도 그다지 활기차지 않고 교화적이지 않게 되었지요.

또 다시 40년이 지나자, 많은 사람들이 큰 부자가 되고 소사이어티의 많은 사람들도 세상 속에서 화려한 겉모습을 보였지요. 값비싸고 멋진 옷을 입고, 은시계를 비롯한 다양한 시계들을 차는 것이 그들과 그들의 아들딸들에게까지 관례가 되었습니다. 외적 부와 탁월함을 드러내는 이런 표시들은 목사들과 장로들의 모임에 참석하는 일부 사람들에게서도 보였으며, 그런 것들이 더욱 널리 퍼짐에 따라,

막강하던 성령의 지배가 소사이어티 안에서 약화되었지요.

그런 삶의 방식은 지금까지도 강화되고만 있으며, 지금 소사이어티에 만연하고 있는 허약과 우리들 사이에 뚜렷이 나타나는 현상인 황폐한 정서는 너무도 슬픈 일이 아닐 수 없습니다."

이어 그는 자신이 앞으로 이런 모임에 참석할 수 있을지 불투명하다는 점에 대해 언급했다. 자신의 죽음이 가까워지고 있다는 판단이었다. 우리에 대한 걱정을 부드럽게 표현하면서, 그는 하나님이 자신의 백성을 이런 것들로부터 구해내는 것을 진정한 빛 속에서 보긴 했지만, 그럼에도 하나님의 독실한 종들은 진지하고 깊은 수련을 거쳐야 한다는 점을 강조했다.

9월 25일. 연례 모임에서 분기 및 월례 모임들을 방문하도록 지명한 위원회가 그 임무를 처리한 과정을 글로 설명했다. 그들은 방문 기간에 정부에 직책을 맡은 일부 사람들이 우리의 원칙과 조화를 이루지 못하고 있다는 사실이, 또 노예를 거느리고 있는 사람들이 훈련을 위한 우리의 모임에서 적극적인 회원으로 활동 중이라는 사실이 마음에 걸렸다는 뜻을 밝혔다. 그 같은 사실이 일부 지역에 어리석음이 팽배해지는 원인이 될 수 있다는 이유에서였다.

이 보고서가 발표된 뒤, 나의 내면에서 몇 년 동안 나를 따라다녔던 관심사가 다시 일깨워졌으며, 아울러 내가 인간에 대한 두려움 때문에 하나님이 요구하는 것을 하지 못하는 일이 일어나지 않도록 해달라고 하나님에게 간구하고 싶은 마음이 생겼다. 그래서 나는 일어나서 다음과 같이 말했다.

"나는 이 보고서에 언급된 두 가지 상황에 처한 사람들에게, 말하자면 노예를 두고 있는 활동적인 회원들과 민간 정부에서 직책을 맡고 있는 사람들에게 마음속으로 호감을 느꼈습니다. 아울러 친우들이 모든 행동에서 서로에게 친절하게 대하기를 바라고 있지요.

노예를 두고 있는 많은 친우들은 그 같은 사실 때문에 영적 시련을 겪고 있으며, 그들은 노예들에게 자유를 주는 문제를 놓고 깊이 고민하고 있지만, 많은 것이 방해 요소로 작용하고 있습니다. 그런 친우들 중 일부의 경우에 삶의 방식과 연간 생활비 지출이 노예를 거느리고 사는 상태를 바탕으로 하고 있기 때문에, 그들이 삶의 방식을 바꾸지 않는 가운데 노예를 자유롭게 풀어주는 것은 현실적으로 가능하지 않은 것처럼 보이지요.

종종 객지를 떠돌아다니는 것이 나의 운명이 되다시피 했으며, 나는 일부 분기 모임과 연례 모임에서, 그리고 여행 중인 친우들과 그들의 말(馬)을 종종 맞아주는 집에서 그곳의 연간 지출이 매우 높다는 사실을 관찰할 수 있었습니다. 그리고 이런 상황에서 많은 사람들을 환대하는 일부 지역의 친우들이 지난 몇 년 동안 나의 마음에 부담으로 작용하고 있었지요.

지금 나는 여기 모인 친우들이 제대로 깊이 고려할 것이라고 기대하면서 하나님에게 두려움을 느끼며 이 문제를 솔직하게 털어놓고 있습니다."

그해 가을에, 나는 일할 사람을 고용하는 과정에 그 사람과 대화를 나누다가 그가 지난번에 이 대륙에서 일어난 전쟁에 참여한 군인이라는 사실을 알게 되었다. 그날 밤에 그는 자신이 인디언들에게 포로로 잡혔던 때의 이야기를 들려주면서 동료 포로 2명이 매우 잔인하게 고문을 당한 끝에 죽는 모습을 보았다고 했다. 이 이야기가 나를 너무나 슬프게 만들었으며, 나는 슬픔에 잠긴 상태 그대로 잠자리에 들었다.

다음날 아침 눈을 뜬 직후에, 하나님의 사랑이 나의 마음 가득히 퍼지는 것이 느껴졌다. 그런 상태에서 나는 영적이거나 세속적인 모든 재능을 유익한 방향으로 쓰도록 높은 곳에서 이끌며 만족시키는 그 지혜의 본질에 대해 새롭게 검토할 기회를 가졌다. 그 지혜를 느끼면서, 나는 이렇게 적었다.

"야만적인 동물들에게는 알려지지 않은 수많은 결핍이 따르는 그런 존재를 나에게 주신 그분은 나에게 야만적인 동물보다 탁월한 능력을 주었는가? 또 그분은 내가 그 능력을 장사에 적절히 적용하는 것이 현재 나의 처지에 적절하다는 것을 나에게 보여주었는가? 그분은 그분의 축복이 따르는 현재의 나의 처지가, 외적 결핍이 그분이 정한 범위 안에 한정되고 사악한 영에서 비롯된 가상의 결핍이 나의 내면에 전혀 없는 이상, 나의 모든 외적 결핍을 충족시킬 것이라는 점을 보여주었는가?

오, 나의 영혼이여! 그렇다면 이 세상의 다양한 위험을 헤쳐 나갈 길을 확실히 제시하는 안내자로서 이 순수한 지혜에 주의를 기울이기를!

자만이 허영을 낳고 있는가? 허영이 가상의 결핍을 낳고 있는가? 이 가상의 결핍이 인간들로 하여금 자신도 똑같이 일을 해야 하면서도 다른 사람들에게 더 많은 일을 시키는 데 권력을 행사하도록 자극하고 있는가? 이 과정이 고약한 생각을 낳고 있는가? 이 고약한 생각이 악화되어 원한이 되고 있는가? 또 이 원한이 악화되어 앙심이 되어 결국에는 동료 인간들에게 끔찍한 고통을 안기고 이 세상에 슬픔을 퍼뜨리고 있는가?

인간은 올곧은 태도로 살아가며 서로의 행복에 기뻐하는가? 그리고 남의 행복에 즐거워할 줄 아는 사람들이 사악한 영에 굴복함으로써 서로를 해치고 파괴하는 일에 자신의 기술과 힘을 이용하는가?

오, 나의 영혼이여! 그렇다면, 내면이 그리스도의 지배를 받는 사람들이 누리는 마음의 평정을 기억하기를. 그러면 모든 일에서 그런 마음 상태를 추구하게 될 것이다.

그분이 그분의 영으로 당신을 축복하는가? 또 그분이 당신이 행동하도록 고무하며 영향을 끼치는가? 또 그분이 당신 안에 머무르며 거기서 걷고 있는가? 그렇다면 당신의 역할은 신에게 헌신하는 것이라는 사실을 기억하라. 당신에게 관대하게 주어진 능력을 받아들이고, 현명하지 않게 비용이 많이 들고 몰인정한 관습을 따르면서 불화와 갈등을 일으키며 약하게 굴지 않도록 조심해야 한다. 그분이 나의 육신을 그분의 신전으로 요구하고, 자비롭게도 나에게 그분에게 헌신할 것을 요구하는가?

오, 내가 이 같은 총애를 소중히 여기고, 나의 삶 자체가 이 같은 성격과 부합하기를! 오, 나의 영혼이여! 평화의 왕자[39]가 당신의 구세주라는 것을 기억하기를. 그리고 그가 순수한 지혜를 그의 가족에게 전달한다는 것을, 그러면 가족들은 근검절약을 철저히 실천하면서 어떤 피조물에게도 자신을 해칠 원인을 절대로 제공하지 않는 가운데, 그의 걸음을 따라 걷게 될 것이라는 점을 기억하기를."

---

39 그리스도를 일컫는다.

2.
낮은 곳을 향하는
도보 여행

　　우리 모임 안의 가족들을, 특히 나의 주거지가 있는 마운트 홀리 타운의 가족들을 방문하는 일 쪽으로 가슴이 열리는 것을 느끼며, 1764년 겨울 전반부에 열린 월례 모임에서 그 같은 사실에 대해 언급했다. 월례 모임은 나의 계획에 동의해 주었다.

　　우리 모임의 친우들 몇 명이 그 일을 위해 서로 힘을 모았기 때문에, 우리는 거기에 맞춰 일을 진행시켰다. 신의 호의로, 그 일을 실행하면서 많은 도움을 받았다. 그래서 나에게는 그 일이 친우들 사이에 신의 보살핌을 새롭게 되살리는 것처럼 보였다. 그해 겨울 후반부에는, 맨스필드의 친우들의 가족을 방문하는 일에 친구 윌리엄 존스(William Jones)와 힘을 합했다. 그 일을 계기로, 나는 우리를 향한 하나님의 선하심에 감탄하게 되었다.

　　나의 마음이 케이프 메이에서부터 스쾬 근처까지 이어지는 해안의 친우들에게로 끌리고, 아울러 그곳 사람들 중에서 아직 신앙이 확립되지 않은 사람들을 방문하고 싶은 마음이 생겼기 때문에, 친우들의 동의를 얻은 다음에 사랑하는 친구 벤저민 존스와 함께 그들을 방문하는 길에 나섰다. 그 방문은 1765년 10월 24일에 시작되었으며, 대단히 알차고 만족스런 여행이었다. 이따금 천상의 목자의 선하심을 통해서 복음이 그곳 여기저기 흩어져 살던 가난한 사람들 쪽으로 무한히 흐르는 것이 느껴졌다.

여행에서 돌아온 직후, 벌링턴의 친우들의 가족을 방문하기 위해 친구 존 슬리퍼(John Sleeper)와 엘리자베스 스미스와 합류했다. 그때 그 도시에는 우리 소사이어티에 소속된 사람들이 50가족 정도 있었다. 우리는 그곳 사람들의 처지 속으로 깊이 들어가서 그들의 상태를 온몸으로 느끼게 하고 진정한 복음 사랑으로 그들 사이에서 힘들게 일하도록 힘을 불어넣어준 천상의 아버지에게 겸손한 마음으로 존경을 표했다.

지난 몇 년 동안에 메릴랜드 동쪽 해안의 친우들을 가끔 종교적 차원에서 방문하면서, 도보로 여행한 적이 있다. 그때 도보 여행이 참으로 좋은 아이디어라는 생각이 들었다. 걸어서 여행하는 경우에 나 자신이 억압 받는 노예들의 처지를 보다 생생하게 느낄 수 있고, 노예들의 주인들에게 비천함의 실제 예를 보여줄 수 있고, 성과 없는 대화의 유혹으로부터도 벗어날 수 있을 터였다.

우리의 월례 모임 앞에서 나의 관심사를 솔직히 털어놓기로 정한 시간이 점점 가까워지고 있는 가운데, 나는 사랑하는 친구 존 슬리퍼와 대화하다가 그도 나와 비슷하게 그들 사이에서, 그의 표현을 빌리면, 하인의 모습으로 도보로 여행하는 것에 관심을 두고 있다는 사실을 알아차렸다. 이것을 그는 나 자신의 계획에 대해 듣기 전에 먼저 말했다. 그리하여 서로 같은 길을 추구하고 있다는 사실을 확인하게 된 두 사람은 친우들 앞에서 여행 계획과 여행의 성격을 밝혔다.

이어 허가증을 받은 뒤, 우리는 1766년 5월 6일 여행을 출발했으며, 윌밍턴(Wilmington)과 덕 크릭(Duck Creek), 리틀 크릭(Little Creek), 마더킬(Motherkill)에서 친우들과 모임을 가졌다. 그때 나의 가슴은 하나님의 영향으로 종종 부드러워졌으며, 여행하던 지역의 사람들을 향한 사랑으로 더욱 넓어졌다.

마더킬에서 우리는 시골을 35마일 정도 가로질러 메릴랜드의 터카호(Tuckahoe)로 가서 거기서 모임을 가진 데 이어, 마쉬 크릭 (Marshy Creek)에서도 모임을 열었다. 마지막 세 번의 모임에는 조지프 니콜스(Joseph Nichols)라는 설교자의 추종자들이 상당수 참석했다.

내가 알기로, 조지프 니콜스는 외적으로는 어떤 종교 단체와도 연결되지 않지만, 우리 소사이어티의 것과 거의 동일한 신념을 신봉하고 있다. 그가 종종 모임을 정해놓고 그 지역의 이곳저곳을 여행하면, 많은 사람들이 그 모임에 참석한다. 종교적인 삶을 살지 않다가 지금 그의 추종자가 되어 차분해지며 처신을 잘 하게 된 남녀 몇 사람에 대해 들은 바가 있다. 내가 듣기로, 그의 모임 중 몇 군데에 문제의 소지가 있는 사람들이 참석했지만, 나 자신이 느낀 것을 근거로 판단한다면, 그 사람과 그의 추종자들 중 일부는 정직한 성향을 갖고 있는 것 같다. 그러나 그들에게는 지도적인 노련한 인물이 부족하다.

이어서 우리는 촙탱크(Choptank)와 서드 헤이븐(Third Haven)으로 갔으며, 거기서 다시 퀸 앤스(Queen Anne's)로 갔다.

며칠 동안 날씨는 덥고 건조했으며, 꽤 꾸준하게 여행하며 모임에서 힘든 시간을 보냈기 때문에, 나의 몸은 점점 쇠약해져 갔다. 그 같은 사실에 나는 한동안 크게 실망했다. 그러나 우리의 여정을 되돌아보고는 하나님께서 우리의 정신과 육체를 아주 강력하게 뒷받침해 주신 덕분에, 예상보다 훨씬 빨리 앞으로 나아갈 수 있었다는 사실을 깨달았다. 그러면서 나는 나 자신이 위험하게도 여행을 지나치게 빨리 끝내기를 바라고 있다는 것을, 지금 나의 육체에 수반되고 있는 허약은 일종의 친절이라는 것을 알았다. 그러자 나는 회개하는 마음이 되어 그런 식으로 사랑을 표현하는 자애로운 나의 아버지에게 크게 감사했으며, 그에 대한 나의 믿음은 그의 의지에 대한 겸손한 복종을 통해서 다시 강해졌다.

3.
자신의 노동으로 사는 사람들과
타인의 노동으로 사는 사람들

우리의 여정 중 이 부분에서, 나는 펜실베이니아와 저지에 거주하는 친우들의 상황과, 메릴랜드와 버지니아, 캐롤라이나에 거주하는 친우들의 상황 사이의 다른 점에 대해 많이 생각했다.

펜실베이니아와 뉴저지에 정착한 친우들은 고난의 시기에도 영국에서 품었던 신념들을 확신했던 사람들이다. 그들은 이쪽으로 건너오면서 원주민의 땅을 구입하고, 평화로운 방식으로 경작하고, 자식들에게도 생계를 위해 노동하는 것을 가르쳤다. 그들 중에서 남부 식민지에 정착한 사람은 거의 없을 것으로 믿지만, 초기에는 돌아다니던 친우들의 정직한 노동에 의해서 남부 지역에 거주하는 사람들 사이에도 상당한 정도의 회개가 있었다.

나는 또한 남부 식민지들의 최초의 정착민들 중 많은 사람들의 호전적인 경향에 대해, 그리고 그들이 원주민들과 벌인 무수한 충돌에 대해 읽은 내용을 기억했다. 원주민들과의 충돌은 식민지 초창기에도 이미 많은 피를 불렀다. 순수한 진리와 반대되는 관습에 얽매이던 지역에 거주하는 사람들 중 일부는 생명의 말씀의 막강한 설교에 크게 감동 받아 우리 소사이어티에 가입했으며, 그렇게 하면서 그들은 극복할 중요한 과제를 떠안았다.

로마 가톨릭으로부터 벗어나던 개혁의 역사에서, 진전은 여러 시대를 거치며 조금씩 점진적으로 이뤄졌다는 사실이 확인된다. 최초의 개혁가들이 자신에게 주어진 빛과 이해력을 지키면서 보인 그 강직함은 정직한 가슴의 소유자들이 그 후 더욱 앞으로 나아갈 길을 열어 주었다. 그래서 정직한 가슴을 가진 사람들은 저마다 하나님을 진정으로 두려워하는 가운데, 각자의 시대에 자신에게 주어진 옳은 일을 맡아 완수하면서 자신이 신에게 받아들여지는 것을 확인했다.

시대의 어둠과 태도와 관습의 타락 때문에, 일부 올곧은 사람들은 일상 속에서는 정당한 원칙을 마음속으로 돌보는 그 이상의 노력을 좀처럼 하지 못할 수 있다. 이유는 그 원칙이 그것이 다가올 시대들을 이끌며 초래할 것들에 대해 타인들에게는 가르치지 않고, 오직 삶 속에서 본인의 품행에 대해서만 언급하기 때문이다.

따라서, 예를 들어, 억압당하는 노예들의 노동으로 살고 있는, 오만하고 호전적인 사람들 사이에서, 노예들의 주인들 일부가 언젠가는 각성하며 자신의 잘못을 보고 느끼게 될 것이라고 나는 짐작한다. 그러면 그 노예 주인들은 어느 땐가 정직한 참회를 통해서 억압을 중단하고, 하인들에게 아버지 같은 존재가 될 것이다. 이어서 그들은 현실 속의 본보기가 되어 겸손한 삶의 한 유형을 보여주고, 지배의 면에서 절제를 보여줄 것이고, 여전히 억압을 자행하는 이웃들에게 가르치고 훈계하는 효과를 낳을 것이다. 그런 그들은 개혁을 추가로 실행하지 않아도 하나님에게 받아들여질 것이라고 나는 믿는다.

시작은 그러했다. 그들의 뒤를 이어 개혁의 본질과 정신에 충실했던 사람들은 앞으로 나아갈 필요성을 눈으로 확인했다. 그들은 지배하는 행위에서 스스로 본보기가 됨으로써 타인들을 가르쳐야 할 뿐만 아니라, 상속인들이 타인들을 억압할 권력을 지나치게 많이 갖는 것을 막을 수단도 마련해야 한다.

여기서, 나는 다시 마음속으로 하나님(그분의 너그러운 자비는 모든 피조물들 위로 쏟아지고 있으며, 그분의 귀는 억압당하는 존재의 외침과 신음 소리를 듣고 있다)이 사람들의 가슴속에서 부(富)에 대한 욕망을 멀리하고 겸허하게 평범한 삶의 길을 택하도록 자비롭게 안내하고 있다는 확신을 품었다. 하나님이 안내하는 삶의 길을 걷는 사람들은 진정한 정의라는 기준에 맞춰서 자신의 삶의 길을 수정하는 방법을 알고 있으며, 그들은 억압의 굴레를 깨뜨릴 뿐만 아니라 외적 고난의 시기에 하나님이 그들의 힘이고 응원이라는 것을 깨달을 것이다.

우리는 체스터 강(Chester River)을 건너 거기서 모임을 갖고, 세실(Cecil)과 새서프래스(Sassafras)에서도 모임을 가졌다. 육체적 허약이 나에게는 정신의 힘든 시련과 함께 나를 겸허하게 만드는 신의 섭리에 따른 것으로 보였으며, 나는 억압 받는 상태의 감정을 아주 생생하게 느낄 수 있었다. 그럼에도 나는 나 자신이 겪은 고통은 신성한 예수와 그의 충직한 추종자들 중 많은 이들이 겪은 고통에 비하면 아무것도 아니라고 종종 생각했다. 나는 나 자신이 만족하게 되었다는 사실에 감사하는 마음을 품었다.

새서프래스에서 우리는 곧장 집으로 향했으며, 집에 도착해서 가족들이 잘 지내고 있다는 사실을 확인했다. 여행에서 돌아온 뒤 몇 주일 동안, 그 여행을 자주 되돌아보아야 했다. 비록 나에게는 그것이 작은 봉사처럼 보였고, 일부 충직한 심부름꾼들이 남부 식민지들에서 그리스도를 위해서 우리가 마신 잔보다 더 쓴 잔을 들이키게 될지라도, 나는 그곳에서 나 자신에게 주어진 이해력과 힘에 따라 정직하게 걸을 수 있도록 도움을 받았다는 사실에서 마음의 평화를 발견했다.

11월 13일. 우리의 월례 모임에서 친우들의 동의를 얻은 뒤에, 사랑하는 친구 벤저민 존스와 함께 이 식민지의 위쪽 지역의 친우들을 방문하기 위해 길을 나섰다. 나의 가슴은 상당한 기간 동안 그쪽으로 끌리고 있었다. 우리는 하드위크(Hardwick)까지 여행했으며, 나는 그들 사이에서 사랑의 소임을 펴며 내적 평화를 느꼈다.

나를 겸허하게 만드는 신의 섭리를 통해서, 나의 마음은 남서쪽의 친우들과 그들의 하인들의 어려움을 더욱 깊이 느낄 수 있었다. 마음속으로 그들의 처지에 대해 종종 생각했기 때문에, 나는 종교적 방문을 목적으로 메릴랜드의 서쪽 해안의 일부 지역으로 걸어서 가는 것을 의무로 여겼다. 우리의 월례 모임에서 허가를 얻은 뒤에, 나는 진리의 힘이 가슴을 따스하게 건드리는 것을 느끼면서 1767년 4월 20일 가족의 곁을 떠나 필라델피아 맞은편의 나루터까지 말을 타고 가서, 거기서부터 걸어서 더비(Derby)에 있는 윌리엄 호른(William Horne)의 집에 그날 밤에 도착했다. 다음날에도 홀로 여행을 계속했으며 콩코드의 주중 모임에 참석했다.

이 외로운 도보 여행 중에 간혹 낙담과 절망이 나를 엄습했지만, 그런 고난 속에서도 나는 자비롭게도 보호를 받으며 안전하게 지켜졌다. 친우들과 함께 앉아 있을 때, 나의 마음은 하나님을 향한 채 그분의 신성한 안내를 기다렸다. 무한한 사랑 속에서, 하나님께서 기꺼이 나의 가슴을 겸허하게 회개하는 상태로 부드럽게 풀어놓은 다음에 내가 앞으로 나아갈 수 있도록 새롭게 힘을 불어넣어 주셨다. 그랬기에 그 순간은 조용한 모임 중에 신성한 원기 회복 같은 것이 일어나는 때였다.

다음날 뉴 가든의 주중 모임에 갔다. 거기서 나는 다소 사기가 꺾인 상태로 앉아 있었다. 거기 있던 일부 사람들의 상태를 깊이 느끼고 있을 때, 하나님이 우리들에게 가슴을 부드럽게 할 기회를 열어 주었다. 여정을 계속 이어가면서, 노팅엄의 월례 모임에 참석하고, 일요일에는 리틀 브리튼(Little Britain)의 모임에 참석했다. 오후에 친우들 몇 사람이 내가 묵고 있던 집으로 왔으며, 우리는 오후에 작은 모임을 열었다. 인간을 겸허하게 만드는 진리의 힘을 통해서, 나는 우리에게 드러난 하나님의 친절을 찬양하지 않을 수 없었다.

4월 26일. 서스퀘해나 강을 건넜다. 주로 노예들의 노동에 의존하는 까닭에 외적으로 안락하고 여유로워 보이는 사람들 틈에 섞여 강을 건너면서, 나의 가슴은 상처를 많이 받았다. 끔찍한 외로움을 느끼면서, 나의 마음은 하나님 쪽으로 모아졌다. 하나님에게 진정으로 복종하는 마음 상태에서, 나 자신이 이 사람들 사이에서 해야 할 의무와 관련해서 하나님으로부터 지시를 받을 수 있기를 겸허하게 기대했다.

걸어서 여행하는 것은 육체에는 힘든 일이었지만, 마음의 상태에는 유쾌하게 작용했다. 가뜩이나 육체적으로 힘들어 하던 때에, 나는 이 세상을 지배하고 있는 영(靈) 때문에 슬픔과 압박감에 짓눌려 있었다. 그런 영 탓에 한쪽에서는 개탄스럽고 억압적인 관행들이 생기고, 다른 한쪽에서는 오만과 방종이 생기고 있었기 때문이다.

자기 비하와 굴욕감이 느껴지는 이 외로운 도보 여행길에서, 이 지역들의 교회의 상태가 고스란히 드러났으며, 이런 말을 한 예언자의 감정에 진정으로 공감할 수 있었다.

"내가 괴로워서 듣지 못하고, 내가 놀라서 보지 못하도다."**40**

이런 영적 시련 속에서, 건파우더(Gunpowder)의 분기 모임에 참석했으며, 정신이 축 처진 상태에서도 나는 억압받는 가엾은 흑인들의 노동을 바탕으로 넉넉하게 살고 있는 친우들에 대한 감정을 솔직하게 표현해야 했다. 그때 하나님의 그 약속이 다시 살아났다.

"내가 다른 언어를 쓰는 모든 민족들을 모을 것이고, 그러면 그들이 와서 나의 영광을 보리라."**41**

여기서, 그리스도의 고통과 모든 사람을 위한 그의 죽음, 그리고 이교도들을 개종시키기 위해 노력했던 사도들과 초기 기독교인들의 여행과 고난과 순교가 나의 내면에 생생하게 살아났으며, 다시 생겨난 힘 덕분에 나는 깊이 감동 받은 상태에서 그 사람들 사이에서 성

---

40 '이사야서' 21장 3절.

41 '이사야서' 66장 18절.

령의 보살핌을 받으며 일을 처리할 수 있었다.

이 이교도들, 즉 흑인들이 현재 우리의 손에 받는 대우와 이교도들의 개종을 위해 노력하던 초기 기독교인들의 노력 사이의 차이는 아주 두드러졌다. 진리의 힘이 우리를 압도했으며, 진리의 힘이 느껴지는 가운데 나의 마음은 이 지역의 온화한 사람들의 마음과 하나가 되었다. 그 모임은 하나님의 선하심이 미천하고 의존적인 하나님의 자식들 쪽으로 향하는 것이 느껴지는 가운데 마무리되었다.

이튿날은 예배를 위한 총회였다. 많은 사람들로 붐볐다. 거기서 나는 하나님이 이끄는 대로 묵묵히 따를 수 있도록 해 달라고 내면 깊은 곳에서 하나님에게 외쳤다. 고맙게도, 하나님의 도움을 받아 나는 그들 사이에서 정직하게, 또 열심히 노력할 수 있었다. 그 모임에서 나는 내면의 평화를 발견했으며, 성실한 사람들은 위안을 얻었다.

거기서 나는 파이프 크릭과 레드 랜즈로 향했으며, 그곳에서 친우들과 몇 차례 모임을 가졌다. 나의 가슴은 하나님의 선하심을 느끼며 종종 깊은 감동에 젖었다. 하나님께서 나의 고난과 시련을 정화하여 안락으로 바꿔놓았기 때문이다. 나는 또한 나의 고난과 시련이 하나님의 선하심 덕분에 많은 사람들에게도 이로웠을 것이라고 믿는다. 나 자신이 이번 방문 길에 들른 장소들 대부분에서 하나님의 선하심이 마치 하나님의 방문처럼 느껴졌다는 점을 감사하는 마음으로 말할 수 있게 되었으니 말이다.

펜실베이니아의 서부 분기 모임으로 넘어갔다. 이 모임이 열리는 며칠 동안, 나는 다행하게도 내적으로 진실한 마음을 추구하는 감정 상태를 유지할 수 있었다. 공적 소임이 나를 겸손하도록 만들었으며,

나는 그 같은 사실에 만족했다. 예배를 위한 분기 모임이 끝난 뒤, 실무를 위한 여자들의 모임에 가고 싶은 마음이 느껴졌다. 매우 충만한 모임이었다. 여기서 예수 그리스도의 겸손한 행위가 우리가 걸어야 하는 하나의 본보기로서 나의 앞에 생생하게 나타났다. 그런 겸양을 바탕으로 그 모임에 임할 때, 나의 가슴은 활짝 열렸다. 그것은 분명히 정화의 시간이었다.

이어서 콩코드와 미들타운(Middletown), 프로비던스(Providence), 해던필드 등의 모임에 참석했으며, 거기서 바로 집으로 돌아가서 가족이 잘 지내고 있는 것을 확인했다. 이번 여행에 하나님의 자비로운 보호가 함께했다는 느낌이 강하게 들었기 때문에, 그분에게 감사하는 마음을 경건하게 느꼈다.

1767년 9월 2일. 친우들의 허락을 받아, 버크스(Berks) 카운티와 필라델피아 카운티의 위쪽에 사는 친우들을 방문하러 떠났다. 나는 2주가량의 일정 동안에 예배 모임을 열한 차례 열었으며, 여기서도 다시 하나님 앞에 경건하게 고개를 숙일 이유가 확인되었다. 그분이 인간들을 겸허하게 만드는 선량을 널리 확장함으로써 친우들 사이에 나의 길을 열어주었고, 내가 믿는 바와 같이, 그 모임들을 우리에게 유익한 방향으로 이끌어 주었기 때문이다. 이어진 겨울에, 나는 우리 모임의 일부 지역을 찾는 가족 방문에 몇몇 친우들과 합류했으며, 이때 신성한 사랑의 순수한 영향이 우리의 방문에 생기를 불어넣었다.

1768년 5월 5일. 메릴랜드의 몇몇 모임을 방문하는 데 필요한 허가를 얻고, 인간을 겸허하게 만드는 하나님의 손에 이끌려 집을 나섰다. 말(馬)의 도움을 받지 않고 여행하는 것이 가장 완전해 보였다. 필라델피아와 콩코드의 분기 모임에 참석했으며, 거기서 체스터 리버로 가서 만(灣)을 건넌 뒤 웨스트 리버(West River)의 연례 모임에도 참석했다. 그런 다음에 체스터 리버로 돌아갔으며, 집으로 향하는 길에 몇 차례 모임을 더 열었다.

마음속으로 오랫동안 기다려온 여행이었고 또 나의 눈이 하나님 쪽을 향하고 있었기 때문에, 상황이 매우 힘들어 보이는 때에도 놀랍게도 길이 몇 차례 열렸다. 선택된 친우들만을 만난 자리에서뿐만 아니라 보다 공적인 모임에서도 신의 도움으로 훨씬 더 솔직하게 행동할 수 있었고, 따라서 많은 사람들의 마음속에서 순수한 증언을 끌어냈다는 믿음이 섰던 터라, 나는 돌아오는 길에 마음의 위안을 대단히 깊이 느낄 수 있었다.

4.
어느 노예 소년에 관한
아픈 기억

1769년 6월 11일. 지난 몇 년 사이에 우리의 월례 모임 안에서 흑인들을 정의롭게 다루는 것과 관련하여 다양한 예들이 제기되었다. 그 문제와 관련해, 나도 공정성이 꾸준히 지켜질 수 있는 방향으로 삶을 영위하려고 신경을 많이 썼다. 그래서 나는 친우들 사이에서 영적 시련을 심하게 겪어 왔으며, 그런 가운데서도 감사하게도 어김없이 평화를 발견할 수 있었다. 그리고 나의 명상이 보편적인 사랑으로 모아지고 있기 때문에, 과거 나 자신의 처신이 최근에 매우 한탄스럽게 여겨지게 되었다.

우리 식민지에서 흑인들을 자유롭게 풀어주는 사람들은 흑인들이 구호를 필요로 하는 경우에 그들을 계속 보유하도록 법으로 정해져 있다. 그렇기 때문에, 내가 젊은 시절에, 노예들을 평생 동안 부린다는 사실에 양심의 가책을 느낀 일부 사람들은 그들을 서른 살까지만 임금을 주지 않고 노예로 이용했다.

그 같은 관행에 나도 지금까지 동의했다. 그러다 보니 사망한 어느 친우의 유언을 집행하는 일에 다른 친우와 함께 관여하면서, 나는 흑인 소년을 서른 살이 될 때까지만 노예 생활을 한다는 조건으로 팔고 그 돈을 상속자가 쓰도록 한 적이 있었다.

가슴이 한없이 깊이 추락하는 감정을 느끼면서, 나는 지금 이렇게 고백하고 있다. 간혹 내가 사람도 차별하지 않고 색깔도 차별하지 않는 그 장엄한 존재 쪽으로 가슴을 연 채 모임에 참석하다가 이 흑인 소년에 대해 생각할 때면, 나는 그 소년과 관련해서 모든 것이 나의 마음속에서 석연치 않다는 감정을 느꼈다. 이 영적 시련에 정성으로 임하면서 하나님을 뜨겁게 찾았을 때, 내가 어떤 식으로든 소년에게 보상해야 할 것처럼 느껴졌다. 그러나 나는 어떤 방법을 취해야 하는지 최근까지도 알지 못했다.

내가 서인도 제도의 일부 지역을 방문하는 것을 고려할 때, 그리고 나의 정신이 그 문제와 관련해서 하나님에게 적극적으로 조언을 구하고 나설 때, 앞에서 말한 그 소년 노예의 거래가 나에게 무겁게 다가왔으며, 나의 마음은 한동안 어둠과 슬픔으로 무거웠다.

이런 쓰라린 아픔을 겪는 가운데, 나의 가슴은 하나님의 지시를 받을 수 있을 만큼 부드러워졌다. 나 자신이 그 노예의 주인의 유언을 집행한 두 사람 중 한 사람으로서 그 소년을 우리의 자식들에게 일반적으로 적용하던 기간보다 9년 더 길게 팔았기 때문에, 그 9년의 후반부 반을 보상하기 위해서 나의 재산 일부를 내놓아야 한다는 것을 처음으로 알아차렸다. 그러나 때가 아직 되지 않았기 때문에, 나는 대신에 보증서를 작성했다. 앞에 말한 젊은이가 그때까지 살아 있고 스스로 자립할 수 있게 되는 경우에 나 자신과 나의 유언을 집행하는 사람들이 그 소년을 구입한 사람에게, 공정을 추구하는 사람의 입장에서 그 소년의 시간 중 마지막 4년 반에 해당하는 금액을 지급해서 소년에게 전달하도록 강제로 정하는 서류였다.

10월 9일. 순수한 정의의 기준이 종교 집단인 우리에 의해서 사람들에게까지 닿지 못했다는 감정 때문에, 나의 가슴은 종종 깊은 상처를 입었다. 우리가 그리스도의 가르침을 따르며 독실하게 살았더라면, 그 기준이 명확해졌을 수 있었을 테니까. 그리고 나의 마음이 내적으로 하나님 쪽을 향하고 있었기 때문에, 그리스도의 지배의 순수함이 나의 이해력에 아주 뚜렷하게 보였다.

보편적인 사랑이 열리는 가운데, 나는 그리스도의 내적 가르침들의 진리를 확신하는 사람들이 순수한 지혜와 일치하지 않는 법들을 집행하는 일에 적극적으로 나서는 곳에서 그 진리는 필히 그 사람들의 마음을 어둡게 하는 경향을 보인다고 믿었다. 따라서 나의 가슴은 동료 회원들에게 부드럽게 공감하는 가운데 몇 년 동안 수련을 해왔으며, 그 수련의 일환으로, 나는 지난 몇 개월 사이에 훈련을 위한 몇 차례의 모임에서 이 주제에 대해 관심을 표명했다.

10장

1769-1770년

1.
육체의 병과
허약

1769년 3월 12일. 몇 년 동안 육체의 병과 허약 때문에 식이 요법을 해야 했고, 지금까지 해 온 대로 육로로 여행할 능력을 갖추지 못하게 되었기 때문에, 나는 가끔 두려운 마음으로 하나님 쪽으로 눈길을 준다. 그분 앞으로는 나의 길이 모두 펼쳐져 있을 것이고, 그분만이 삶과 죽음을 결정할 권리를 갖고 있기 때문이다.

만약 내가 아버지께서 내리는 징벌을 받아들이며 진정으로 겸손해질 수 있다면 모든 것이 좋은 쪽으로 작용할 것이라고 믿으면서, 나는 그 징벌에 감사하는 마음이 일어나는 것을 느꼈다.

이처럼 육체적으로 허약한 상황에서도 나의 마음은 간혹 서인도 제도의 동료 인간들에 대한 관심을 놓지 않았다. 나는 그들을 방문하려는 계획의 실현 가능성이 밝지 않다는 점 때문에 그 일에 적절히 임하지 않는 일이 생기지 않도록 스스로 조심했다. 비록 하나님이 나에게 그곳으로 갈 것을 요구하고 있는지가 확실하지 않을지라도, 그럼에도 나는 그 문제에서는 하나님에 대한 완전한 복종이 요구된다고 믿었다. 하나님에게 온전히 헌신하지 않을 수도 있겠다는 위험을 느끼면서, 나는 나를 지켜달라며 기도를 자주 올렸다.

1년 이상 흐른 어느 날 홀로 숲을 거닐고 있을 때, 나의 마음은 외경심으로 꽉 차오르고, 나의 내면에서 자비로운 아버지를 향한 외침이 일어났다. 나를 독실한 신앙 속에 똑바로 서 있을 수 있도록 너그럽게 보호해 달라는 호소였다. 이어서 우리의 월례 모임에서 나의 입장을 공개하는 것이 나의 의무라는 생각이 들었다. 그래서 다음과 같은 내용으로 나의 상황을 사람들에게 전했다.

"지난 얼마간의 시간 동안에 한 가지 관심사가 나의 머리를 떠나지 않았으며, 최근에는 그 일이 나를 더욱 무겁게 짓누르고 있습니다. 나에게 서인도 제도의 일부 지역을 방문할 것을 요구하고 있다고 믿고 있지요."

분기 모임과 봄 총회에서는, 나에게 요구하고 있다는 믿고 있다는 그 이상의 말을 할 근거를 아직 발견하지 못했다. 이 모임들에서 허락을 받은 뒤, 나는 나 자신을 외적 거주지에 잠시 체류하는 사람으로 느끼고, 세속적인 일로부터 자유로울 수 있었다. 영적으로 하나님 앞에 종종 머리를 깊이 숙였으며, 나 자신이 제대로 방향을 잡을 수 있도록 도와 달라고 속으로 간절히 빌었다.

여기서, 젊은 시절에 내가 다른 유언 집행자 한 사람과 함께 흑인 소년을 나이가 서른 살이 될 때까지 노예로 팔았던 일이 나에게 깊은 슬픔의 원인으로 작용하고 있다는 사실을 밝히고 싶다. 이 젊은이와 연결되는 문제들을 해결한 뒤에, 항해에 필요한 물자와 침대 등을 준비했다.

2.
서인도 제도
사람들에 대한 걱정

어느 선박이 필라델피아에서 바베이도스로 항해할 것 같다는 말을 듣고는, 벌링턴에서 그 배의 소유주들 중 한 사람과 대화했으며, 직후에 그와 다시 논의할 목적으로 필라델피아로 갔다. 그 사람은 나에게 앞에 말한 그 배의 공동 소유주인 어느 친우가 타운에 있다고 일러주었다. 나는 이 친우와 대화할 생각이 전혀 없었기 때문에 그대로 집으로 돌아왔다. 얼마 뒤에 가족의 곁을 떠나 필라델피아로 가면서 처음 언급했던 소유주와 깊은 대화를 나눴으며 그에게 다음과 같은 글을 보여주었다.

"1769년 11월 25일. 바베이도스를 방문하는 문제와 관련하여 어떤 과제가 나의 마음을 짓누르고 있기 때문에, 나 자신을 힘들게 만든 시련들 중 일부를 공개할 생각이다. 그 시련들을 겪으면서, 나는 가끔 나의 의지가 하나님에게 복종하는 것을 느끼면서 그 점을 다행으로 여겼다.

몇 년 전까지 나는 노예들의 노동의 결과물인 럼주와 설탕, 당밀을 소매로 팔면서도, 단지 럼주가 노예들이 고통을 잊는 데 이용될 수 있겠구나 하는 생각 외에는 노예들에 대한 관심이 깊지 않았다. 또 그 관심도 지금 내가 노예 문제에 기울여야 한다고 생각하는 관심만큼 강하지 않았다.

서인도 제도에서 일반적으로 행해지고 있는 억압에 관한 정보가 지난 몇 년 사이에 많이 늘어났고, 어둠의 일들('에베소서' 5장 11절)에 관한 관심과 동조에 따르는 위험에 대해 종종 생각함에 따라, 나는 점점 고조되고 있는 우려가 전적으로 성령의 안내를 따르고 있는 것을 느꼈다. 그리고 무역의 이 분야에서 얻은 나의 작은 이익이 이 땅 위에서 정의를 촉진시키는 데 쓰이는 것이 옳은 일로 여겨졌다. 이것이 바베이도스를 방문하겠다는 의지를 일으키게 된 첫 번째 동기였다.

또한 내가 그곳으로 가는 경우에 나의 외적 부(富)의 일부가 뱃삯을 지급하고 생존에 필요한 최소한의 물품을 구입하는 데 쓰여야 한다고 믿었다. 그러나 나 스스로 준비해야 한다고 판단한 시간이 가까워지자, 어떤 어려움이 생겼다. 이 어려움이 지난 몇 개월 동안 지속적으로 시련으로 작용했으며, 나날이 마음이 약해져가는 가운데, 하나님이 자신에게 얼굴을 숨긴다는 이유로 울부짖었던 예전의 어떤 사람의 처지에 공감하면서 하나님에게 명령을 구했다. 이렇게 영적 시련을 겪는 동안에 나의 가슴은 종종 통한에 빠졌으며, '그리스도의 안에 있는'('고린도후서' 2장 3절) 소박과 일치하지 않는 값비싼 관습 때문에 노동하는 동료 인간들이 받는 유혹을 느낄 수 있었다. 가끔 나는 복음 사랑이 새롭게 샘솟는 가운데 다른 사람들을 보살필 힘을 얻을 수 있었다.

하나님에게 지시를 간구할 때 나의 마음을 너무도 간절하게 사로잡은 것은, 나 자신이 서인도 제도의 산물을 재배하는 노예들이 당하는 압박에 관한 정보를 다 들은 마당에, 서인도 제도와의 교역에 동원되는 배를 타는 것이 과연 옳은 일인가 하는 의문이었다. 그 정보는 앤터니 베네젯(Anthony Benezet: 1713-1784)이 쓴, 영국과 그 식민지들에게 경고하는 내용의 글을 통해 얻은 것들이었다.

압제자들이 흑인들을 고약하게 다루는 관행을 그만두도록 설득시키려는 노력은 펴지 않는 가운데, 그들과 자유롭게 교역하고, 그런 무역을 통해서 이득을 추구하는 것은 그들이 그런 행위를 보다 쉽게 하도록 한다. 만약 그들과 교역을 하는 사람들이 겸허하게 보편적 정의라는 대의를 확고히 고수한다면, 압제자들의 태도도 분명히 달라질 것이다. 그때, 하나님이 자신의 예언자를 통해 표현한 불만, 말하자면 "그들이 사악한 사람의 손을 강하게 만들었다"[42]는 불만이 자주 떠올랐다. 이 대목에서, 그곳을 방문할 계획을 세우기 전에 나에게 떠올랐던 상황을 소개할 수 있다.

다윗이 이스라엘과 전쟁을 벌이던 필리스티아인의 군대 그 너머에 있던 샘의 물을 갈망했다. 그러자 그의 병사들 일부가 그를 만족시키기 위해 목숨을 걸고 군대를 뚫고 가서 그 물을 떠왔다. 당시에 이스라엘 사람들이 물 부족 사태를 겪었던 것이 아니라, 다윗이 까다로운 미각에 굴복했던 것 같다. 이 이스라엘 사람들이 노출되었던 위험을 고려하면서, 다윗은 그 물을 그들의 피로 여겼으며, 그의 가슴이 그에게 벌

---

42 '에제키엘서' 13장 22절.

을 내린 까닭에 그는 물을 마실 수 없게 되어 그것을 하나님에게 부었다. 내가 이 대륙의 남쪽을 몇 차례 여행하면서 본 노예들에 대한 억압과 서인도 제도에서 노예들이 받는 처우에 관한 보고가 나의 마음을 깊이 움직였으며, 자연스럽게 나의 마음속에서 평화의 정신으로 살며 인간 동료들을 해치지 않겠다는 다짐이 생생하게 되살아났다. 그래서 나는 지난 몇 년 동안 나의 미각을 설탕으로 만족시키길 거부했다.

나는 이런 것들과 관련해서 동료 회원들을 비판하지는 않는다. 그러나 나는 창조를 통해서 모든 인류와 똑같이 연결되어 있는 자비의 아버지가 억압받는 이들의 신음소리를 들었다고 믿고 있으며, 따라서 그분이 일부 사람들에게 억압받는 사람들의 처지를 가슴 아프게 느끼도록 준비시키고 있다고 믿고 있다. 그런 통탄스런 억압을 받는 사람들의 노동에 의해 재배되는 것으로 알려진 산물을 거래하거나 자주 사용하는 것은 이제부터 평화의 왕자인 그리스도의 겸허한 추종자들에게 보다 심각하게 다뤄져야 할 주제인 것 같다.

영적 수련을 오랫동안 힘들게 한 지금, 나는 그 일들이 나의 마음에서 어떤 식으로 열렸는지에 대해 편안한 마음으로 언급하고 있다. 물론 거기에는 나의 작은 소망이 작용하고 있다. 만약 이 문제에서 하나님의 자식들 누구에게나 하나님의 의지를 추가적으로 드러내 보이는 일이 하나님을 즐겁게 한다면, 그 자식들이 그런 추가적인 현현에서 하나님을 충실하게 따르게 되지 않을까 하는 바람 말이다.

서인도 제도의 산물을 기르는 노예들이 혹사당하는 것을 이유로 그런 산물의 사용을 줄이려는 사람들의 숫자가 진정으로 경건한 사람들 사이에도 적은 것 같으며, 그리스도의 사랑 속에서 그런 산물의 사용을 줄이려는 사람들이 그 주제를 놓고 벌이는 노력도 그다지 포괄적이지 않다. 만약 이 대륙에서 서인도 제도로 가는 무역이 당장 중단된다면, 그곳의 많은 사람들이 빵의 부족으로 인해 고통을 겪게 될 것이라고 나는 믿는다. 이 대륙의 우리와 서인도 제도의 주민들이 대체로 순수한 정의 속에서 산다면, 양측 사이에는 소규모의 교역이 적절하다.

이런 여러 가지 사항들을 고려하는 가운데, 상선을 이용하길 거부하고 상품을 싣지 않고 바닥짐만 실은 배를 빌린다는 생각이 떠올랐을 때, 나는 복음 사랑에서 보편적 정의라는 대의를 위해 지금까지 펼치는 소임이 아직 그 만한 수준에 이르지 않았다고 믿었다. 만약 서인도 제도와의 교역이 순수한 지혜와 일치한다면, 나는 뱃삯이 합당한 이유로 인해 지금보다 비싸질 것이라고 믿는다. 따라서 나는 깊은 마음 수련 속에서 나 자신이 대규모 교역과 싼 뱃삯을 이용해서는 안 되며, 작은 규모의 교역을 찬성하는 증거로서, 만약 이 시기에 그곳으로 간다면 다른 사람들이 일반적으로 지급하는 것보다 더 많은 돈을 지불해야 한다고 믿었다."

맨 먼저 언급한 선박 소유주는 이 기록을 읽고는 나와 함께 또 다른 소유주에게 갔다. 이 소유주도 이 내용을 읽었다. 우리는 알찬 대화를 나눴으며, 그 사이에 나 자신이 경외하는 마음으로 하나님에게 깊이 머리를 숙이는 것이 느껴졌다. 마침내 그들 중 한 사람이 나에게 배를 보러 갈 것인지 물었다. 그러나 나의 마음이 아직 명쾌하게 정리되지 않은 상태였기 때문에, 나는 숙소로 돌아와서 마음 수련을 깊이 하며 스스로를 가뒀다.

마음속으로 하나님에게 이런 시험을 겪고 있는 나를 자비롭게 도와 달라고 외치는데, 하나님 앞에서 눈물이 폭포처럼 쏟아졌다. 나의 마음이 하나님에게 순종하고 있다고 믿지만, 그 일을 밀고 나갈 만큼 마음이 명쾌하다는 것을 느끼지 못했다. 나 자신의 허약과 신의 지시의 필요성이 깊이 각인되었다.

한동안 해야 할 일을 모르고 폭풍우에 이리저리 떠밀리는 사람이나 다를 바 없이 지냈다. 그런 고통 속에서 "내일 일은 걱정하지 마라."[43]는 그리스도의 가르침이 생생하게 떠올랐으며, 그 말씀 덕분에 상당한 정도의 평정을 찾을 수 있었다. 타운에서 거의 이틀을 머물면서, 나는 하늘에 계신 아버지에게 복종하는 길은 곧 집으로 돌아가는 것이라고 믿었다. 그래서 나는 저지 해안의 친우들에게 가서 배가 항해에 나서기로 되어 있는 날 아침까지 기다렸다.

그날 밤 깊은 시간에 침대에 누워 있을 때, 나의 마음은 편안해졌다. 집 가까운 곳에서 추가적으로 마음 수련을 거치는 것이 하나님의 뜻이라는 확신이 새롭게 느껴졌다. 그래서 나는 집으로 돌아갔고, 가족과 함께 지내면서도 일시 체류자라는 느낌을 받았다.

순수한 사랑이 새롭게 샘솟는 가운데, 나는 친우들 사이에서 진리의 증거와 관련 있는 어떤 주제를 놓고 개인적인 방식으로 소임을 처리했다. 몇 년 동안 가슴 속으로 고민해 오던 주제였다. 그런 영적 수련을 하며 길을 걷고 있는 동안에, '에제키엘서'의 그 단락이 문득 떠올랐다.

---

43 '마태복음' 6장 34절 참고.

"그들의 얼굴이 향하는 곳 어디로든, 그들은 그곳으로 갔다."

그리고 나는 감사하게도 전능하신 하나님에 대한 두려움과 경외속에서 나의 의무에서 풀려날 수 있었다. 몇 주일 동안, 하나님께서 늑막염이 나를 찾도록 했다. 며칠 누워 지내다가 그 병이 몹시 아프다는 사실을 확인한 뒤에, 병이 어떤 식으로 끝날 것인지에 대해 깊이 생각해 보았다. 최근에 여러 가지 영적 시련을 거치면서 나는 이 삶의 유쾌한 것들로부터 꽤 멀어진 상태로 지냈다.

만약 나의 소임에 종지부를 찍고 나를 자신의 자비의 품안으로 관대하게 받아들이는 것이 그분의 뜻이라면, 이제 죽음도 받아들일 수 있다는 생각이 들었다. 그러나 나를 고통 속에서 추가로 더 단련시켜 교회에 조금이라도 더 보탬이 되도록 하는 것이 하나님의 뜻이라면, 나는 죽고 싶지 않았다.

후자의 경우라면, 나는 묵묵히 순종할 마음을 강하게 느끼고 있으며, 의사를 데리러 보낼 뜻이 전혀 없다는 말을 감사하는 마음으로 하고 싶다. 외적 수단을 통해서 나를 높이 끌어 올리는 것이 하나님의 뜻이라면, 나를 보살피기 위해 동정적인 일부 친우들이 나에게 보내질 것이라는 믿음이 있었기 때문이다. 따라서 의사를 부르지 않는 것이 순리였다.

그러나 극진한 보살핌을 받았음에도 병이 간혹 너무나 깊었기 때문에, 더 이상 회복을 기대할 수 없게 되었다. 특히 어느 날 밤에는 육체적 고통이 정말 심각했다. 두 발이 차가웠고, 그 냉기가 두 다리를 타고 상체로 올라왔다. 당시에 나는 간병인에게 뭔가 따뜻한 것으로 발을 덮어 달라고 요청할 뜻이 전혀 없었다. 종말이 가까워지고 있다고 판단하고 있었기 때문이다.

그런 상태에서 거의 10시간을 누워 있은 뒤에, 나는 이제 육체로부터 분리될 수 있겠다고 생각하며 눈을 감았다. 그러나 이런 끔찍한 순간에도 나의 마음은 생생하게 열린 상태에서 교회를 보고 있었다. 그때 나의 안에서 동료 피조물들의 영원한 행복을 기원하는 간절한 기도가 일어났다.

순수한 사랑이 샘솟는 가운데, 나 자신이 그리스도의 고통 중에서 아직 다 겪지 못한 것을 나름대로 채우고 교회를 위해 일하기 위해 육체 안에 조금 더 남게 될 것 같은 느낌이 들었다. 그래서 나는 간병인에게 발을 따뜻하게 덮어 달라고 부탁했으며, 그리하여 다시 생기를 찾게 되었다. 이튿날 밤, 영적으로 힘든 훈련을 겪는 상태에서 마침 견실한 친구가 나를 돌보고 있었기에, 그에게 내가 하는 말을 받아 적어 달라고 부탁했다. 그는 다음과 같이 적었다.

"1770년 1월 4일 새벽 5시경. 하나님의 빛 속에서, 나는 인간의 지혜에서 가장 현명한 자가 가장 어리석은 바보가 되고, 부정(不正)을 떠받치던 강한 팔이 산산조각 부서지고, 정의의 적들이 끔찍한 소동을 일으키며 서로를 고문하는 날이 다가오는 것을 보았다. 전능하신 그분이 심판대에 올라가서 억압 받는 자들의 원한을 옹호할 것이기 때문이다. 그분은 나에게 이 환상을 공개할 것을 명령했다."

이 일이 있고 1주일쯤 뒤에, 마음이 생생하게 열리는 것을 느끼면서 이웃을 부르러 보냈다. 이 이웃은 나의 부탁에 따라 다음과 같이 적었다.

"기도의 장소는 소중한 거주지이다. 지금 나는 성자들의 기도가 소중한 향(香)이라는 것을 알았다. 이 말을 널리 퍼뜨리기 위해 나에게 나팔이 주어졌다. 그러면 아이들은 나팔 소리를 듣고 이 소중한 거주지로 모이라는 초대를 받을 것이다. 거기서는 성자들의 기도가 향기로운 향처럼 하나님의 옥좌와 어린 양 앞으로 피어오른다. 나는 이 거주지가 안전하다는 것을, 세상에 격한 소란과 동요가 일어날 때에도 내적으로 고요하다는 것을 확인했다.

오늘날, 절대적으로 순종하는 상태에서 올리는 기도는 하나의 소중한 장소이다. 나팔 소리가 들린다. 교회가 순수한 내면의 기도의 장소로 다가가야 한다는 외침이 교회까지 퍼지고 있다. 교회의 거주지는 안전하다."

11장

―――――――

1772년(I)

1.
새뮤얼 엠런과 함께
런던 행

영국의 북부 지역, 보다 구체적으로 요크셔의 친우들을 방문하기 위해 바다를 건널 준비를 하느라 한동안 종교적 관심사에 몰두하고 있던 터라, 벌링턴에서 열리는 우리의 월례 모임에서 친우들에게 그 일에 대해 알려주는 것이 옳겠다는 생각이 들었다. 친우들은 나와 의견 일치를 보이며 허가증을 내주었다. 후에 우리의 분기 모임에도 똑같은 내용을 알렸으며, 그들도 마찬가지로 의견 일치를 보였다.

시간이 조금 더 지나서 목사들과 장로들이 모인 춘계 총회에서, 그들에게도 나의 마음을 따라다니던 관심사를 알게 하는 것이 의무라는 판단이 섰다. 그들도 마찬가지로 영국의 친우들 앞으로 된, 1772년 3월 24일자 허가증을 통해서 나의 의견에 동의한다는 뜻을 밝혔다.

4월이 오고, 적절한 운송 수단을 알아볼 때가 되었다. 나의 관심은 주로 영국 북부 지역으로 향하고 있었기 때문에, 리버풀 (Liverpool)이나 화이트헤이븐(Whitehaven) 행 선박을 이용하는 것이 적절할 듯했다. 이 문제를 놓고 고민하며 필라델피아에 머무는 동안에, 사랑하는 친구이자 후배인 새뮤얼 엠런(Samuel Emlen: 1730-1799)이 런던으로 갈 예정이라는 소문이 들렸다. 그는 메리 앤 엘리자베스라는 선박의 일등실에 좌석을 잡은 것으로 전해졌다. 그 선박의 선장은 제임스 스파크스(James Sparks)였으며, 필라델피아 시의 존 헤드(John Head)가 그 배의 공동 소유주 중 한 사람이었다. 동일한 선박의 삼등실로 마음이 끌리는 것을 느끼면서, 나는 먼저 새뮤얼에게 가서 승선권 문제에 대한 나의 감정을 털어놓았다.

내가 그런 이야기를 하자, 친구는 눈물을 쏟았다. 내가 바라는 것이 삼등실일지라도, 그와 함께 그 배를 타기로 했다는 사실에 고마워하는 것 같았다. 그가 같이 배를 보러 가자고 제안하기에, 우리는 배에 올라가서 먼저 일등실을 둘러보고 삼등실로 갔다. 거기서 우리는 어떤 상자 위에 앉았으며, 선원들은 우리 주변을 바쁘게 돌아다니고 있었다. 선박의 소유주도 거기 와서 우리와 함께 앉았다.

나의 마음은 천상의 조언자인 그리스도 쪽으로 향했으며, 그러자 나의 의지가 그리스도의 뜻에 완전히 복종하고 있는 것이 느껴졌다. 나의 가슴은 그리스도 앞에서 깊이 회개하고 있었다. 배의 소유주로부터 보다 조용한 일등실로 가서 앉아 보라는 몸짓이 있었다. 그러나 나는 그 자리를 떠나는 것이 낫겠다고 느꼈다. 그래서 소유주에게 만약 그 배로 여행을 한다면 자리는 삼등실이 될 것이라고 했지만, 그 문제로 내가 겪는 마음의 갈등에 대해서는 길게 말하지 않았다.

내가 거처로 돌아오고 그 이야기가 타운에 조금 퍼진 뒤에, 어느 친우가 삼등실을 이용하는 경우에 겪게 될 엄청난 불편에 대해 내 앞에서 길게 늘어놓았으며, 그런 일에 대한 생각이 한동안 나를 크게 실망시켰던 것 같다.

친우로부터 그런 말을 들은 직후에 잠자리에 들었으며, 나의 마음은 하나님 앞에서 깊은 영적 수련에 들어갔다. 그날 밤 잠을 자는 동안에, 하나님의 도움의 손길이 분명히 보였으며, 하나님의 사랑이 나의 가슴을 강화시켰다. 아침에 나는 친우 두 사람과 다시 그 배에 올랐으며, 거기서 짧은 시간을 보낸 뒤에 새뮤얼 엠런과 함께 선박 소유주의 집으로 갔다. 새뮤얼만 듣는 가운데, 나는 객실의 좌석과 관련해서 내가 느낀 양심의 가책과 관계있는 영적 수련을 공개했다. 다음과 같은 내용이었다.

"일등실이 위치한, 배의 그 부분의 외부에 잡다한 종류의 조각 작품들이 놓여 있더군요. 또 일등실 안에도 몇 가지 종류의 사치스런 공예품이 있었어요. 인간의 셈법에 따르면, 그 객실의 뱃삯은 이 세상에 순종하기로 한 마음들을 충족시키기 위해 그곳을 장식하는 비용까지 포함한다는 것을, 다른 경우와 마찬가지로 이 경우에도 승객들로부터 받는 돈은 그들의 이동에 따른 비용뿐만 아니라 사치품들의 비용까지 포함하고 있다는 것을 알 수 있지요. 그래서 나는 그런 목적에 쓰이는 돈까지 지급하는 행위와 관련해서 양심의 가책을 느끼고 있지요."

이제 나의 마음이 활짝 열렸기 때문에, 선박 소유주에게 나 자신이 이 대륙을 여행하는 중에 심각한 억압을 여러 차례 목격했다는 사실을 알려주었다. 그런 모습에 나의 가슴이 미어지는 듯했고, 고통을 겪는 사람의 상태가 고스란히 느껴졌으니 말이다. 흑인들을 억압하는 입장에 서 있는 사람들과 하나님에 대한 두려움과 사랑 속에서 여러 차례 대화해 보았기 때문에, 나는 많은 사람들이 부를 축적하여 자식들에게 물려주기 위해서, 또 이 세상의 관습과 명예에 맞춰 편하게 살기 위해서, 억압의 영(靈)에 말려드는 것을 종종 확인할 수 있었다. 그런 상황에서 영혼의 수련을 기대하기가 어려웠으며, 나는 순수한 지혜에 반하는 것에 합류하는 것으로는 마음의 평화를 발견할 수 없었다.

이런 뜻을 밝힌 뒤에 나는 삼등실 좌석에 동의했으며, 조지프 화이트가 나를 만나기를 원한다는 소리를 듣고는 그의 집으로 갔다. 다음날 집으로 돌아가서 이틀 밤을 기다렸다. 그 다음날 아침 일찍, 나는 하나님의 손이 나를 건드리며 겸허하게 만드는 느낌을 받으며 가족과 헤어졌다.

필라델피아로 가는 길에 사랑하는 친구 몇 명을 만나는 기회를 가졌다. 그들은 내가 타게 될 선박의 삼등실의 불편한 상황 때문에 나를 걱정하는 것 같았다. 그럴 때마다, 하나님의 자비 덕분에 나의 마음은 하나님의 도움을 기다리며 겸허하게 지켜졌으며, 내가 삼등실보다 더 편한 곳을 선택하면 좋겠다는 뜻을 표했던 친우들도 더 이상 그런 뜻을 강조하지 않고 나를 하나님에게 맡기는 것 같았다.

필라델피아에서 이틀 밤을 묵은 뒤, 다음날 더비 월례 모임에 갔다. 거기서 하나님의 사랑의 힘을 통해서 나의 가슴은 그곳의 청년들 쪽으로 크게 열렸으며, 그들 덕분에 정신이 유연하게 움직이는 가운데 일을 처리할 수 있었다. 윌리엄 혼(William Horn)의 집에서 하룻밤 묵은 뒤 체스터로 갔다. 거기서 새뮤얼 엠런을 만났으며, 우리는 1772년 5월 1일 배에 올랐다.

갑판에 혼자 앉아 있을 때, 나의 행위들이 나 자신의 의지에 따른 것이 아니라 그리스도의 십자가의 힘에서 나오는 것이라는 사실을 뒷받침하는 만족스런 증거가 느껴졌다.

2.
어린 선원들의
고난

5월 7일. 배를 탄 이후로 대체로 날씨가 거칠었다. 승객 중에서 제임스 레이놀즈(James Reynolds)와 존 틸 애덤스(John Till Adams), 새라 로건(Sarah Logan)과 그녀의 하녀, 존 비스팸(John Bispham) 등은 가끔 뱃멀미를 했다. 하늘에 계신 자비로운 아버지의 사랑 덕분에, 나는 뱃멀미를 피할 수 있었고, 지금 내가 겪고 있는 고난은 그런 것과 다른 종류였다.

그 배의 선장과 일등실 승객들의 마음이 나를 향해 열리는 것 같았다. 우리는 종종 함께 갑판에 나왔으며, 가끔은 일등실에서 자리를 함께했다. 나의 마음은 자비로운 하나님의 도움을 통해서 꽤 주의 깊고 차분한 상태로 지켜졌으며, 그 점에 대해 깊이 감사해야 한다.

지금까지 일주일 정도 되는, 삼등실에서 지낸 시간이 가난한 선원들의 생활과 그들의 영을 보고 듣고 느낄 기회를 많이 주었다. 그때 나의 영혼의 과제는 우리 아이들과 젊은이들을 하나님에 대한 순수한 두려움 속에서 본보기를 보고 배우며 닮을 수 있는 곳에 배치하는 문제로 모아졌다.

선원들 틈에서 오래 지내다 보니, 나는 그들을 사랑하는 마음에서 한 사람씩 만날 기회를 여러 번 가졌으며, 자유로운 대화를 통해서 그들이 하나님을 두려워하는 마음을 품도록 하려고 노력했다. 오늘 우리는 일등실에서 모임을 가졌다. 그 자리에서 나의 가슴은 하나님의 사랑을 깊이 느끼며 뉘우쳤다.

나는 세상의 다양한 지역들과 해상을 통해 교류하는 것이 간혹 하늘에 계신 우리 아버지의 뜻과 일치한다고 믿고 있으며, 또 일부 청년들에게 항해 기술을 가르치는 것이 옳다고 생각한다. 그러나 현재 세상의 타락이 얼마나 개탄스러운가! 교역이 행해지는 경로들은 또 얼마나 불순한가! 항해 기술을 배우기 위해 배에 오를 때 가엾은 청년들이 안게 되는 위험은 또 얼마나 큰가!

이 배에도 항해 훈련을 받는 청년이 5명 타고 있었다. 그들 중 2명은 우리 소사이어티 안에서 성장했으며, '제임스 네일러'(James Naylor)라는 별명으로 불리는 또 다른 청년은 우리 소사이어티의 회원이며, 윌렘 제웰(Willem Sewel)**44**의 역사서에 언급된 제임스 네일러는 그의 아버지가 아니라 삼촌이었던 것 같다. 나는 이 가엾은 청년들에게 종종 가슴에서 우러나는 동정을 느꼈으며, 마치 그들이 성령이 아니라 육신을 따르고 있는 자식들처럼 느껴져 그들을 가끔 지켜보기도 했다.

---

44 영국 배경을 가진 네덜란드의 퀘이커 역사학자(1653–1720).

모두가 탐욕을 조심하고 경계하기를! 모두가 온순하고 겸허한 가슴을 가진 그리스도에 대해 배우기를! 그러면 우리가 그리스도를 충실히 따르는 가운데, 그리스도가 이 세상의 관습이나 명예를 고려하지 않고 음식과 옷으로 만족하는 길을 가르쳐줄 것이다. 그런 식으로 구원을 받은 인간들은 동료 인간들에게 따뜻한 마음으로 관심을 보일 것이고, 가장 낮은 지위에 속하는 사람들이 도움을 받고 용기를 얻기를 바랄 것이다. 선박 소유주들이 자유의 법을 완벽하게 실천하고 '성경'의 말씀을 현실로 실행하는 곳에서, 그들은 그들의 행동으로 축복을 받을 것이다.

바다로 나가는 배는 보통 밤새도록 항해하며, 선원들은 한 번에 4시간씩 당번을 선다. 밤에 일을 하기 위해 잠자리에서 일어나는 것은 어떤 경우에도 유쾌하지 않지만, 모든 선원에게 온갖 편의가 다 제공된다 할지라도, 비 내리는 캄캄한 밤에 노동하기 위해 잠을 깨는 것은 여간 성가신 일이 아니다.

밤에 갑판 위에서 몇 시간 일한 뒤에 흠뻑 젖은 상태로 삼등실로 내려오는데 사람들로 붐비는 탓에 옷을 갈아입을 적절한 공간마저 생기지 않는다면, 선원들의 젖은 옷은 무더기로 쌓이고, 가끔은 객실을 오가는 사람들의 발에 밟히기도 한다. 그러면 선원들이 자기 옷을 찾는 것조차 어렵게 된다. 이런 것이 불쌍한 선원들이 일상적으로 겪는 시련이었다.

나의 자리에서 선원들과 함께 지내고 있기 때문에, 지금 나의 가슴은 종종 그들을 동정하고 있으며, 선박의 소유주들과 선장들이 모두 신의 사랑 속에 살며 올바르게 행동했으면 좋겠다는 소망이 일어났다. 이익을 조금 덜 챙기고, 자신의 길을 조금 더 조심스럽게 살핀다면, 선박 소유주들과 선장들은 가엾은 선원들이 품는 분노의 원인을 모두 제거할 수 있다. 그러면 선원들은 독한 술을 과도하게 갈망하지도 않고 지나치게 많이 마시지도 않을 것이다. 정말로, 가엾은 선원들은 비에 젖고 추운 상태에서 가끔 다른 편의의 결여를 달래기 위해 독한 술에 의존하는 것 같다.

세상은 위대한 개혁을 결여하고 있으며, 바다를 통해 사업을 벌이는 사람들 사이에 개혁의 필요성이 이 기회에 나의 눈 앞에 뚜렷이 드러났다.

5월 8일. 오늘 아침에는 구름이 잔뜩 끼고, 바람이 남동쪽에서 강하게 불어왔다. 정오 전에는 바람이 너무나 강해졌기 때문에 항해가 위험해 보였다. 그래서 선원들은 돛의 일부를 묶고, 나머지 돛은 내렸다. 폭풍이 거세짐에 따라, 셔터를 일등석 창문 안으로 넣고 밤처럼 램프에 불을 붙였다. 바람이 맹렬히 불었으며, 파도는 일등실에 두려움 섞인 진지함이 팽배하게 만들 정도로 거세게 때렸다. 그런 상황에서 일등실의 승객들이 나를 자주 초대했기 때문에 나는 거기서 17시간 정도를 보냈던 것 같다. 그때 비에 젖은 상태에서 고투를 벌이는 가엾은 선원들에게 붐비는 삼등실의 공간을 전부 다 내줘도 모자라겠다는 생각이 들었다. 그들은 지금 항해를 중단하고, 배를 풍랑에 맡기며 표류하는 상태로 두었다.

폭풍우가 몰아치는 동안에 나의 마음은 자비로운 하나님의 도움을 받으며 꽤 체념하는 상태로 지켜질 수 있었다. 가끔 나는 하나님의 사랑을 느끼는 가운데 동료 선원들에게 그분의 만능에 대한 말을 몇 마디 했다. 깊은 바다를 만든 것도 바로 그분이니까. 그분의 보살 핌이 너무나 넓고 깊기 때문에 참새 한 마리도 그분이 모르는 사이에 떨어지지 못한다. 따라서 나는 부드러운 마음 상태에서 선원들에게 간혹 역경을 통해 우리의 향상을 꾀하는, 하늘에 계신 우리 아버지의 가르침을 진정으로 따를 필요가 있다는 점에 대해 말했다.

밤 11시쯤, 갑판으로 나갔다. 바다는 격렬하게 몸부림치고 있었다. 사방에서 물거품을 일으키는 높은 파도는 어떤 불처럼 보이기도 했으나, 빛을 그다지 일으키지는 않았다. 키를 잡은 항해사는 조금 전에 돛의 꼭대기에서 번개 같기도 한 빛의 고리를 보았다고 말했다. 나는 그 배의 선장이 목수에게 갑판을 지킬 것을 지시하는 현장을 목격했다. 선장은 말을 거의 하지 않았지만, 나는 선장이 도끼를 가진 목수가 비상사태에 대비하도록 준비시키는 것으로 이해했다. 이 일이 있은 뒤에, 바람의 격렬함이 잦아들었고, 아침이 오기 전에 그들은 다시 항해를 시작했다.

5월 10일. 주의 첫째 날이고 날씨가 좋았던 덕분에, 우리는 일등실에서 예배 모임을 가졌다. 선원들도 대부분 참가했다. 나에게 이 모임은 힘을 강화하는 시간이었다.

13일. 계속 삼등실에 머물렀기 때문에, 이날 아침에 나는 항해술을 배우는 견습생인 가엾은 청년들을 보며 느낀 감정에 대해 추가로 몇 자 적고 싶다는 느낌을 받았다. 나 자신이 항해가 세상에 유익하다고 믿기 때문에, 영혼의 어떤 과제가 나를 따르고 있다. 바다를 통한 교역에 종사하는 사람들 모두가 겸허한 자세로 진리의 순수한 조언에 귀를 기울이도록 이끌어야 한다는 것이다.

자식의 영원한 행복을 위해 마음을 수련하는 독실한 아버지라면 자식이 타락하고 속된 인생의 길을 걷는 사람들 사이에서 일자리를 찾는 것을 편안한 마음으로 지켜보지 못할 것이다. 선원들 사이에 현재 미덕과 신앙과 관련해서 결함이 두드러지게 나타나고 있다. 교역량이 많은 데다가 많은 선박들이 전쟁에 이용되고 있기 때문에, 너무나 많은 사람들이 해상의 일자리에 고용되고 있으며, 따라서 젊은이들을 이 직종에 배치하는 문제가 대단히 중요해 보인다.

하나님이 자신의 예언자를 통해 하신, "이들은 내가 나를 위하여 만든 백성이니, 나를 찬송하게 하려 함이니라."[45]라는 말씀을 기억하면서, 아이들이 항해 기술을 배우도록 그런 사람들 사이에 두는 것에 대해 생각할 때, 항해 기술과 경건한 교육을 일치시키는 일은 나에게는 불가능해 보인다. "하나님으로부터 어떠한 대답도 없다."는 그 예언자의 말처럼.

세속의 예들은 매우 타락했고 매우 폭력적이다. 선원으로 고용된 가엾은 아이들을 향한 나의 동정심이 날이 갈수록 더욱 깊어졌기 때문에, 나는 가끔 삼등실에서 선원들과 진지하게 대화했다. 그럴 때면 선원들은 대부분 나에게 존경심을 표했다. 내가 그들과 함께하는 시간이 길어질수록, 존경심은 더욱 깊어졌다. 그들은 대부분 나의 말을 호의적으로 받아들이는 것처럼 보였지만, 그들의 마음은 선원들 사이에 거의 보편적으로 확인되는 비행(非行)에 너무나 강한 인상을 받고 있었다. 그런 탓에 나의 말에 대한 가엾은 젊은 선원들의 대답은 나로 하여금,

---

45　'이사야서' 43장 21절.

포로의 신세가 되기 전의 타락한 유대인들을 떠올리게 했다. 예언자 예레미아가 "희망이 없어."라고 거듭 말했듯이.

이 관심사를 놓고 영적 수련을 하는 동안에, 사람들을 지배하고 있는, 외적 이득을 추구하려는 욕망이 통탄스럽게 느껴졌으며, 마음속에서 그리스도의 독실한 추종자들을 향한 강력한 외침이 일어났다. 우리 모두가 지금 이 세상을 사랑하다가 그만 개혁을 위한 정직한 노력에 반드시 필요한 의무를 지속적으로 게을리하는 일이 없도록 조심해야 한다는 경고였다.

돈에 대한 애착에서 비롯되는 모든 감정을 침묵시키고, 하나님이 우리에 대한 의지를 드러내기를 겸허한 마음으로 기다리는 것이 필요해 보였다. 하나님만이 우리가 깊이 파고들 힘을 줄 수 있고, 우리와 안전한 토대 사이에 놓인 모든 것을 제거할 수 있으며, 따라서 하나님만이 우리를 순수하고 보편적인 사랑이 앞길을 비춰줄 수 있는 그런 외적 고용으로 이끌 수 있다.

진리의 영에서 비롯되는 욕망은 순수한 욕망이다. 그리고 하나님의 힘에 의해서 젊은 세대 쪽으로 열리게 된 어떤 마음이 청년들 사이에 널리, 또 강력하게 영향력을 행사하는 타락의 예들을 알아차리게 될 때, 그런 가능성이야말로 얼마나 감동적인가! 가시투성이의 황량한 황무지처럼 위험과 어려움으로 가득한 세상 속에서, "나는 내 양을 알고, 양도 나를 알지."[46]라고 말한, 선한 목자 그리스도가 이끄는 것이 얼마나 소중하고, 얼마나 편안하고, 얼마나 안전한가!

---

46 '요한복음' 10장 14절.

5월 16일. 며칠 동안 바람이 자주 사나워졌다. 선원들은 거센 바람을 질풍이라고 부른다. 파도가 높고 비도 잦았다. 지난밤은 불쌍한 선원들에게 매우 고된 밤이었다. 밤새도록 바닷물이 주갑판 위로 넘쳤으며, 가끔은 파도가 배를 부숴버릴 기세로 선미의 갑판을 때렸다. 밤의 후반부에 침대에 누워 있을 때, 나의 마음은 하나님의 사랑의 힘을 느끼며 한껏 겸허해졌다. 땅과 바다의 위대한 창조자에 대한 복종이 내 안에서 다시 느껴졌으며, 아버지처럼 자식들을 돌보는 그분의 보살핌이 나의 영혼에 참으로 소중하게 느껴졌다.

그때 나는 동료 인간들의 고충과 어려움을 내적으로 고스란히 느끼면서, 나 자신이 그분의 사랑 속에서 이 땅 위에 순수한 정의를 퍼뜨리는 노력을 최대한 기울일 수 있기를 간절히 바랐다. 선원들과 섞여 지내는 중에, 아프리카까지의 항해와, 심하게 억압당하던 노예들을 우리의 섬들로 데리고 오는 방식에 관한 대화를 엿들을 기회가 많았다. 노예들은 자주 족쇄와 쇠사슬에 묶인 채 배에 올랐으며, 그들의 가슴은 비참한 예속에 대한 걱정으로 비탄에 빠진 상태였다. 그래서 나의 마음은 자주 그런 것들을 놓고 명상에 잠겼다.

5월 17일. 한 주의 첫째 날인 이날, 일등실에서 예배 모임을 가졌다. 선원들도 참석했다. 나의 영은 하나님 앞에서 깊이 회개했으며, 그 시기에 하나님의 사랑이 나의 가슴에 영향을 끼치고 있었다. 오후에 나는 집에 남아 있는 가엾은 아내를 비롯한 가족과 영적으로 깊은 교감을 나눴으며, 그런 상태에서 나의 가슴은 그들도 겸허하게 순종하면서 삶의 길을 걸었으면 좋겠다는 소망 속에서 한껏 확장되었다. 그러면 영원히 존재하시는 아버지께서 그들의 안내자가 되어 그들이 이 세상에서 겪는 온갖 어려움을 극복하도록 도와줄 테니까. 천상의 아버지께서 그런 식으로 자비롭게 돕는 손길을 느끼는 상태에서, 나의 마음은 십자가를 짊어지고 진리를 향한 사랑 속에서 가족을 남겨두고 여행을 떠날 수 있을 만큼 강해질 수 있었다. 위대한 지지자인 우리 아버지의 자비로운 손길이 감사의 마음을 불러일으켰다.

5월 24일. 맑고 유쾌한 아침이다. 갑판에 앉아서, 비가 많고 바람이 거센 날씨에다가 신선하지 않은 밀폐된 공기 속에 갇혀 지낸 탓에 많이 약해진 체력이 다시 소생하는 것을 느꼈다. 지난 며칠 밤 동안에 호흡이 어렵다는 것을 느꼈다. 자정쯤 두 번째 당번이 일어난 직후에, 나는 잠자리에서 일어나서 출입구의 좁은 틈으로라도 신선한 공기를 마시기 위해 얼굴을 그쪽으로 돌리고 한 시간 가량 서 있었다. 출입구는 부분적으로 비를 막기 위해, 또 가끔은 부서지는 파도가 삼등실 안으로 들어오는 것을 막기 위해 대체로 닫혀 있었다.

나는 지금처럼 허약한 상태에서 나의 마음이 이 난국을 인내심 있게 버티도록 뒷받침을 받고 있다는 점을, 자비로우신 아버지에게 감사하는 마음으로 인정한다. 현재의 신의 섭리를 인류의 위대한 아버지가 베푸신 친절로 보았다. 배로 나선 이 순례에서, 천상의 아버지는 나로 하여금 수많은 동료 인간들이 더 큰 고통을 겪고 있다는 사실을 눈으로 확인하도록 하고 있다.

식욕이 떨어지고, 따라서 시련은 더욱 힘겨웠다. 안락의 원천인 하나님을 추구하는 나의 영혼 속에서 부드러운 숨결이 느껴졌다. 하나님의 내적 도움이 가끔 외적 편의의 결여를 메워주었다. 이어서 성령의 움직임을 잘 아는 하나님의 가족이 돈에 대한 애착으로부터, 또 인간들이 세속의 명예를 추구하도록 만드는 그 영(靈)으로부터 벗어날 수 있었으면 좋겠다는 욕망이 나를 강하게 사로잡았다. 또 바다나 육로를 통한 모든 사업에서, 하나님의 가족이 하나님의 왕국이 천국에 있는 것과 마찬가지로 이 땅에도 온다는 것을 끊임없이 염두에 뒀으면 좋겠다는 욕망도 생겼다. 그러면 사람들은 이 안전한 안내자를 충실하게 따름으로써 피조물들이 신음하는 상태에서 벗어나게 하는 예들을 제시할 것이다.

오늘 일등실에서 모임을 가졌다. 거기서 나는 "주님은 가난한 자에게 힘이 되고 환난에 처한 자에게 힘이 되었다."[47]고 한 그 예언자의 말이 현실로 실현되는 것을 어느 정도 경험할 수 있었다. 그 같은 사실에 대해 나의 가슴은 하나님 앞에서 감사하는 마음을 느낀다.

5월 28일. 며칠 날씨가 축축하고 바람이 조금씩 불다가 잦아드는 모습을 보이고 있다. 선원들이 나의 짐작에 100패덤[48] 정도 되는 밧줄을 던졌으나 바닥을 발견하지 못했다. 오늘 아침은 안개가 자욱했다. 인간들의 위대한 보호자의 친절 덕분에, 나의 마음은 차분함을 유지할 수 있으며, 매일 어느 정도의 수련이 이어지고 있다. 그리스도의 순수하고 평화로운 지배가 인류 사이에 널리 퍼지고 팽배해지기를 간절히 기원하는 마음이다.

젊은 세대를 이 세상의 지혜가 전혀 아무런 역할을 하지 못하는

---

47 '이사야서' 25장 4절.

48 패덤은 바다나 광산에서 쓰는 길이 단위로 1패덤은 6피트(약 1.83m)이다.

그런 순수한 길로 이끄는 것이 지난 며칠 동안 나의 마음의 관심사였다. 그런 길이라면, 부모들과 가정교사들이 겸허한 마음으로 천상의 조언자를 기대하며 예수의 안에 있는 진리 그대로의 진리 속에 살며 젊은이들에게 규범이 될 것이다.

아, 영혼이 그리스도의 목소리에 순수하게 순종하고, 이방인의 목소리를 따르지 않으려는 노력이 흐트러짐 없이 이어지는 그런 상태야말로 얼마나 안전하고 차분한가!

그런 곳에서는 그리스도가 우리의 목자로 느껴지고, 사람들은 그의 안내를 따르며 안정을 찾을 것이다. 그리스도가 앞으로 이끌지 않는 곳에서, 우리는 순수한 사랑의 끈으로 서로 연결된 채 차분하게 서서 그를 기다릴 것이다.

돈에 대한 애착과 이 세상의 지혜 속에서는, 사업이 제안되면, 먼저 일의 급박함이 전면으로 튀어나오고, 그런 상태에서 마음은 우리를 염려하는 하나님의 선하고 완벽한 의지를 알아차리지 못하게 된다. 하나님의 사랑은 우리에게 혼란을 야기하는 문제에서 벗어날 것을 요구하는 그 자비로운 부르심에서 명백히 드러난다. 그러나 우리가 예수의 이름으로 겸허하게 고개를 숙이지 않는다면, 또 이 세상의 지혜 속에서 우리 눈에 보이는 이득의 가능성을 포기하지 않고 마음속으로 "난 계속 앞으로 나아가야 해. 사업이 허용하는 범위 안에서 진리의 순수함에 최대한 가까이 다가서기만 하면 되는 거야."라고 말한다면, 마음은 복잡하게 뒤얽힌 상태로 남을 것이고, 생명의 빛이 영혼 속을 환하게 밝히는 것이 방해 받을 것이다.

틀림없이, 하나님은 슬플 만큼 깊은 굴욕을 요구한다. 그래야만 우리가 하나님을 두려워하는 가운데 적절히 지시를 받으며 이 시대의 문제와 난국을 안전하게 극복할 수 있게 된다. 우리의 의지를 하나님에게 완전히 종속시키면, 하나님은 자비롭게도 자신의 백성을 위해서 문을 열어 주며, 거기서는 백성의 모든 필요가 그분의 지혜에 의해 해결된다. 여기서 우리는 예언자 모세가 '부정(不淨)을 씻는 물'에서 죄로부터의 정화로 이해했던 것의 본질을 경험한다.

에서(Esau)[49]는 털옷을 걸친 것처럼 몸 전체가 빨간 아이로 언급된다. 에서에서 인간의 자연적인 의지가 표현되고 있다. '부정을 씻는 물'을 준비하면서, 멍에를 지지 않은, 흠 없는 붉은색 암소가 도살되었으며, 그 암소의 피가 성직자에 의해서 회중이 모인 이동 신전 쪽으로 일곱 번 뿌려졌다. 이어서 암소의 가죽과 살점, 그리고 암소에 속한 모든 것이 캠프 밖에서 태워지고, 그 재로 부정을 씻는 물이 준비되었다. 그리하여 옛날의 인간, 즉 타고난 의지를 십자가형에 처하는 것이 표현되었으며, 따라서 죽음인 세속적 마음으로부터의 분리가 일어난다.

"누구든지 죽은 사람의 시신을 만지고 잿물로 자신을 정결하게 하지 않는 자는 여호와의 성막을 더럽히느니라."[50]

만약 이익을 추구하며 무덤 가까운 곳에 거주하다가 죽은 사람의 시신을 건드리게 되는 그런 사업에 종사하던 사람들이라 하더라도

---

49 이삭과 레베카의 아들로, '성경'에 동생 야곱에게 상속권을 팔아넘긴 것으로 나온다. 눈앞의 이익에 눈이 어두운 사람을 나타낸다.

50 '민수기' 19장 13절.

신의 무한한 사랑을 통해서 그들을 세상에 못 박는 그리스도의 십자가의 힘을 느끼고 그로 인해 신성한 그 지도자를 겸허하게 따르는 것을 배우게 된다면, 바로 거기에 이 세상에 대한 심판이 있고, 이 세상의 지배자는 쫓겨난다. '부정을 씻는 물'을 건드린다. 그러면 비록 우리가 죽음을 당한 자들 사이에 살며 이득에 대한 욕망 때문에 어떤 사람의 죽은 몸을 만졌을지라도, 그리스도의 정화하는 사랑 속에서, 우리는 부정을 씻는 그 물로 깨끗이 씻어진다. 이어서 우리는 그리스도의 신성한 의지에 받아들여질 수 없는 그 사업으로부터, 그 이득으로부터, 그 협력으로부터 손을 떼게 된다.

이번 여행 동안에, 나는 무한한 사랑을 베푸는 하나님께서 자신의 은총을 받은 자식들에게, 모든 외적 소유물과 재물을 얻는 수단을 포기할 것을 요구하고 있다는 확신을 다시 느낄 수 있었다. 그렇게 하면, 하나님의 성령이 하나님의 자식들의 가슴 안에서 자유로이 다니며 길을 이끌 것이라는 확신도 느껴졌다. 여기서 강조되고 있는 본질을 느끼기 위해서, 인간은 반드시 자신의 의지의 죽음에 대해 알아야 한다.

"어떤 인간도 하나님을 보지 못하며, 하나님을 보고도 살 수 있는 인간은 없다."

이것은 전능하신 하나님이 예언자 모세에게 한 말로, 하나님의 축복을 받은 예수 그리스도에 의해 공개되었다. 우리 자신의 의지가 죽음을 맞고, 새로운 생명력이 우리 안에 형성될 때, 가슴이 순화되고 다음과 같은 말씀을 명쾌하게 이해할 준비를 갖추게 된다.

"가슴이 순수한 사람들은 복이 있나니, 그들이 하나님을 볼 것이니라."**51**

가슴의 순수함 속에서, 마음이 보편적인 정의, 즉 하나님의 왕국의 정의의 본질을 보도록 신성하게 열린다.

"하나님에게서 온 자를 빼고는 어떤 인간도 아버지를 보지 않았다. 하나님에게서 온 자는 하나님을 보았느니라."**52**

자연적인 마음은 현세의 일로 바쁘게 돌아가고, 이런 자연적인 활동 속에서 사업이 제안되고 우리 안에 사업을 계속 추진하려는 의지가 형성된다. 이 자연적인 의지가 종속되지 않은 채 그대로 남아 있는 한, 우리 안에 신성한 빛이 밝게 빛나는 것을 방해하는 요소가 남게 된다. 그러나 우리가 우리의 온 가슴과 온 힘으로 하나님을 뜨겁게 사랑할 때, 그 사랑 속에서 우리는 이웃을 자기 자신처럼 사랑하게 된다. 가슴의 부드러움은 그리스도가 십자가에 못 박히며 구원했던 모든 사람들 쪽으로, 심지어 외적 상황을 따지자면 우리와, 유대인과 사마리아인의 관계와 비슷한 그런 관계에 있는 사람들 쪽으로도 향한다.

"누가 내 이웃인가?"

이 질문에 대한 우리 구세주의 대답을 '누가복음' 10장 30절에서 읽도록 하자. 그런 사랑 속에서 우리는 예수가 하나님이라고 말할 수 있다. 우리 삶의 완전한 개혁으로 나타나는, 우리 영혼 속의 그런 개혁 속에서, 모든 것이 새롭고, 모든 것이 신에게서 오고('고린도후서'

---

51 '마태복음' 5장 8절.

52 '요한복음' 6장 46절.

5장 18절), 이익에 대한 욕망이 억눌러진다.

"여호와 우리의 정의, 이것이 그가 불릴 이름이니라."('예레미아
서' 23장 6절)

사람들이 진리의 빛 속에서 직업을 정직하게 추구하고, 사업에
성실하게 임하고, "정성을 바쳐 주님을 섬길"('로마서' 12장 11절) 때,
여호와 우리의 정의라는 이름의 의미가 우리에게 열린다. 아, 얼마
나 소중한 이름인가! 그것은 부어진 연고 같다. 정결한 처녀들[53]은 구
세주를 사랑하고, 이 세상에서 구세주의 평화로운 왕국을 촉진시키
기 위해서 선한 군인들처럼 고난을 기꺼이 참으며, 영적으로 부에 대
한 욕망을 아주 멀리하고 있다. 그렇기 때문에 정결한 처녀들은 일에
있어서도 유대인에게나 이교도에게나, 혹은 그리스도의 교회에게나
똑같이 어떤 피해도 입히지 않으려고 극도로 조심하게 된다.

5월 31일, 한 주의 첫째 날. 일등실에서 예배 모임을 가졌다. 배에
탄 사람들 거의 모두가 함께한 자리였다. 30명 가까이 되었다. 이 모
임에서 하나님은 우리에게 자비를 베푸시며 사랑을 확장했다.

6월 2일. 간밤에 선원들이 약 70패덤에서 바닥을 발견했다. 오늘
아침은 바람이 적당하고 유쾌했다. 나는 갑판에 앉았다. 나의 가슴
은 그리스도의 사랑에 압도되어 그의 앞에서 깊은 회개에 빠졌다. 고
향에서 나의 마음이 끌렸던 과제의 전망이 어느 정도 내 앞에 드러
난 상태에서, 나는 스스로 어린 아이처럼 느껴졌으며, 이어서 하늘에
계시는 아버지를 향해 나를 지켜달라고 기원했다. 겸허하게 하나님

---

53 '신약 성경'의 여러 편을 쓴 바울로는 교회를 '정결한 처녀'로 불렀다.

에게 의지하는 가운데, 나의 영혼은 그분의 사랑 속에서 강해졌으며, 내적으로 그분의 조언을 기다리게 되었다. 오늘 오후에 우리는 리저드(Lizard)라 불리는 영국 땅을 보았다.

승객들이 항해 물자로 갖고 온 가금류가 몇 마리 남아 있었다. 14마리 정도가 폭풍 속에서 선미 갑판을 넘어온 파도에 사라졌던 것 같다. 상당수는 서로 다른 때에 병으로 죽었다. 델라웨어 강을 따라 내려가며 육지와 가까이 있을 때에는 가금류가 우는 것을 관찰했지만, 그 후로는 영국 해안에 가까워질 때까지 우는 소리를 듣지 못한 것 같다. 그러다가 영국 해안이 보이자, 녀석들이 몇 차례 울었다.

가금류가 바다에서 멍청해지거나 병에 걸린 모습을 관찰하면서, 나는 모든 생명체에게 존재를 부여하고 참새들을 보살피는 데까지 미치는 그 선량의 원천을 종종 떠올렸다. 하나님의 사랑이 진실로 완성되고, 지배의 진정한 영(靈)이 주의 깊게 보살핌을 받는 곳에서, 나는 우리 인간에게 종속되도록 만들어진 모든 동물들을 향한 부드러움이 경험될 것이고, 우리 안에서 어떤 보살핌의 감정이 느껴질 것이라고 믿는다. 그러면 우리는 위대한 창조주가 동물들을 창조하면서 그것들을 우리 인간의 지배 아래에 두며 의도했던 생명의 그 아름다움을 약화시키지 않을 것이다.

3.
험한 항해 끝에
런던 도착

　6월 4일. 습한 날씨에 바람이 강하게 부는데다가 너무 어두 웠기 때문에 앞이 거의 보이지 않았다. 선원들이 좁은 것으로 알려진 해로를 놓칠 위험을 걱정하는 것 같았다. 시간이 조금 지나자 날이 더 밝아졌으며, 선원들은 육지를 보고는 배가 어디쯤 항해하고 있는 지를 알아냈다.

　그렇듯, 자비의 아버지께서는 위험들을 보여주며 우리를 시험하 고, 그런 다음에는 자비롭게도 수시로 우리를 위험으로부터 해방시 키고, 우리의 목숨을 살려주었다. 따라서 우리는 겸손한 마음과 경외 심을 느끼며 하나님 앞에서 걸으며 하나님을 신뢰할 수 있다.

　정오쯤 도선사가 도버에서 왔다. 소중한 나의 친구 새뮤얼 엠런 은 도버에서 내려 육로로 72마일 떨어진 런던으로 향했지만, 나는 배 에 그대로 머무는 것이 편하다고 느꼈다.

　6월 7일. 주의 첫째 날로 맑은 아침이다. 우리는 물때를 기다리며 배의 닻을 내리고 동승자들과 이별의 모임을 가졌다. 그 자리에서 나의 가슴은 그들에 대한 깊은 관심 속에서 크게 확장되었으며, 그들도 그리스도를 통해 구원을 경험했으면 좋겠다는 바람이 간절했다.

배는 맞바람을 맞으며 템스(Thames) 강을 거슬러 올라가다가, 가끔 닻을 내렸다. 많은 배들이 지나가는 것이 보였다. 가까운 곳의 일부 배들은 닻을 내린 상태였다.

나는 떠돌이 신세인 가엾은 선원들의 정신 세계를 몸으로 느낄 기회를 많이 가졌다. 바다에서 일하는 사람들 사이에 팽배한 개탄스러운 타락이 나의 가슴에 너무나 깊은 상처를 남겼기 때문에, 나 자신이 느낀 감정을 다른 사람에게 쉽게 전달하지 못하겠다.

선원 생활의 현재 상태는 일반적으로 경건한 교육이 이뤄지는 상태와 정반대이며, 타락이 가득하고, 신으로부터 너무 멀리 벗어나 있으며, 청년들에게 너무도 위험스런 본보기들로 넘치고 있다. 그래서 나는 젊은 세대 쪽으로 눈길을 주면서 그들의 미래를 걱정한다.

미래의 젊은이들이 현재 바다에서 일하는 젊은이들이 아는 것과 다른 교육의 기회를 누릴 수 있기를, 순수한 복음 정신과 친숙한 우리 모두가 이 일을 가슴 깊이 새기고 바다를 가로지르는 상품 수송에 따르는 개탄스런 타락을 기억하며 그리스도의 사랑 속에 살 수 있게 되기를 간절히 바랐다. 그러면 유별나고 섬세하고 사치스런 삶의 큰 비용으로부터 해방되면서, 사람들은 작은 것으로 만족하는 법을 배우고, 진리를 추구하는 정신에서 벗어나는 선까지 선원 생활을 촉진시키지는 않을 것이다.

12장

—————

1772년(Ⅱ)

1.
런던의
연례 모임

1772년 6월 8일. 런던에 내려 곧장 목사들과 장로들의 연례
모임으로 갔다. 짐작건대, 참석자들은 30분 전쯤 모인 것 같았다.[54]

54 울먼이 영국에 처음 모습을 드러냈을 때에 관한 이야기가 있다. '프렌즈 리뷰'
(Friends' Review)의 에디터였던 윌리엄 J. 앨린슨(William J. Allinson)이 들려준 내용
이니, 꽤 정확할 것이다. 배는 그 주의 다섯째 날 아침에 런던에 도착했다. 존 울먼은 그
때 모임이 이미 진행 중이라는 사실을 알고는 한 순간도 지체하지 않고 그 장소로 갔다.
그가 별다른 통보 없이 늦게 도착했지만, 그의 특이한 복장과 태도가 그곳 사람들의 관
심을 자극하며 그가 뜨내기 광신자일지도 모른다는 우려를 낳았다.

그가 미국의 친우들로부터 받은 증명서를 제시했지만, 좌중에는 여전히 불만이 남아 있
었다. 누군가는 이 이방인 친우에게 힘든 그 과제에 이미 헌신한 것으로 여기고 추가로
더 고생할 필요 없이 고향으로 돌아가도 좋다는 식으로 말했다. 존 울먼은 한동안 말없
이 앉아서 하나님으로부터 지혜로운 조언을 구했다. 그는 비우호적인 대접에 깊이 상처
를 입었으며, 그의 두 눈에서는 눈물이 하염없이 쏟아졌다. 그리스도와 동료 인간들을 향
한 사랑 속에서, 그가 고통스런 희생을 감내하면서 가정의 평화와 애정을 뒤로한 채 목
숨을 건 모험에 나서지 않았는가. 그의 사랑은 여전히 영국의 사람들 쪽으로 흐르고 있
었다. 그런데 그 사랑이 앞으로는 자신의 가슴 안에 갇혀 있어야 한단 말인가? 그는 마
침내 자리에서 일어나서 자신이 영국에서 해야 할 소임으로부터 놓여났다고 느끼지 않
는다고 말했다. 그럼에도 그는 친우들의 협조 없이는 목사의 직무를 수행하는 여행을 할
수 없었으며, 그 일이 보류되는 한, 그는 자신이 그들에게 부담이 되는 것을 편하게 생각

이 모임에서 나의 마음은 겸허하게 죄를 깊이 뉘우쳤다. 오후에 실무를 위한 모임이 열렸다. 이 모임은 휴회를 거듭하며 거의 일주일 동안 이어졌다. 이 모임들에서 나는 친우들이 순수한 진리의 삶을 확고히 추구하도록 이끄는 것이 중요하다는 느낌을 종종 받았다. 나의 가슴은 목사들의 모임들과, 실무를 위한 모임과 공적 예배를 위한 몇 차례의 모임들에서 더욱 넓어졌으며, 나의 마음이 지금 연례 모임에 모인 충직한 일꾼들과 진정한 사랑 속에서 하나로 결합되는 것을 느꼈다. 15일에는 하트포드(Hertford)의 분기 모임에 갔다.

7월 1일. 셰링턴(Sherrington)과 노샘프턴(Northampton), 밴베리(Banbury), 십턴(Shipton)의 분기 모임에 참석했으며, 그 사이에도

할 수 없었다. 그는 거기서 제안된 것처럼 쉽게 돌아갈 수 없었지만, 그래도 기계를 다루는 일에 익숙했다. 그의 봉사에 대한 방해가 계속되는 동안에, 그는 친우들이 자신이 할 수 있는 일에 자기를 고용해 주기를, 그리하여 자신이 누구에게도 짐이 되지 않기를 바란다는 뜻을 밝혔다.

모임에 참석한 사람들 사이에 깊은 침묵이 흘렀다. 그들 중 많은 사람들은 현명하고 소박한 이방인의 말과 태도에 감동을 받았다. 기다림의 시간을 가진 뒤, 존 울먼은 그리스도의 대리인으로서 할 말이 자신에게 주어졌다고 느꼈다. 그의 주인의 영(靈)이 그의 말을 듣는 사람들의 가슴 속에서 증거가 되어 주었다. 그가 말을 끝내자, 그의 봉사에 반대한다고 했던 친우가 일어나서 겸허한 마음으로 자신의 실수를 인정하고, 이방인과의 완전한 일치를 다짐했다. 이로써 그를 둘러싼 모든 의심이 걷혔으며, 일치와 공감의 표현이 팽배했다. 그리하여 존 울먼은 동료 형제들로부터 인정을 받아 자신의 일을 계속 수행할 수 있게 되었다.

존 울먼의 초상화는 하나도 없다. 그의 시대에도 사진이 알려져 있었지만, 그가 사진가에게 자신의 생김새를 찍도록 했을 가능성은 전혀 없다. 모든 과잉과 값비싼 사치를 피하는 한편으로, 그가 옷과 인격에서 양심적으로 말쑥했다는 것은 그의 전반적인 성격으로도 추론할 수 있을 뿐만 아니라, 그가 염색한 옷에 진지하게 반대한 이유 중 하나가 염색이 더러움을 숨기고, 따라서 진정한 순수에 해롭다는 것이었다는 사실로도 추론할 수 있다. 그러나 그의 옷차림이 사람들로 붐비는 삼등실에서 몸단장을 신속하게 할 필요가 있었다는 점을 암시할 가능성도 꽤 있다. – Note from the edition published by Messrs. Houghton, Mifflin & Co.

다양한 모임을 가졌다. 나의 마음은 우리 사이에 분명히 나타난 하나님의 선하심을 느끼며 한껏 낮춰졌으며, 나의 가슴은 목사들과 장로들 사이에서만 아니라 공적 모임에서도 종종 진정한 사랑을 느끼며 크게 넓어졌다. 하나님의 선하심이 많은 사람들에게, 특히 젊은이들에게 하나님의 새로운 은총으로 다가왔다.

17일. 이날은 버밍엄에 있었다. 옥스퍼드셔(Oxfordshire) 주의 코벤트리(Coventry)와 워릭(Warwick)의 모임과 그 외에 다른 곳을 여러 곳 방문했으며, 하나님의 손길이 나를 건드리며 한껏 겸손하게 만드는 것을 느꼈다. 그러나 나는 소임을 힘들게 수행하는 과정에 하나님의 부드러운 자비를 통해서 마음의 평화를 발견했다.

26일. 모임들을 방문하면서 북쪽으로 여행을 계속했다. 이날은 노팅엄에 머물렀다. 오전 모임은 하나님의 사랑을 통해서 특별히 가슴이 따뜻하게 고무되는 시간이었다. 다음날에는 어느 친우의 집에서 모임을 가졌다. 그 모임은 힘을 불어넣는 하나님의 팔을 통해서 특별히 감사하게 기억되는 시간이었다.

8월 2일. 주의 첫째 날인 이날은 내륙의 큰 타운인 셰필드(Sheffield)에 있었다. 지난주에 여러 모임에 참석했으며, 그럴 때면, 속으로 나에게까지 자비롭게 펼쳐 보이시는 하나님의 지지에 감사하는 마음을 느꼈다. 9일은 러시워스(Rushworth)에서 보냈다. 지난 며칠 동안 약간 고통스런 일을 겪었지만, 하나님의 은총을 받는 느낌에서 위안을 얻을 수 있었다. 이 은총이 많은 청년들에게까지 확장되는 것을 느꼈다.

주의 첫째 날인 8월 16일, 세틀(Settle)에 있었다. 지난 며칠은 내적 빈곤의 시기였다. 그런 상황에서 나의 마음은 신성한 지도자의 마음을 간절히 느끼며 부드러운 상태로 간직되었다. 나는 스스로 맡은 소임에서 마음의 평화를 발견했다.

많은 곳에서 조사한 결과, 호밀의 가격이 1부셸에 5실링 정도라는 사실을 알고 있다. 밀이 1부셸에 8실링이고, 오트밀이 120파운드에 12실링이고, 양고기가 1파운드에 3펜스 내지 5펜스이고, 베이컨이 1파운드에 7펜스 내지 9펜스이고, 치즈가 1파운드에 4펜스 내지 6펜스이고, 버터가 1파운드에 8펜스 내지 10펜스라는 것을 알고 있다. 또 가난한 사람 1명의 주택 임차료가 1년에 25실링에서 40실링 사이이며, 그 돈을 주 단위로 나눠서 낸다는 것을 알고 있다. 장작용 나무는 매우 귀하며, 일부 지역에서 석탄은 100파운드에 2실링 6펜스이지만 탄광 가까운 곳에서는 4분의 1 가격도 되지 않았다.

제발, 부유한 사람들이 가난한 사람들을 배려하기를!

런던 부근의 몇몇 카운티에서 노동자들의 임금이 통상적인 작업인 경우에 하루에 10펜스이며, 고용주는 약간의 맥주를 제공하고, 노동자는 자신의 음식을 직접 준비한다. 그러나 추수 때와 건초를 준비하는 철에는 임금이 하루에 1실링[55]이며, 노동자는 자신의 식사를 전적으로 책임진다. 영국 북쪽의 일부 지역에서는 가난한 노동자들이 일하는 현장에서 식사를 해결하며, 그들이 런던과 가까운 지역의 노동자들보다 일을 더 잘 하는 것 같다. 공장에서 실을 잣는 부지런한 여자들을 보면 하루에 어떤 사람은 4펜스를, 또 어떤 사람은 5펜스를

---

55 1실링은 12펜스이다.

받고, 더 나아가 6, 7, 8, 9, 10펜스를 받는 사람도 있다. 그들은 식사를 직접 해결한다. 잉글랜드 북부 지역뿐만 아니라 남부 지역에서도 대단히 많은 수의 가난한 사람들이 주로 빵과 물로 살아가고 있으며, 글을 배우지 않은 가난한 아이들도 많다.

풍요를 누리는 사람들이 이런 사실들을 가슴 깊이 새길 수 있게 되기를!

역마차들은 보통 24시간 동안 100마일 이상 달린다. 친우들로부터 몇 곳에서 말들이 마차를 힘들게 몰다가 죽는 일이 일어나고 있다는 소리를, 또 말들이 앞을 보지 못하게 될 때까지 마차를 몬다는 소리를 들었다. 역마 우편 배달인들은 각자 맡은 역까지 겨울에도 밤새도록 달리며 일을 한다. 거리가 먼 역까지 달리는 일부 우편 배달인들은 겨울밤에 큰 고통을 겪으며, 몇 곳에서는 우편 배달인들이 얼어 죽기도 했다는 소리가 들렸다.

이 세상의 영(靈)이 너무나 급박하게 서두르기 때문에, 오늘날 인간들은 일을 신속히 처리해서 부를 많이 챙긴다는 목표를 추구하며 신음하고 있다.

여행에 말을 동반하지 않기 때문에, 친우로부터 여행길에 역마차의 도움을 받으면 어떻겠는가 하는 제안을 몇 차례 받았지만, 나는 역마차를 이용하지 않기로 했다. 또 현재와 같은 우편 배달 방식에서는 편지를 마음 놓고 보낼 수도 없었다. 역들이 매우 엄격하게 정해져 있고, 시간과 관련해서 한 배달부가 다른 배달부에 의존하고, 그런 까닭에 엄청난 속도로 달리지 않을 수 없기 때문에, 가난한 배달부들이 길고 추운 겨울밤에 너무나 심한 고통을 겪는다.

미국에 있을 때 이미 나는 이런 우편 배달 방식에 대해 들었으며, 그래서 필라델피아에서 열린 목사들과 장로들의 총회와 런던에서 열린 목사들과 장로들의 연례 모임에 참석한 친우들에게 일상적인 일로 나에게 우편으로 편지를 보내는 일이 없도록 해 달라고 당부했다. 그로 인해 내가 멀리 두고 온 가족으로부터 소식을 자주 듣지 못하게 될지라도, 나는 정의를 위해서 그렇게 했으며, 그럼에도 신의 총애를 통해 만족할 수 있었다.

이 섬으로 온 이후로 속으로 절망감을 심하게 느꼈다. 이유는 불순한 경로로 이뤄지는 다양한 종류의 교역을 통해서 이 세상과 뒤섞이고 있는 우리 소사이어티의 회원들 때문이었다. 노예를 얻기 위해 아프리카로 나가는 교역량이 대단히 컸다. 이 선박들에 짐을 싣기 위해 아주 많은 사람들이 공장에 고용되었으며, 그들 중에는 우리 소사이어티의 회원도 많았다.

초기에 친우들은 종교적 신념을 이유로 사치품을 만들거나 거래하는 것을 거부했다. 그것을 뒷받침하는 증거가 기록에 많이 남아 있다. 그러나 신앙심의 결여로 인해, 우리 소사이어티에서 탁월한 본보기로 통했던 일부 친우들이 외적인 일에 굴복했으며, 따라서 다른 친우들도 훨씬 편한 마음으로 그런 일에 손을 댈 수 있었다. 우리 소사이어티의 회원들은 사치품을 만드는 일에 종사할 뿐만 아니라 그런 물건을 사고팔기도 했으며, 따라서 많은 사람들의 판단이 흐려지게 되었다. 마침내 친우들은 사치스런 의상과 가구까지 이용하기에 이르렀다. 사치품들은 작은 것에서부터 큰 것으로 점점 확장되었으며, 그러다가 어떤 종류의 사치품들은 우리 소사이어티의 회원들 사이에 아주 흔하게 되었다.

이처럼 타락하는 상황에서 많은 사람들은 타인들의 예를 보면서 진리의 순수한 감정을 지나치게 무시하게 된다. 지난 몇 년 동안, 심오한 어떤 과제가 나의 마음을 떠나지 않았다. 친우들이 보다 깊이 파고들며, 미해결의 문제들을 조심스럽게 들춰내게 하고, 그 문제들의 밑바닥까지 확실히 닿아서, 거기서 명쾌하고 확실한 소리로 말하고 있는 하나님의 목소리에 귀를 기울이도록 했으면 좋겠다는 바람이었다. 그런 바람이 제대로 전달되지 않는 가운데서도, 만약 진리를 아는 친우들이 외적 이익에 관한 모든 생각을 포기하고 오직 하나님만 신뢰하는 그런 부드러운 가슴을 간직한다면, 하나님께서 자비롭게도 일부 사람들을 교역과 수공예 노동과 연결되는 일에서 깊은 자제력의 본보기가 되도록 이끌 것으로 여겨졌다. 또 이 세상의 재물을 많이 소유하고 있는 다른 사람들이 평범하고 검소한 삶의 본보기가 되어 노동자들에게 임금을 현재 일부 지역에서 관행으로 통하는 것보다 더 관대하게 지불하도록 이끌 것으로 여겨졌다.

8월 23일. 프레스턴 패트릭(Preston Patrick)에서 편안한 모임을 가졌다. 번드르르한 외양의 잡다한 것을 두고 있던 친우들의 집에서 몇 차례 환대를 받았다. 그 과정에 나는 내적으로 집중했기 때문에 그런 사람들과도 은밀히 대화할 길이 열렸다. 그런 대화는 하나님의 선하심을 통해서 우리가 서로의 가슴을 부드럽게 어루만지는 시간이 되었다.

2.
교훈적인
관찰과 편지

8월 26일. 지금 웨스트모어랜드(Westmoreland) 카운티의 조지 크로스필드(George Crosfield)의 집에 머물면서, 다음과 같은 흔치 않은 상황을 기록으로 남길 필요가 있겠다는 느낌을 받았다.

약 2년 반 전에 병에 걸렸을 때, 나는 죽음의 문턱까지 갔다. 내 이름까지 망각할 정도였으니까. 그때 내가 누구인지를 알기를 갈망했는데, 남쪽과 동쪽 사이에서 흐릿하고 음침한 색깔의 물질 덩어리가 보였다. 그런데 그 물질 덩어리가 더없이 비참한 상태에서 살고 있는 인간들이라는 소리가 들렸다. 나도 그들과 함께 섞여 있었으며, 그때부터 나 자신을 뚜렷이 구분되고 분리된 존재로 여기지 않아도 되었다. 그런 상태로 나는 몇 시간 동안 있었다.

이어서 아름다운 선율의 부드러운 목소리가 들려왔다. 그때까지 내가 들었던 그 어떤 목소리보다 더 순수하고 조화로운 소리였다. 나는 그 목소리가 어느 천사가 다른 천사들에게 말하는 목소리라고 믿었다. 그 목소리가 "존 울먼은 죽었어."라고 선언했다. 즉시, 나는 한때 내가 존 울먼이었다는 사실을 기억해냈다. 나 자신이 육체 안에서 살아 있다는 것을 확신했기 때문에, 그 천상의 목소리가 무엇을 의미하는지 너무도 궁금했다. 틀림없이 신성한 어떤 천사의 목소리였다고 믿었지만, 그럼에도 그 목소리는 나에게 미스터리였다.

그 다음에 나는 가난하고 압박받는 사람들이 기독교도라 불리는 사람들을 위해서 보물을 많이 채굴하는 광산으로 영적으로 옮겨졌으며, 거기서 그 사람들이 불손하게도 그리스도의 이름을 욕하는 소리를 들었다. 그 같은 사실 앞에서 나는 깊은 비탄에 빠졌다. 나에게는 그리스도라는 이름이 더없이 소중했기 때문이다. 그때 나는 이 이교도들이 자신들을 억압하는 자들이 그리스도의 추종자라는 말을 들었다는 것을 알게 되었다. 그들은 자기들끼리 "그리스도가 그 사람들이 우리를 이런 식으로 이용하도록 이끌었다면, 그런 그리스도는 잔인한 압제자임에 틀림없어."라고 말했다.

그러는 내내 천사의 노래는 하나의 미스터리로 남았다. 아침에 사랑하는 아내와 몇몇 사람들이 나의 침대 옆으로 왔을 때, 나는 그들에게 내가 누구인지 물었고, 그들은 내가 존 울먼이라고 대답하면서 나의 머리가 정상이 아니라고 판단했다. 내가 천사가 한 말을 아직 그들에게 전하지 않았기 때문이다. 그때는 누구와도 말을 많이 하고 싶지 않았으며, 나는 이 미스터리를 이해하기 위해서 아주 깊은 곳에 닿기를 간절히 바라고 있었다.

종종 혀가 바싹 탔기 때문에, 혀를 아래위로 굴리며 침을 모을 때까지 말을 할 수 없었다. 그렇게 조금 더 누워 있을 때, 마침내 나는 신성한 어떤 힘이 내가 말을 할 수 있도록 나의 입을 준비시키는 것을 느낄 수 있었다. 그때 나는 이렇게 말했다.

"그리스도와 함께 십자가형에 처해졌지만, 그럼에도 불구하고 나는 살아 있다. 그래도 나의 안에서 살고 있는 것은 내가 아니라 그리스도이다. 그리고 내가 지금 육신 속에서 살고 있는 그 생명을, 나는 나를 사랑했고 나를 위해서 자신을 버린, 그 신의 아들에 대한 믿음으로 살고 있다."

그때서야 미스터리가 풀렸다. 나는 천국에서는 회개한 죄인을 기쁨으로 맞이한다는 것을, 그리고 "존 울먼은 죽었다"라는 말은 단지 나 자신의 의지의 죽음을 의미할 뿐이라는 것을 깨달았다.

마침내 나의 타고난 이해력이 예전처럼 돌아왔으며, 나는 손님을 접대할 때 식탁을 은그릇으로 장식하는 사람들이 종종 세속적 명예에 오염되어 있다는 사실을 알아차렸다. 또 현재와 같은 상태에서 나 자신이 어떻게 그런 그릇으로 음식을 먹을 수 있는지에 대해서도 고민해야 한다는 사실도 알았다.

병에서 회복된 직후에 우리의 월례 모임에 갔다가 어느 친우의 집에서 식사를 했는데, 바로 그 자리에서 음료수가 은그릇에 담겨 나왔다. 은그릇 외에 다른 그릇은 하나도 없었다. 마실 것을 원하면서, 그 친우에게 눈물을 흘리다시피 하며 나의 사정을 이야기했고, 그는 나를 위해 다른 그릇으로 음료수를 따로 준비해 주었다. 후에 나는 미국에서뿐만 아니라 영국에서도 몇몇 친우들의 집에서 똑같은 시련을 겪었으며, 나는 나 자신을 그런 부드러운 마음 상태로 보호하는 천상의 아버지의 애정 어린 친절을 경건한 마음으로 인정해야 한다.

내가 알기로, 그 주제와 관련해서 내가 한 말 때문에 상처를 받은 사람은 아직 아무도 없으니 말이다.

그 병을 앓은 뒤로, 거의 1년 가까이 신앙을 위한 공적 모임에서 말을 하지 않았지만, 모임에 앉아 있을 때 나의 마음은 억압 받는 노예들과 자주 함께했다. 비록 그분의 섭리에 따라 내가 입을 다물게 되었을지라도, 그럼에도 복음 사역의 샘은 나의 안에서 여러 번 생생하게 솟았으며, 신이 내린 그 재능은 억압당하는 노예들의 상태를 가슴으로 느끼며 눈물을 하염없이 쏟도록 했다. 이 신의 섭리를 겪은 것이 오래 전의 일인데도, 그 일이 여전히 내 마음에 생생하게 남아 있기 때문에, 나는 그것을 기록으로 남기는 것이 가장 안전하다고 믿는다.

8월 30일. 오늘 아침에 다음과 같은 내용의 편지를 썼다.

사랑하는 친구에게

육체적 노동을 많이 요구하는 그런 종류의 목사의 직무를 맡고 있는 많은 가난한 사람들의 상태를 느낄 때면, 나의 마음은 종종 깊은 감동을 받습니다. 그리고 이 나라에서 순수한 복음 사역의 길을 여는, 하늘에 계신 우리 아버지의 애정 어린 호의가 종종 나로 하여금 그분에게 감사하는 감정을 느끼게 합니다.

나는 독실한 사람들이 박해받는 상황에서 겪는 갈등을 종종 기억하며, 지금 순수한 재능이 외부 법들의 방해를 전혀 받지 않는 상태에서 자유롭게 작용하도록 하는 것을 우리에게 지워진 책무로 여기고 있습니다. 그런데 이 책무는 더없이 깊은 감사와 더없이 조심스런 주의를 요구하지요.

이 땅에서 지난 몇 세대 동안 아주 성공적으로 진행되었던 개혁 작업은 계속 앞으로 나아가면서, 그렇게 위대하고 소중한 작업에 임하라는 부름을 받은 국가들 사이에 널리 전파되겠지요. 설마 그 작업이 우리의 옷에 쌓인 먼지를 흩날리며 뒤로 퇴보하는 일은 없겠지요.

간밤에 나는 당신이 없는 사이에 당신의 가족 일부와 함께할 기회를 가졌습니다. 그 시간이 나에게는 대단한 즐거움이었답니다. 당신을 향한 나의 마음이 따뜻해짐을 느끼면서, 지금 나는 거기서 느낀 감정 일부를 털어놓으려고 노력하고 있지요.

당신이 이 지역에서 우리의 신념과 조화를 이루며 살고 있는 친우들과 함께 계절에 맞춰 지역 총회를 열고 있다고 들었습니다. 몇 개의 모임이 하나로 뭉치는 자리로 알고 있지요. 나는 미국의 친우들 사이에서도 진리가 그런 식으로 길을 이끌고 있다는 것을 어느 정도 느끼면서 그 같은 노력에 전적으로 동의합니다.

사랑하는 친구여, 이 소임을 수행하면서 우리의 삶에서 모든 사치품은 우리에게 불리하게 작용한다는 것을 깨달았지요. 나는 당신에게 자유가 있는 그런 순수한 사랑을 느끼고 있습니다.

나는 당신에게 주어진 그 소중한 재능을, 그것을 준 그분 앞에서 두려운 마음으로 바라보고 있습니다. 아울러 우리가 그리스도의 복음 쪽에 섬으로써, 이 세상의 영(靈)에서 나오는 것들이 우리 사이에 어떤 자리도 차지하지 않게 되었으면 좋겠다는 욕망을 품고 있지요.

당신의 친구, 존 울먼

한때 미국에서 지낸 친구 제인 크로스필드(Jane Crosfield)와 함께 며칠 동안 몸과 마음 양면으로 편안하게 쉬었다. 주의 여섯째 날에는 웨스트모어랜드 카운티의 켄덜(Kendal)에 있었으며, 주의 첫째 날이던 그달 30일에는 그레이리그(Greyrig)의 모임에 참석했다. 최근에 빈곤을 경험하게 되었지만, 고맙게도 도움을 받아가며 인내심 있게 버티고 있다. 하나님의 선하심이 회개하는 정신을 가진 사람들에게로 향하는 것을 느끼는 가운데 감사하는 마음을 품고 있다.

주의 첫째 날인 9월 6일. 이날은 큰 예배당인 카운터사이드(Counterside)에 있었으며, 예배당은 사람으로 꽉 찼다. 순수한 사랑이 열림에 따라, 그 자리는 나의 힘을 강화하는 시간이 되었다. 다른 많은 사람들에게도 그런 시간이었으리라고 나는 믿는다.

3.
윌리엄 헌트
사망

9월 13일. 오늘은 레이번(Leyburn)의 작은 모임에 참석했다. 타운의 사람들이 많이 오는 바람에, 방이 붐볐다. 힘든 소임의 시간이었다. 유익한 모임이었다고 믿는다.

그 자리에서, 노스캐롤라이나 출신의 나의 일가인 윌리엄 헌트(William Hunt)가 영국의 친우들을 종교적으로 방문하는 임무를 수행하던 중에 천연두에 걸려 이달 9일 뉴캐슬(Newcastle)에서 세상을 떠났다는 소식을 들었다. 그는 미국에서도 그런 일로 많이 돌아다녔다. 언젠가 나는 그가 대중 앞에서, 자신의 관심사가 그리스도에게 헌신하는 것이기 때문에 그 방문에서 자신을 위해서는 단 1분도 쓰지 않겠다고 말하는 것을 들었다. 그의 말은 언제나 모범적인 행동과 결합되면서 내 안의 순수한 마음을 일깨웠다.

최근에 날씨가 습한 가운데 타운과 마을의 좁은 길을 자주 돌아다닌 데다가 나 자신이 많이 약해진 탓에, 몸과 불순한 마음 양쪽에서 동시에 절망을 느꼈다. 타운을 여행할 때면, 발밑으로 밟히는 지저분한 것들과, 오밀조밀하게 정착한 타운의 공기를 다소 오염시키는, 오물에서 올라오는 냄새가 대단히 불쾌했다. 이번 여행 중에 옷을 대량으로 염색하는 곳을 들렀으며, 폐수를 버린 땅을 여러 번 밟았다. 그런 경험은 나에게 사람들이 자신의 영이나 인격, 집, 옷을 그런 식으로 깨끗하게 가꿨으면 얼마나 좋을까 하는 안타까운 마음을 불러일으켰다.

일부 훌륭한 사람들은 고상함을 대단히 높은 경지까지 끌어올렸지만, 진정한 청결은 전반적으로 향상되지 않았다. 염료가 부분적으로 눈을 즐겁게 하기 위해서, 또 부분적으로 불결을 숨기기 위해서 발명되었기 때문에, 나는 건강에 해로운 냄새를 맡으며 불결한 환경에서 여행하다가 허약을 느끼는 상황에서, 불결을 숨기기 위해 옷을 염색하는 행위의 본질을 더욱 진지하게 고려했으면 좋겠다는 생각을 품었다.

옷을 깨끗이 유지하기 위해 씻는 것은 청결에 이롭지만, 옷의 더러운 부분을 숨기는 것은 진정한 청결과는 정반대이다. 옷에 묻은 더러운 것을 숨기는 행위를 통해서, 불쾌한 것을 숨기려는 정신이 강화되기 마련이다. 진정한 청결은 거룩한 사람들과 어울리지만, 옷에 물을 들임으로써 깨끗하지 않은 것을 숨기는 것은 정직의 아름다움과 모순되는 것 같다.

일부 종류의 염료 때문에 천의 쓸모가 떨어지기도 한다. 그리고 염료의 값과 염색에 드는 비용과 천에 가해지는 피해를 모두 합한 금액을 전반적으로 모든 것을 기분 좋게 깨끗이 유지하는 일에 쓴다면, 진정한 청결이 훨씬 더 넓은 범위에 걸쳐 유지될 것이다.

이번 영국 방문에서, 몇 가지 가르침이 나의 마음에 각인되는 것을 느꼈다. 그 가르침을 나는 앞으로 그리스도의 대리인의 역할을 소명으로 받을 사람들을 위해서 글로 남기는 것이 바람직하다고 생각한다.

그리스도는 평화의 왕자이며, 우리는 그리스도의 대리인에 지나지 않는다. 그렇기 때문에 우리는 처음 시작할 때에도 관심을 가져야 할 뿐만 아니라 늘 모임들을 통해서 관심을 새롭게 다질 필요가 있다. 나는 미국에서 이 여행을 준비할 필요성을 느꼈고, 하나님의 자비를 통해 이쪽으로 안전하게 왔으며, 나의 가슴은 배출을 원하던 용기(容器)와 비슷했다. 도착 후 몇 주일 동안, 모임들에서 나의 입이 열렸을 때, 그것은 수압이 작용하는 가운데 물의 흐름을 막고 있던 수문을 들어 올리는 것과 비슷했다.

이 소임을 수행하는 동안에, 많은 사람들, 특히 젊은이들에게 하늘의 은총이 새롭게 내려졌다. 그러나 간혹 나는 빈약하고 공허하다는 느낌을 받았으며, 그럼에도 모임들을 지정할 필요가 있는 것 같았다. 그 과정에 나는 진리의 순수한 생명 안에 변함없이 남아 있으려고 노력했다. 그 모든 과제를 실행하면서, 나 자신을 위하려는 마음이 내면에 일어나지 않도록 경계했다.

사역의 샘이 얕을 때면 나는 자리에서 일어나서 피조물의 의지를 종속시키기 위해 말을 할 필요성을 자주 느꼈고, 그런 상태에서 고통의 씨앗과 결합되었으며, 굴욕감을 안겨주기도 하는 소임에서 내적 부드러움을 발견했다. 나 자신이 신성한 지도자에게 관심을 기울이는 상태를 유지했기 때문에, 가끔 신의 섭리에 따라 가슴의 확장이 일어났으며, 진리의 힘이 일부 모임들에서 내가 그때까지 알았던 수준보다 훨씬 더 강해졌다. 따라서 나는 미국에 있으면서 영국을 방문할 필요성을 느끼며 가졌던 관심에 의존하는 것이 아니라, 평화의 왕자인 그리스도의 일상적 지시에 의존할 필요성을 더 강하게 느꼈다.

최근에 나는 모임들을 지정하는 일에서 전체적으로가 아니라 부분적으로 멈춤 같은 것을 느꼈으며, 모임들을 지금까지 해 오던 대로 하나씩 차례로 신속히 지정할 자유를 느끼지 못하고 있다. 목사의 일은 신의 사랑의 일인데, 나는 우리의 모든 지정에서 신의 사랑이 열리기를 기다려야 한다는 느낌을 받고 있다.

오, 신의 지혜가 얼마나 깊은가! 그리스도는 자신의 대리인들을 내보내고 그들보다 앞서 간다. 아, 안전하게 인도하는 그리스도의 순수한 감정으로부터 멀어지는 것이 얼마나 위험한 일인가! 그리스도는 사람들의 상태를 알고 있으며, 복음 사역의 순수한 감정 속에서 그 사람들의 상태가 그리스도의 종들에게 열린다. 그리스도는 열매를 맺고 있는 가지 자체를 제거하는 것이 필요한 때를 알고 있다. 아, 이 가르침들이 나에게 기억될 수 있기를! 그리고 모임들을 지정하는 모든 사람들이 순수한 의무감에서 나아갈 수 있기를!

나는 가끔 일어설 필요성을 느꼈지만, 세상에서 나온 영(靈)이 많은 것들 속에 너무나 널리 퍼져 있는 반면에 진리의 순수한 생명은 너무나 강하게 억눌려 있기 때문에, 나는 잘 다듬어지고 평탄한 길을 여행하는 사람이 아니라 진창길을 조심스레 걷는 사람의 자세로 앞으로 나아갔다. 그 길에는 안전하게 디딜 돌들이 여기저기 흩어져 있지만, 한 걸음 내디딘 뒤에는 다음 걸음을 어디로 뗄 것인지를 살필 시간이 필요했다.

지금 나는 순수한 복종의 상태에 있는 마음은 이 세상에서 나오는 지혜에 어둡고 어리석어 보이는 것에서 만족하는 것을 배운다는 사실을 깨닫고 있다. 이 초라한 소임들에서, 낮은 곳에 서서 십자가 아래에서 제대로 마음의 훈련을 하는 사람들은 성숙을 이룰 것이다. 재능은 순수하다. 눈길이 그 재능에 온전히 쏟아지는 동안에, 이해력이 맑게 보존되고 이기심은 배제된다. 우리는 교회인 예수 그리스도의 육체를 위해서, 그리스도의 고통 중에서 아직 겪지 않은 것을 겪으며 기뻐한다.

자연적인 인간은 웅변을 사랑하고, 많은 사람들은 감동적인 웅변을 듣기를 좋아한다. 만약 그 재능에 세심한 주의를 기울이지 않는다면, 한때 순수한 복음 사역을 열심히 했던 사람들이 고통에 점점 지쳐가다가 자신이 나약하게 비치는 것에 수치심을 느끼면서 어떤 불을 피우며 그 불의 불꽃들로 자신을 둘러쌀 수 있다. 그렇게 하면서 그들은 고통을 겪는 그리스도의 빛 속을 걷는 것이 아니라, 그 재능과 결별하며 붙인 그 불의 빛 속을 걷는다. 목적은 참을성 있게 고통받는 상태를 팽개치고 세속적 지혜를 택한 청중을 그 불로 따뜻하게 데워서 자신의 소임에 대해 크게 떠벌리도록 하기 위해서다. 어쨌든, 하나님에게서 비롯된 것은 하나님에게로 모이고, 세상에서 비롯된 것은 세상이 소유하게 된다.

이 여행에서 한 가지 과제가 나의 마음을 줄곧 따라다녔다. 우리들 사이에서 목사들이 유순하게 진리를 느끼는 삶을 계속 유지할 수 있었으면 좋겠다는 바람이었다. 그런 삶이라면, 많은 사람들이 그리스도를 따르고 그리스도와 함께하고 싶은 욕망 외에 다른 것은 전혀 품지 않게 될 것이다. 그리스도가 고통을 겪을 때, 우리도 그와 함께 고통을 겪으며 자신이 특출한 지배력을 갖기를 절대로 바라지 않을 것이다. 그리스도가 그 영을 통해서 우리를 높여줄 것이니까.

4.
존 울먼,
객지에서 눈감다

존 울먼은 1772년 10월 7일 영국 요크에서 세상을 떠났다. 그의 마지막 날들은 1773년 3월 24일과 25일에 존 울먼과 관련하여 요크에서 열린 분기 모임에서 나온 "요크셔 친우들의 증언"에서 발췌한 다음 내용에서 기억되고 있다. 북아메리카 뉴저지 식민지의 마운트 홀리 출신인 존 울먼은 요크의 교외에 살던 친우 토머스 프리스트먼(Thomas Priestman)의 집에서 약 52세의 나이로 이승의 삶을 마감했으며, 1772년 10월 9일 친우들의 묘지에 묻혔다.

"이 소중한 우리의 친구는 한동안 이 나라의 친우들을, 보다 구체적으로 북부 지역의 우리를 방문하겠다고 종교적으로 약속했던 터라, 고향의 친구와 형제들의 의견일치와 지지 속에서 자신이 속한 월례 및 분기 모임들의 면허장에, 그리고 필라델피아에서 열린 펜실베이니아와 뉴저지의 목사들과 장로들의 춘계 모임의 면허장에 기록된 임무를 떠

존 울먼이 세상을 떠난 방의 창문.

안았다."

"그는 지난번 연례 모임이 시작할 때 런던에 도착했으며, 그 모임에 참석한 뒤 북쪽으로 여행하며 가는 길에 하트포드셔(Hertfordshire), 버킹엄셔(Buckinghamshire), 노샘프턴셔(Northamptonshire), 옥스퍼드셔, 워체스터셔(Worcestershire) 등의 다양한 모임들을 방문했다."

"그는 이 나라에서 서쪽의 많은 모

존 울먼이 1772년에 세상을 떠난 집인 알메리 가스(Almery Garth).

존 울먼이 묻힌 영국 요크 주 비숍힐의 프렌즈의 묘지. 오른쪽 담 근처 나무 밑에 자리 잡은 묘비가 존 울먼의 묘비이다.

임을 방문했으며 또한 랭커셔(Lancashire)와 웨스트모어랜드에서도 모임에 참석했다. 거기서 지난 9월에 우리의 분기 모임에 왔으며, 건강이 많이 나빴음에도 그 모임에서 마지막 회의를 제외하고는 모든 회의에 참석했다."

"천연두로 확인된 그의 병은 그를 급속도로 약화시키며 매우 큰 고통을 안겨주고 있었다. 그런 가운데서도 그는 하나님의 뒷받침을 받으며 기독교인으로서 순종과 인내, 용기를 유지할 수 있었다. 병에 걸린 그를 돌본 사람들에게 그의 마음은 하나님의 사랑에 초점을 맞추고 있는 것처럼 보였다. 그는 하나님의 사랑을 느끼는 상태에서 자신의 길을 마감하고 영원한 안식의 자리로 들어갔다고 우리는 믿는다."

"병에 걸린 초기에, 그는 어느 친우에게 글을 써달라고 부탁하면서 이렇게 말했다. '오, 나의 하나님이시어! 주위에 무시무시한 어둠의 공포가 밀려들며 나를 완전히 뒤덮었습니다. 앞으로 나아갈 수 있는 길은 어디에도 보이지 않았습니다. 나는 신의 조화로부터 분리된 동료 인간들의 비참을 느꼈습니다. 그 비참은 내가 짊어질 수 없을 만큼 무거웠습니다. 나는 그 비참에 눌리고 짓이겨졌습니다. 내가 손을 들어 올리며 팔을 뻗었지만, 나를 도와줄 사람은 아무도 없었습니다. 나는 주위를 돌아보며 깜짝 놀랐습니다. 아, 하나님이시여! 그 깊은 비참 속에서 나는 당신이 전능하다는 것을, 내가 당신을 아버지라고 불렀다는 것을 기억했습니다. 그리고 내가 당신을 사랑한다는 것을 느꼈습니다. 나는 당신의 의지 안에서 침묵을 지키게 되었으며, 당신으로부터 구원을 기다렸습니다. 당신은 어떤 인간도 나를 도와줄 수 없을 때 나를 불쌍히 여겼습니다. 나는 당신 아들의 더없이 감동적인 예를 통해서 고통 속의 순종이 우리에게 제시되는 것을 보았습니다. 당신은 나에게 그를 따르라고 가르쳤습니다. 그래서 나는 이렇게 말합니다. 오, 아버지이시여, 당신의 뜻대로 되었나이다.'"

"그의 중요한 발언은 이보다 훨씬 더 많이 제시할 수 있지만, 그 발언들이 이미 인쇄물로 발표되었기 때문에 불필요한 일로 여겨졌다."

소박하고 단순한 삶을 위한 안내서!

저자 존 울먼은 상인과 재단사, 퀘이커교 설교자로 살았지만, 기본적으로 설교자였으며 상인과 재단사는 생계를 꾸리기 위한 수단일 뿐이었다. 따라서 이 책의 내용은 그가 퀘이커교 설교자로서 벌인 활동이 주를 이룬다.

먼저, 퀘이커교에 대한 설명이 필요할 것 같다. 정식 명칭은 'Religious Society of Friends'이다. 한국에서는 '종교친우회'(宗敎親友會)라 불린다. 명칭에 'Friend'(친우)가 포함된 배경은 '요한복음' 15장 14절('너희는 내가 명하는 대로 행하면 곧 나의 친구니라')이 설명해준다. 이 교파의 구성원들은 서로를 'Friend'라고 부른다. 일반인들은 흔히 이 교파를 '퀘이커'(quaker)라고 부르는데, 하나님의 권위 앞에서 하나님을 두려워하며 떠는 사람이라는 뜻이다.

퀘이커교가 탄생한 배경도 중요하다. 잉글랜드 내전(1642-1651) 뒤에 잉글랜드 국교회의 가르침에 불만을 품은 기독교인들이 많이 나왔다. 퀘이커교를 시작한 조지 폭스도 그 중 한 사람이었다. 폭스는 성직자의 도움을 받지 않고도 예수 그리스도를 직접 경험하는 것이 가능하다고 확신했으며, 1652년부터 내적 믿음을 강조하면서 내면의 빛에 따라, 내면의 목소리에 따라 순수하게 살자는 운동을 전개했다.

퀘이커교는 교회의 예식을 거부하고 순수한 신앙을 강조한다. 사람은 누구나 자기 안에 신성(神性), 즉 하나님의 성품을 갖고 있기 때문에, 이 신성을 잘 가꾸고 성숙시키기만 하면 누구나 구원받을 수 있다고 믿는다. 성직자도 따로 두지 않는다.

퀘이커교는 전쟁에 반대하고, 노예 제도에 반대하고, 평범한 옷을 입고, 선서를 금지하고, 금주를 실천한다. 1947년에는 세계 평화와 공동선에 기여한 공로로 영국과 미국의 퀘이커교 단체가 노벨 평화상을 수상하기도 했다. 2017년 기준으로 퀘이커 교도는 전 세계에 걸쳐 37만 명 정도로 집계된다.

퀘이커교에 대해 다소 길게 소개한 것은 이런 배경을 모르는 상태에서 이 책을 읽을 경우에 지루하게 느껴질 수 있겠다는 걱정이 앞서기 때문이다. 저자의 사후인 1774년에 출간되었으니, 무려 250년 전에, 그러니까 미국이 독립을 이루기 전에 나온 책이다. 따라서 지금과는 완전히 다른 시대의 책이라는 인식이 앞서야 한다. 그럼에도 이 책은 지금까지 그 긴 세월 동안에 절판되었던 적이 한 번도 없었다. 이 책의 매력은 저자가 자유라는 이상을 추구하며 단순하고 소박하게 살려고 노력하는 모습에 있는 것 같다.

퀘이커교 설교자의 책에서 기대할 수 있듯이, 노예제도에 반대하고, 물질주의를 경계하고, 노동 계층을 옹호하고, 아메리카 대륙 원주민의 행복을 걱정하고, 권력의 부패를 우려하는 목소리가 들린다. 개인적인 영적 훈련과 사회 정의에 대한 관심이 적절히 결합하면서 오늘날 경험할 수 없는 품격 높은 인격을 그려낸다.

저자가 설교자라고 해서 화려한 미사여구를 기대하면 곤란하다. 문체에 과장이 전혀 없다. 저자의 인격 자체가 그런 것 같다. 말에 진심이고, 삶에 진심이고, 세상을 뜨거운 가슴으로 사랑한 사람의 자서전이라고 할 수 있다. 한창 건설 중이던 미국에 가치 있는 덕목을 뿌리내리게 하려는 노력이 엿보인다. 그가 이상으로 여기는 사회는 어떤 사람도 동료 인간의 체면을 손상시키지 않는 사회이다.

이 책을 번역하는 작업은 18세기를 살았던 한 인격에, 그것도 예수 그리스도의 삶을 진정으로 본받으려 했던 한 기독교인의 더없이 맑은 인격에 나를 비춰보는 좋은 기회가 되었다.